Schritte
PLUS NEU 5 Niveau B1.1

Deutsch als Zweitsprache
für Alltag und Beruf
**Kursbuch und Arbeitsbuch
mit Audios online**

Silke Hilpert
Marion Kerner
Jutta Orth-Chambah
Angela Pude
Anja Schümann
Franz Specht
Dörte Weers
Barbara Gottstein-Schramm
Susanne Kalender
Isabel Krämer-Kienle
Daniela Niebisch
Monika Reimann

Hueber Verlag

Beratung:
Ulrike Ankenbrank, München
Annette Decker, Neu-Isenburg

Für die hilfreichen Hinweise danken wir:
PD Dr. Marion Grein, Johannes Gutenberg-Universität Mainz
sowie allen Teilnehmerinnen und Teilnehmern an den Kursleiter-Workshops

Unter Mitarbeit von:
Katja Hanke

Foto-Hörgeschichte:
Darsteller: Shary Osman, Sven Binner, Christian Höck, Yasin Osman,
Niklas Remoundos, Caroline Württemberger u. a.
Fotograf: Matthias Kraus, München

 Die Audio- und Videodateien finden Sie in der *Hueber Media*-App.
Die Audiodateien stehen zusätzlich auch unter www.hueber.de/
schritte-plus-neu zur Verfügung.

5. 4. 3.   Die letzten Ziffern
2028 27 26 25 24   bezeichnen Zahl und Jahr des Druckes.
Alle Drucke dieser Auflage können, da unverändert,
nebeneinander benutzt werden.
1. Auflage
© 2022 Hueber Verlag GmbH & Co. KG, München, Deutschland
Umschlaggestaltung: Sieveking Agentur, München
Gestaltung und Satz: Sieveking Agentur, München
Druck und Bindung: Firmengruppe APPL, aprinta druck GmbH, Wemding
Printed in Germany
ISBN 978–3–19–501085–6

Art. 530_29326_001_03

Aufbau

Symbole und Piktogramme

Kursbuch

1 ◀)) 8   Hörtext

   Film

   Aktivität im Kurs

    Einsatz mobiler Geräte (fakultativ)

ÜG   Verweis auf Schritte Neu Übungsgrammatik (ISBN 978-3-19-011081-0)

Grammatik:

Wann?	bei, beim, vor
Wie lange?	bis
Ab wann?	von ... an

Hinweis:

Hätte ich	nur ...
Wäre ich	doch ...
	(doch) bloß ...

Kommunikation:

Wenn ich ... könnte, (dann) ...
Wenn ich ... hätte, (dann) ...

Audios zum Einschleifen und Üben der Redemittel:

1 | 10–12 ◀)) AUDIO-TRAINING

Arbeitsbuch

1 ◀) 12   Hörtext

B2   Verweis ins Kursbuch

◇   Vertiefungsübung zum binnendifferenzierenden Arbeiten

◆   Erweiterungsübung zum binnendifferenzierenden Arbeiten

Inhaltsverzeichnis **Kursbuch**

Inhaltsverzeichnis **Arbeitsbuch**

Vorwort

Liebe Leserinnen, liebe Leser,

mit *Schritte plus Neu* legen wir Ihnen ein komplett neu bearbeitetes Lehrwerk vor, mit dem wir das jahrelang bewährte und erprobte Konzept von *Schritte plus* noch verbessern und erweitern konnten. Erfahrene Kursleiterinnen und Kursleiter haben uns bei der Neubearbeitung beraten, um *Schritte plus Neu* zu einem noch passgenaueren Lehrwerk für die Erfordernisse Ihres Unterrichts zu machen. Wir geben Ihnen im Folgenden einen Überblick über Neues und Altbewährtes im Lehrwerk und wünschen Ihnen viel Freude in Ihrem Unterricht.

Schritte plus Neu ...

* führt Lernende ohne Vorkenntnisse in 3 bzw. 6 Bänden zu den Sprachniveaus A1, A2 und B1.
* orientiert sich an den Vorgaben des Gemeinsamen Europäischen Referenzrahmens sowie an den Vorgaben des Rahmencurriculums für Integrationskurse des Bundesamts für Migration und Flüchtlinge.
* bereitet gezielt auf die Prüfungen *Start Deutsch 1* (Stufe A1), *Start Deutsch 2* (Stufe A2), den *Deutsch-Test für Zuwanderer* (Stufe A2–B1), das *Goethe-Zertifikat* (Stufe A2 und B1) und das *Zertifikat Deutsch* (Stufe B1) vor.
* bereitet die Lernenden auf Alltag und Beruf vor.
* eignet sich besonders für den Unterricht mit heterogenen Lerngruppen.
* ermöglicht einen zeitgemäßen Unterricht mit vielen Angeboten zum fakultativen Medieneinsatz (verfügbar im Medienpaket sowie im Lehrwerkservice und abrufbar über die *Hueber Media*-App).

Der Aufbau von *Schritte plus Neu*

Kursbuch (sieben Lektionen)
Lektionsaufbau:

* Einstiegsdoppelseite mit einer rundum neuen Foto-Hörgeschichte als thematischer und sprachlicher Rahmen der Lektion (verfügbar als Audio oder Slide-Show) sowie einem Film mit Alltagssituationen der Figuren aus der Foto-Hörgeschichte
* Lernschritte A–C: schrittweise Einführung des Stoffs in abgeschlossenen Einheiten mit einer klaren Struktur

* Lernschritte D+E: Trainieren der vier Fertigkeiten Hören, Lesen, Sprechen und Schreiben in authentischen Alltagssituationen und systematische Erweiterung des Stoffs der Lernschritte A–C
* Übersichtsseite Grammatik und Kommunikation mit Möglichkeiten zum Festigen und Weiterlernen sowie zur aktiven Überprüfung und Automatisierung des gelernten Stoffs durch ein Audiotraining und ein Videotraining sowie eine Übersicht über die Lernziele
* eine Doppelseite „Zwischendurch mal ..." mit spannenden fakultativen Unterrichtsangeboten wie Filmen, Projekten, Spielen, Liedern etc. und vielen Möglichkeiten zur Binnendifferenzierung

Arbeitsbuch (sieben Lektionen)
Lektionsaufbau:

* abwechslungsreiche Übungen zu den Lernschritten A–E des Kursbuchs
* Übungsangebot in verschiedenen Schwierigkeitsgraden, zum binnendifferenzierten Üben
* ein systematisches Phonetik-Training
* ein systematisches Schreibtraining
* Aufgaben zum Selbstentdecken grammatischer Strukturen (Grammatik entdecken)
* Aufgaben zur Prüfungsvorbereitung
* Selbsttests am Ende jeder Lektion zur Kontrolle des eigenen Lernerfolgs der Teilnehmer
* fakultative Fokusseiten zu den Themen Alltag, Beruf und Familie

Anhang:

* Lernwortschatzseiten mit Lerntipps, Beispielsätzen und illustrierten Wortfeldern
* Grammatikübersicht

Außerdem finden Sie im Lehrwerkservice zu *Schritte plus Neu* vielfältige Zusatzmaterialien für den Unterricht und zum Weiterlernen.

Viel Spaß beim Lehren und Lernen mit *Schritte plus Neu* wünschen Ihnen

Autoren und Verlag

Die erste Stunde im Kurs

1 Stellen Sie sich vor. Wie heißen Sie?

2 Das Kennenlern-Spiel

Spielen Sie zu zweit. Sie brauchen: zwei 🔵🟡 und einen 🎲.
Beginnen Sie bei **Start**. Wenn Sie auf ein Feld kommen, auf dem Ihre Partnerin / Ihr Partner
steht, muss sie/er zurück zum **Start**. **Weißes Feld**: Hier sind Sie sicher! **Rotes Feld**: Fragen
Sie Ihre Partnerin / Ihren Partner. Notieren Sie die Antworten. **Gelbes Feld**: Machen Sie einen
Umweg. **Blaues Feld**: Zurück zu **Start**. Gewonnen hat der, der zuerst im **Ziel** ist.

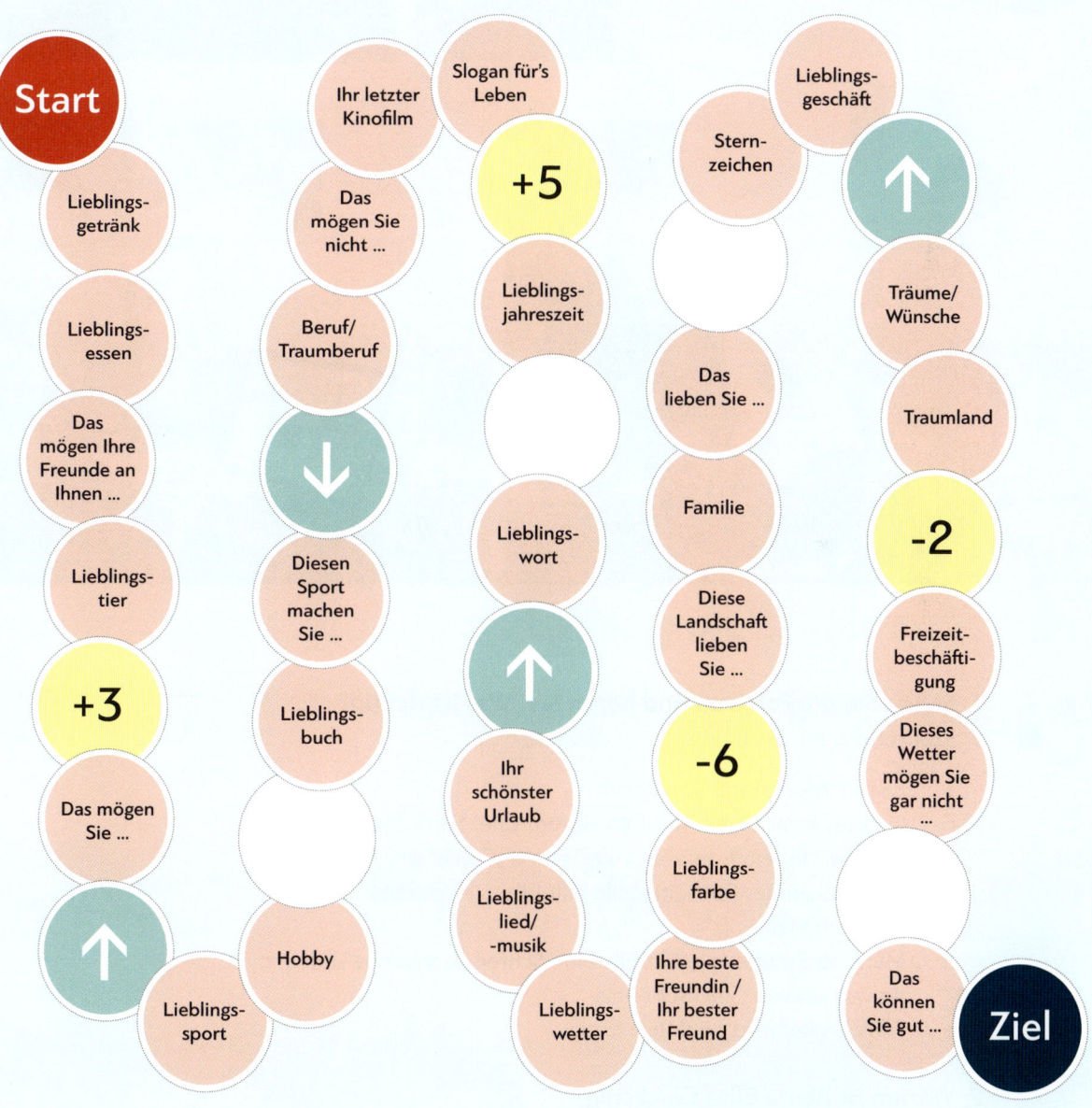

3 Im Kurs: Stellen Sie Ihre Partnerin / Ihren Partner vor.

Glück im Alltag

Folge 1: Ellas Glückstag

1 1–4

1 Sehen Sie die Fotos an und hören Sie. Was ist richtig?

Kreuzen Sie an.

a ○ Ella ist Journalistin von Beruf.

b ○ Sie bekommt einen Anruf von ihrem Chef Sami. Sie soll heute
bis zwei Uhr ein Interview zum Thema „Glück" machen.

c ○ Die Frau an der Bushaltestelle hilft Ella. Sie schickt Ella
zu ihrem Mann.

d ○ Manfred Schulze schenkt Ella eine Schreibtischlampe und erzählt
ihr von seinem Glückserlebnis.

e ○ Ellas Artikel wird pünktlich fertig.

2 Warum ist heute Ellas Glückstag?

> Sie freut sich, weil ...

Sechs Richtige

von Ella Wegmann

35 Jahre lang spielte Manfred Schulze jede Woche Lotto. Ein paar Mal gewann er, aber nie mehr als 50 Euro. Dann kam die
5 ganz große Überraschung.

Erzählen Sie, Herr Schulze, was ist passiert?
Ganz einfach: Bei der Lottoziehung im Fernsehen kamen meine Zahlen. Eine nach der anderen. Und am Ende waren es sechs Richtige.

Wie war das für Sie?
Zuerst hatte ich Angst, dass es ein Traum war.

Es war aber keiner.
Nein. Ich habe wirklich
15 gewonnen. Es war total verrückt. Ich hatte so lange auf diesen Moment gewartet.

Wie hoch war denn Ihr Gewinn?
Eine Million. Steuerfrei! Alles gehörte mir.

Waren Sie glücklich?
20 Ja schon, aber die Geschichte geht noch weiter. Kurz danach hatte ich einen Traum. Ich sah die Zahl 14 und eine Stimme fragte: „Willst du mehr? Viel mehr?"

Haben Sie auf die Stimme gehört?
25 Ja. Ich bin ins Spielcasino gegangen, habe mich an den Roulettetisch gesetzt und den ganzen Abend immer nur auf die 14 gesetzt.

Ganz schön mutig!
30 Mutig? Dumm! Am Ende hatte ich alles verloren.

Wie bitte!?
Die ganze Million?
Alles. Ich hatte nicht mal mehr Geld für ein Taxi.

35 **Was haben Sie dann gemacht?**
Na, was wohl?
Ich bin zu Fuß nach Hause gegangen.

---

3 Ellas Kolumne

Lesen Sie Ellas Interview mit Manfred Schulze und die Zusammenfassung. Korrigieren Sie die vier Fehler.

Nach 35 Jahren ~~Roulette~~-Spielen hatte Manfred Schulze Glück: Er hat   *Lotto*
100.000 Euro gewonnen. Doch dann hatte er großes Pech. Er ist mehrmals
in ein Spielcasino gegangen und hat immer nur auf die Zahl 14 gesetzt.
So lange, bis viel Geld weg war.

4 Haben Sie schon einmal etwas gewonnen? Erzählen Sie.

Ja, einmal habe ich ein Fahrrad gewonnen.

Nein. In meiner Religion ist Glücksspiel verboten.

Ellas Film

A1 Markieren Sie wie im Beispiel und ergänzen Sie die Tabelle.

Sechs Richtige

von Ella Wegmann

heute	früher / gestern / letztes Jahr / …
er spielt	er hat gespielt / er _____
er gewinnt	er hat gewonnen / er _____
er kommt	er ist gekommen / er _____

35 Jahre lang ==spielte== Manfred Schulze jede Woche Lotto. Ein paar Mal gewann er, aber nie mehr als 50 Euro. Dann kam die ganz große Überraschung.

A2 Kurzmeldungen

a Lesen Sie die Zeitungsmeldungen und ordnen Sie die Überschriften zu.

1 Rettung nach zwei Stunden
2 Was für ein Pech!
3 Verflogen
4 Vergesslicher Ehemann

Meldung	A	B	C	D
Überschrift				

A

Ein 71-jähriger Frankfurter ==ließ== seine 67-jährige Frau am vergangenen Wochenende einfach auf einer Autobahnraststätte bei Stuttgart ==zurück==. Während der Mann ==tankte==, ==wollte== die Frau schnell Getränke kaufen. Aber als sie zurück-kam, ==war== ihr Mann verschwunden. Der Rentner bemerkte erst zwei Stunden nach der Weiter-fahrt, dass seine Frau nicht mehr auf dem Beifahrersitz saß. Die Frau wartete mehrere Stunden vergeblich auf ihren Mann. Ein anderer Autofahrer ==brachte== sie schließlich zur Polizei. Erst Stunden später meldete sich der vergess-liche Ehemann und fragte nach seiner Frau.

B

Werner H. (61) und Florian H. (30) aus Brandenburg wollten einen Vater-und-Sohn-Urlaub in der Millionen-stadt Sydney in Australien verbringen. Passend gekleidet für den heißen australischen Sommer mit Shorts und T-Shirt stiegen sie letzten Monat in Berlin ins Flugzeug. Sie wunderten sich zwar, als sie in Portland im Nordwes-ten der USA in ein kleines Flugzeug umsteigen mussten, hatten aber nicht den Mut, die Flughafenmitarbeiter darauf anzusprechen. Die Überraschung war dann groß, als die beiden schließlich ihr Ziel erreichten: Sie landeten im tief verschneiten Montana. Der Grund: Der Vater ver-wechselte bei der Online-Buchung Sydney (Australien) mit Sidney (USA) und buchte einen falschen Flug.

C

Tess K. (58) und ihr Mann Finn (57) aus den Nie-derlanden waren letzte Woche auf Kreuzfahrt im Mittelmeer. Das Schiff lag vor Neapel und das Ehepaar wollte die Stadt besichtigen. Am Hafen kam es zum großen Streit und das Ehepaar verlor sich aus den Augen. Einige Stunden später sah Tess das Kreuzfahrtschiff abfahren. Sie glaubte, dass ihr Mann sich an Bord befand, sprang ohne nachzudenken ins Wasser und schwamm dem Schiff nach. Nach Polizeiangaben verbrachte die Frau zwei Stunden im Wasser und wurde dann von Fischern gerettet.
Der Ehemann war übrigens nicht auf dem Schiff. Er war auf dem Weg zum Flughafen und wollte nach Hause fliegen.

D

Der Italiener Giovanni R. (45) aus Bad Ems bei Koblenz spielt seit Jahren Lotto. Als er am Valentinstag zur Lotto-Annahmestelle ging, kaufte er auf dem Weg ein Geschenk für seine Frau: einen Rosenstrauß. Damit reichte sein Geld aber nicht mehr für den Lottotipp aus. Am Abend wurden dann genau „seine" Zahlen gezogen. Im Jackpot lagen 25 Millionen Euro.

b Markieren Sie in a wie in den Beispielen. Machen Sie eine Tabelle und ergänzen Sie.

Typ „tanken"	Typ „lassen"	Typ „bringen"	werden, sein, haben	wollen, dürfen, …
tanken – tankte	zurücklassen – ließ zurück	bringen – brachte	sein – war	wollen – wollte
…	…	…	…	…

ich	tank**te**	ließ	br**a**ch**te**
er/es/sie	tank**te**	ließ	br**a**ch**te**
wir	tank**ten**	ließen	br**a**ch**ten**
sie/Sie	tank**ten**	ließen	br**a**ch**ten**

⚠ -d/-t landen - land**ete**

SCHON FERTIG? Ergänzen Sie noch mehr Wörter in der Tabelle. Suchen Sie die Formen im Wörterbuch.

Wer? 71-jähriger Frankfurter
Wann?
Wo? bei Stuttgart
Was passierte?

c Machen Sie zu jeder Zeitungsmeldung Notizen.

A3 Lesen Sie die Kurzmeldung und ordnen Sie zu.

lud … ein   störte   riefen   sollte   ~~sorgte~~   bemerkte   standen
feierten   sperrte … ab   kam   schickte   gingen   dachte

Mehr als 500 Freunde kamen zu Julias Geburtstagsparty

Weßling – Eine Geburtstagsparty _sorgte_ **für großen Ärger: Über 500 Gäste folgten der Einladung über ein soziales Netzwerk.**

Eigentlich _____ es ein ganz normaler Geburtstag werden: So _____ zumindest die 17-jährige Julia R. Die Schülerin _____ über ein soziales Netzwerk ihre Freunde _____. Dabei _____ sie nicht, dass die Einladung öffentlich verbreitet wurde. Und so _____ am Geburtstagsabend über 500 junge Leute vor dem kleinen Reihenhaus, in dem Julia R. mit ihren Eltern und Geschwistern lebt. Die Feier wurde abgesagt, aber das _____ die „Gäste" nicht. Sie _____ auf der Straße – und zwar so laut und ausgelassen, dass Julias Eltern und die Nachbarn die Polizei _____. Diese _____ die Straße _____ und _____ die jungen Leute nach Hause. Da manche nicht freiwillig _____, _____ es zu Konflikten, zwei junge Männer wurden sogar festgenommen.

🔁 **A4** Eine Kurzmeldung schreiben

Arbeiten Sie zu zweit. Wählen Sie eine Situation oder ein Foto.
Machen Sie zuerst Notizen und schreiben Sie dann eine Zeitungsmeldung.

A Schüler bewirbt sich mit falschem Zeugnis – **bei der Polizei!**

B **Betrunkener Einbrecher vor dem Fernseher eingeschlafen**

47-jähriger Hausbesitzer
nach Hause kommen   bemerken: Licht in Wohnung, Fernseher an
Polizei rufen   Einbrecher im Haus   zu viel Wodka trinken, einschlafen

B Es ist vor einem Jahr passiert, **als** ...

B1 Was sagt Herr Schulze? Ergänzen Sie.

Es ist vor einem Jahr passiert, ...

a Ich habe noch Lotto gespielt.   ... *als ich noch Lotto gespielt habe.*

b Ich bin ins Spielcasino gegangen.   ....

c Ich war oft unglücklich.   ....

d Ich hatte nur wenige Freunde.   ....

> Es ist vor einem Jahr passiert, als ich noch Lotto gespielt habe.

B2 Interview mit Ella Wegmann

1 🔊 5   **a** Was ist richtig? Hören Sie und kreuzen Sie an.

1 ○ Ella ist 28 Jahre alt und arbeitet als Journalistin bei „Radio Elf".
2 ○ Ella mag ihren Beruf.
3 ○ Schon als Kind interessierte sie sich für andere Menschen.
4 ○ Als Ella 11 war, wurde in ihrem Heimatort eine Frau 100 Jahre alt.
5 ○ Ella machte ein Interview und die alte Dame schickte den Text an eine Zeitung.

b Lesen Sie die Sätze und kreuzen Sie an: Wie oft ist das passiert / passiert das?

	einmal	öfter
1 Wenn wir Besuch hatten, wollte ich von den Leuten immer alles genau wissen.	○	○
2 Ich habe zum ersten Mal für eine Zeitung geschrieben, als ich elf war.	○	○
3 Als wir nach dem Urlaub zu Hause waren, kam ein Brief von der alten Dame.	○	○
4 Immer wenn man so etwas hört, denkt man: Manche Leute haben einfach Glück.	○	○

Das ist einmal passiert.	Das ist mehr als einmal passiert.
als ...	(immer / jedes Mal) wenn ...

B3 Erinnerungen an die Kindheit

Schreiben Sie Sätze mit *als* oder *wenn*. Tauschen Sie Ihre Sätze mit Ihrer Partnerin /
Ihrem Partner und korrigieren Sie ihre/seine Sätze.

> Ich war als Kind immer sehr glücklich, ...   Ich war im Sommer ... / an Weihnachten / ... sehr froh, ...
> Ich habe mir einmal sehr wehgetan, ... ich 11 / ... Jahre alt war, ... ich einmal ..., bin/habe ich ...
> Ich fand es als Kind immer sehr aufregend, ...   Es hat mir immer gut gefallen, ...
> Meine Eltern waren immer sehr zufrieden mit mir, ...   Mein Opa fand es immer sehr witzig, ...

🔁 B4 Meine Lieblingsfrage

Arbeiten Sie in Gruppen. Welche Frage über sich möchten Sie gern beantworten?

– Schreiben Sie die Frage auf einen Zettel. Verwenden Sie *als* oder *wenn*.
– Mischen Sie die Zettel und verteilen Sie sie neu.
– Die Fragen werden vorgelesen.
– Beantworten Sie Ihre Frage.

Warum war ich so glücklich, als ich 16 geworden bin?

Warum war ich so glücklich, als ich 16 geworden bin? Von wem ist die Frage?

Die Frage ist von mir. Ich war so glücklich, weil ich zum Geburtstag einen Motorroller bekommen habe.

C Ich **hatte** so lange ... **gewartet**.

C1 **Was ist passiert? Was war vorher? Ordnen Sie zu.**

> Das ist passiert.   Das war vorher.

Ich habe wirklich gewonnen.	Ich hatte so lange ... gewartet.

> Ich habe wirklich gewonnen. Es war total verrückt! Ich hatte so lange auf diesen Moment gewartet.

C2 **Glücksmomente**

a Welche Überschrift passt? Lesen Sie die Texte und ordnen Sie zu.

○ Angekommen   ○ Gewonnen

Glücksmomente

Erfolg in der Arbeit? Frisch verliebt? Oder einfach der Moment, wenn Sie auf einer Wiese liegen und die Wolken am Himmel betrachten? Wann waren Sie das letzte Mal so richtig glücklich?

1

Mein glücklichster Tag war der 22. Juni. Unsere Mannschaft hatte ein wichtiges Spiel. Und ich musste auf der Bank sitzen und zusehen, denn
5 ich hatte mir einige Zeit vorher den Fuß gebrochen. Zwar hatte ich in der letzten Zeit viel trainiert, aber ganz fit war ich noch nicht. Nach 85 Minuten stand das Spiel immer noch 0:0. Und dann nahm unser
10 Trainer unsere Nummer 1 vom Feld und schickte mich stattdessen ins Spiel. In der allerletzten Spielminute, da kam er, mein Glücksmoment. Das 1:0! Und ich hatte das Tor geschossen.

Andreas

2

Ich bin 2015 über die österreich-
15 ische Grenze nach Deutschland gekommen und im Frühjahr 2016 konnte endlich meine Familie nachkommen. Die Zeit davor war schlimm für mich: Ich war aus
20 Syrien geflohen und hatte hier in den ersten Monaten einige sehr schwierige Momente erlebt. Dann habe ich aber bald eine Arbeit gefunden und eine Wohnung bekommen. Und als dann auch noch meine
25 Familie zu mir gekommen ist, war das der glücklichste Moment in meinem Leben.

Latif

b Lesen Sie noch einmal die Texte in a und die Sätze. Was war vorher passiert?
Machen Sie Notizen zum Text und sprechen Sie.

> Ich **hatte** trainiert.
> Ich **war** geflohen.

1 Andreas musste auf der Bank sitzen und zusehen.
2 Latifs Familie konnte nachkommen.

1 vorher: Fuß gebrochen / ...

> *Andreas hatte sich den Fuß gebrochen. ...*

🔁 **C3** **Geschichten-Lotterie**

a Arbeiten Sie in Gruppen. Jede Gruppe bekommt vier Kärtchen in verschiedenen Farben.
Notieren Sie pro Kärtchen einen Ort, eine Zeit und je eine Person.

Ort *Standesamt*   Zeit *Sommer*   Person *beste Freundin*   Person *Mutter*

b Planen Sie eine Geschichte in Ihrer Gruppe und schreiben Sie sie.
Verwenden Sie mindestens einmal *war/hatte ... gekommen/gesehen/...*

Letzten Sommer hat meine beste Freundin auf dem Standesamt ...

D Pech gehabt!

1 ◀)) 6 D1 Hannas Unfall

Ordnen Sie die Bilder. Hören Sie dann und vergleichen Sie.

A ○   B ○   C ○   D ○

D2 Hanna meldet ihren Unfall der Versicherung.

Markieren Sie im Formular. Machen Sie dann Notizen und sprechen Sie.

a Wann und wo ist der Unfall passiert?   c Wie hoch ist der Schaden?
b Wie ist der Unfall genau passiert?   d Wer hat den Schaden?

SEKUR-VERSICHERUNG – Schadenmeldung zur Privathaftpflichtversicherung

Ihre Versicherungsnummer:

500 / 125346-X-62

Versicherungsnehmer: Hanna Krämer
Straße, Ort: Ziegeleistraße 17, 99817 Eisenach
E-Mail: hanna.kraemer@wobis.net
Schadentag: 15.05.d.J.
Uhrzeit: 11.15 Uhr
Ort: Goethestraße 28, 99817 Eisenach
Ungefähre Schadenhöhe: 250 Euro

Schadenhergang:
Ich half einer Bekannten, Ulrike Haas, beim Umzug. Ich holte gerade eine lange Vorhangstange aus dem Umzugswagen und wollte sie in die Wohnung tragen. Meine Bekannte trug zur gleichen Zeit zwei Kartons und einen Blumentopf. Ich bemerkte leider nicht, dass sie direkt hinter mir stand, und stieß versehentlich mit der Stange gegen den Blumentopf. Der Blumentopf fiel augenblicklich herunter und traf meinen Hund am Kopf. Daraufhin biss der Hund meine Bekannte leicht ins Bein. Sie erschrak so, dass sie die Kartons fallen ließ. Dabei gingen 11 Weingläser, 6 Tassen und 14 Teller kaputt.

Wir möchten mit der/dem Geschädigten Kontakt aufnehmen – bitte geben Sie uns Ihre Daten.

---

ich habe geholfen, ich habe geholt, ...   ich half, ich holte, ...
ich war/hatte/wollte/...   ich war/hatte/wollte/...

– hört man oft in Gesprächen   – hört man oft in den Nachrichten
– liest man oft in persönlichen Briefen/Mails/... – liest man oft in der Zeitung, in Berichten, in Büchern, ...

> Ich half einer Bekannten ...

> Ich habe Ulrike beim Umzug geholfen.

⇆ D3 Pech gehabt!

Sehen Sie das Bild an und erzählen Sie die Geschichte.
Oder erzählen Sie eine persönliche Geschichte.

gespielt   Wohnzimmer   gestoßen   auf Tisch gefallen
Vase kaputtgegangen   Schaden: circa 100 Euro

E1 Was bringt in Ihrem Land Glück oder Pech? Sammeln Sie und erzählen Sie.

Weintrauben Kleeblatt schwarze Katze

Glück Pech

◆ Bei uns in Spanien glauben wir, dass Weintrauben Glück bringen. An Silvester muss man
in den zwölf Sekunden vor Mitternacht, also bei jedem Glockenschlag, eine Weintraube essen.
Dann geht jeder Wunsch in Erfüllung.

○ Bei uns in Lettland bringt es Pech, wenn man den Regenschirm schon im Haus aufspannt.

▲ …

1 ◀)) 7–9 E2 Mein Glücksbringer

a Welches Interview passt zu welchem Foto? Hören Sie drei Interviews und ordnen Sie zu.

A

B

C

Interview	1	2	3
Foto			

b Hören Sie noch einmal und korrigieren Sie.

1 Brigitte hat den Schutzengel in Graz ~~geschenkt bekommen.~~ gekauft
  Ein paar Monate später hat sie einen Mann kennengelernt.

2 Wenn es Paul in einer Stadt nicht gut gefällt, wirft er eine Münze in einen Brunnen.
  Er war mit seiner Frau schon dreimal in Rom.

3 Julia hat immer einen Glücksbringer bei sich.
  Der Stein in ihrem Büro erinnert sie an einen Wald.

⇄ E3 Das bringt mir Glück.

a Erzählen Sie in der Gruppe: Haben Sie einen Glücksbringer oder ein Ritual?

> Ich habe keinen Glücksbringer. Ich glaube eigentlich
> nicht an so etwas. Aber wenn ich zum Kurs laufe,
> komme ich immer an einem Stein-Löwen vorbei. …

> Ich habe eine Muschel als Glücks-
> bringer. Die hat mir eine Freundin
> vom Meer mitgebracht.

> … ist mein Glücksbringer. / Ich habe eine/n … als Glücksbringer.
> Ich glaube, … bringt mir Glück in der Liebe / im Beruf.
> … beschützt mich vor …
> Ich glaube an …
> Ich habe keinen Glücksbringer und auch kein Ritual. Ich glaube nicht an so etwas.
> Ich glaube nicht an Glücksbringer, aber wenn ich …, dann … ich immer …

b Was wünschen Sie Ihrer Partnerin / Ihrem Partner? Schreiben Sie sieben „Glückssätze" für sie/ihn.

> Ich wünsche Dir viel Gesundheit.
> Ich wünsche Dir, dass deine Tochter einen guten Job findet.
> …

Grammatik und Kommunikation

Grammatik

1 Präteritum: Konjugation ÜG 5.06

	Typ „tanken"	Typ „lassen"	Typ „bringen"
ich	tankte	ließ	brachte
du	tanktest	ließest	brachtest
er/es/sie	tankte	ließ	brachte
wir	tankten	ließen	brachten
ihr	tanktet	ließt	brachtet
sie/Sie	tankten	ließen	brachten

⚠ -d/-t landen – landete

heute	früher / gestern / letztes Jahr / …
er spielt	er hat gespielt / er spielte
er gewinnt	er hat gewonnen / er gewann
er kommt	er ist gekommen / er kam

ich habe geholfen, …	ich half, …
ich habe geholt, …	ich holte, …
ich war / hatte / wollte / …	ich war / hatte / wollte / …
– hört man oft in Gesprächen	– hört man oft in den Nachrichten
– liest man oft in persönlichen Briefen / E-Mails / …	– liest man oft in der Zeitung, in Berichten, in Büchern, …

2 Konjunktion: *als* ÜG 10.08

Es ist vor einem Jahr passiert,	als ich noch Lotto gespielt habe.
Das ist einmal passiert.	Das ist mehr als einmal passiert.
als …	(immer / jedes Mal) wenn …

3 Plusquamperfekt ÜG 5.07

ich	hatte		ich	war	
du	hattest		du	warst	
er/es/sie	hatte	trainiert	er/es/sie	war	geflohen
wir	hatten		wir	waren	
ihr	hattet		ihr	wart	
sie/Sie	hatten		sie/Sie	waren	

Ich musste auf der Bank sitzen und zusehen, denn ich hatte mir den Fuß gebrochen.

Die schönsten Momente in Ihrem Leben. Ergänzen Sie und schreiben Sie: Was ist passiert?

Das war die Geburt von Sophia. Ich kann mich noch gut erinnern. Ich war noch am Abend …

Geburt von meiner Tochter

Umzug nach …

Ergänzen Sie die Sätze.
Als ich 5 Jahre alt war, …
Als ich 10 Jahre alt war, …
Als ich 18 Jahre alt war, …

Was ist vorher passiert?
Schreiben Sie.

1 Ich hatte Bauchschmerzen.
2 Ich war wütend.
3 Ich hatte keine Lust auf Fußball.
4 Ich war so glücklich.
5 Ich war sehr müde.

1 Ich hatte zu viele Kirschen gegessen.

Kommunikation

ÜBER DIE VERGANGENHEIT REDEN: Ich war im Sommer ...

Ich war als Kind immer sehr glücklich, ... | Ich war im Sommer ... / an Weihnachten ... sehr froh, ... | Ich habe mir einmal sehr wehgetan, ... | ... ich 11 / ... Jahre alt war, ... | ... ich einmal ..., bin/habe ich ... | Ich fand es als Kind immer sehr aufregend, ... | Es hat mir immer gut gefallen, ... | Meine Eltern waren immer sehr zufrieden mit mir, ... | Mein Opa fand es immer sehr witzig, ...

EINEN UNFALL SCHILDERN: Der Unfall ist am ... in ... passiert.

Der Unfall ist am ... in ... passiert. | Ich bemerkte leider nicht, dass ... | Sie/ Er hatte/war gerade ... | Zur gleichen Zeit ... | Versehentlich ... | Und dann/ da/daraufhin/dabei ...

ÜBER GLÜCKSBRINGER REDEN: Ich glaube an ...

... ist mein Glücksbringer / Ich habe eine/n ... als Glücksbringer.
Ich glaube, ... bringt mir Glück in der Liebe. / im Beruf.
... beschützt mich vor ...
Ich glaube an ...
Ich habe keinen Glücksbringer und auch kein Ritual.
Ich glaube nicht an so etwas.
Ich glaube nicht an Glücksbringer, aber wenn ich ..., dann ... ich immer ...

JEMANDEM ETWAS WÜNSCHEN: Ich wünsche dir ...

Ich wünsche dir viel Gesundheit. / ...
Ich wünsche dir, dass deine Tochter einen guten Job findet.

Was ist passiert? Schreiben Sie.

Schreiben Sie einen Wunsch auf ein Papier. Legen Sie das Papier irgendwohin (in die U-Bahn, in einen Park usw.).

Liebe Fremde,
lieber Fremder,...

Sie möchten noch mehr üben?

1 | 10–12 AUDIOTRAINING

Lernziele

Ich kann jetzt ...

A ... über Erlebnisse in der Vergangenheit berichten: *35 Jahre lang spielte Manfred Schulze jede Woche Lotto.* _____ ☺ ☺ ☹

B ... über einen Zeitpunkt in der Vergangenheit sprechen: *Ich habe zum ersten Mal für eine Zeitung geschrieben, als ich elf war.* _____ ☺ ☺ ☹

... über die Kindheit reden: *Wir haben immer viel Spaß gehabt, wenn wir an den See gefahren sind.* _____ ☺ ☺ ☹

C ... Ereignisse in der Vergangenheit chronologisch erzählen: *Ich hatte starke Bauchschmerzen, weil ich vorher viele Kirschen gegessen hatte.* _____ ☺ ☺ ☹

... über Glücksmomente sprechen: *Ich war so glücklich, weil meine Familie da ein schönes Fest gemacht hat.* _____ ☺ ☺ ☹

D ... einen Unfall beschreiben: *Der Blumentopf fiel herunter und traf meinen Hund am Kopf.* _____ ☺ ☺ ☹

E ... über Glücksbringer oder Rituale reden: *Ich habe eine Muschel als Glücksbringer.* _____ ☺ ☺ ☹

... jemandem etwas wünschen: *Ich wünsche dir viel Gesundheit.* _____ ☺ ☺ ☹

Ich kenne jetzt ...

... 10 Wörter zum Thema *Glück* und *Pech*:

der Gewinn, ...

... 5 Wörter zum Thema *Unfall*:

der Schaden, ...

Zwischendurch mal ...

PROJEKT

Glück oder Pech?

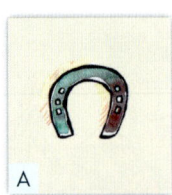

A   B   C   D   E   F

1 ○ Vorsicht! Es bringt Unglück, wenn man ihn zerbricht. Dann hat man sieben Jahre lang Pech.

2 ○ Bei uns ist dieses Tier schon lange ein Symbol für Reichtum und für Glück.
Klar: Wer früher viele solche Tiere hatte, der hatte nie Hunger.

3 Ⓐ Wenn man dieses Ding über die Haustür hängt, dann können die bösen Geister
nicht ins Haus hinein. Aber die Öffnung muss nach unten sein!

4 ○ Wenn man so eins auf der Wiese findet, bringt das Glück.
Es muss aber vier Blätter haben, nicht drei. Das ist sehr wichtig!

5 ○ Sie soll ein Symbol für den Teufel sein und ihre Farbe steht für das Böse.
Am besten, man begegnet ihr nicht!

6 ○ An einem solchen Tag sollen angeblich besonders viele Unglücke passieren.
Die Versicherungsstatistiken bestätigen das allerdings nicht.

1 Glück oder Pech? Ordnen Sie die Bilder den Sätzen zu.

2 Unsere Glücksseite. Schreiben Sie gute Wünsche für die anderen.
Jeder schreibt einen Wunsch. Machen Sie ein Plakat.

Dieses kleeblatt soll uns Glück bringen.

Wir bestehen alle die Prüfung.

Heute scheint die Sonne.

...

HÖREN

So haben wir uns kennengelernt.

1 ◀)) 13   **1** Liebe auf den ersten Blick
Hören Sie Bennos Geschichte.
Machen Sie dann Notizen.

Benno enttäuscht – Freundin verlassen – Berge fahren ...

2 Arbeiten Sie in Gruppen. Erzählen Sie Bennos Geschichte. Jede/Jeder sagt
einen Satz. Die/Der andere beendet den Satz und beginnt einen neuen Satz.

Also, es war im Herbst. Benno ...

Benno war total enttäuscht und traurig. Deshalb ...

Deshalb hat er ... Und dann ...

GEDICHT

Was ist Glück?

Alle wollen wissen: Wie ist das Glück?
Alle wollen wissen: Wo ist das Glück?
Alle wollen wissen: Was ist das Glück?

1.

Morgens in der U-Bahn, auf'm Weg ins Büro,
ich hatte kaum geschlafen, war sehr müde und so.
Die Frau mit dem Handy saß mir gegenüber.
Sie wirkte sympathisch, ich sah zu ihr rüber.

Irgendwann bemerkte sie meinen Blick.
Ich lächelte sie an. Sie lächelte zurück.
Ich lächelte sie an. Sie lächelte zurück.

Ja, so einfach ist die Sache: Das ist das Glück!
Jeder gibt ein Stück und jeder kriegt was zurück.
Jeder gibt was her und trotzdem haben alle mehr.

2.

Ich kaufte ein Brötchen mit Käse und Speck
in der Mittagspause beim Kiosk am Eck.
Ein Spatz kam geflogen und er guckte mir zu.
Und ich sagte: „Ja, hallo, wer bist denn du?"

Der Spatz sah das Brötchen an und machte „Tschipp!"
Da kapierte ich es endlich und gab ihm ein Stück.
Er machte „Tschipp!" und ich gab ihm ein Stück.

Ja, so einfach ist die Sache: Das ist das Glück!
Jeder gibt ein Stück und jeder kriegt was zurück.
Jeder gibt was her und trotzdem haben alle mehr.

1 🔊 14 **1** Hören Sie das Gedicht. Was bedeutet für den Autor Glück? Sprechen Sie.

2 Welche Dinge/Momente in Ihrem Alltag sind für Sie Glück?
Worüber freuen Sie sich? Schreiben Sie fünf Sätze. Lesen Sie sie dann vor.

> Glück ist, wenn ...
> ... mein Mann mir morgens einen Kaffee ans Bett bringt und er
> schon den Frühstückstisch gedeckt hat. ... Und wenn ich ihm ...

Unterhaltung

Folge 2: *Ein Abend, der nicht so toll war.*

1 Ein Fernsehabend

a Sehen Sie die Fotos an. Was passiert in der Geschichte
mit Ella, Vivi und Max? Was meinen Sie?
Schreiben Sie zu jedem Foto ein bis zwei Sätze.

> • die Serie • die Folge • der Darsteller sich streiten
> sich langweilen lustig finden lachen …

1 ◀)) 15–18

b Hören Sie und vergleichen Sie.
Was ist in Ihrer Geschichte anders? Sprechen Sie.

> *In meiner Geschichte*
> *streiten sich Ella und Max.*

> *Und in meiner reden*
> *die drei nicht über …*

Vivi

Max

„Die Serie, die ich machen würde"

von Ella Wegmann

Wenn ich auf einer Party mit Leuten ins Gespräch kommen möchte, frage ich nach ihrer TV-Lieblingsserie. Welche ist es? Welche Charaktere magst du besonders, welche hasst du? Es ist erstaunlich, wie viel ich damit über meine Gesprächspartner erfahre, obwohl wir ja nur übers Fernsehen reden. Gestern habe ich die Frage mal anders gestellt: „Welche Serie würdest du selbst
5 gern machen?" Hier die zwei interessantesten Antworten:

„Wir sehen überall nur Probleme, obwohl es den meisten von uns echt supergut geht. Mein
10 Wunschserienheld hätte dauernd Pech. Die Leute würden sagen, er ist ein Verlierer, aber das stimmt nicht, denn er ist ein Typ,
15 der immer optimistisch bleibt. Der sich nie beschwert, obwohl er wirklich Grund zum Jammern hätte. Ein Verlierer, der eigentlich ein Gewinner ist."

Diana (27)

20 „Ich esse sehr gern, ich glaube, das sieht man. Meine Serie würde in einem tollen Restaurant spielen. Eine der Haupt-
25 figuren wäre eine Köchin, die unglaublich gut kochen kann. Jeder, der ihr Essen probiert hat, würde am liebsten täglich in dieses Restaurant gehen. Ich glaube, man könnte da ziemlich
30 lustige und verrückte Geschichten erfinden."

Slavoj (32)

2 Ellas Kolumne

a Lesen Sie die Kolumne und beantworten Sie die Fragen.

– Was möchte Ella wissen?
– Worum geht es in Dianas Serie?
– Worum geht es in Slavojs Serie?

> Ella möchte wissen, welche …

1 ◀)) 19–20 **b** Hören Sie zwei Gespräche (1–2). Welches Gespräch passt zu welcher Serie? Ordnen Sie zu.

	Dianas Serie	Slavojs Serie
Gespräch	○	○

3 Sehen Sie gern Serien? Wenn ja, welche? Wenn nein, warum nicht? Erzählen Sie.

> Ich liebe „Game of Thrones!" Ich habe alle Folgen gesehen und warte auf die nächste Staffel!

> Was? „Game of Thrones" schaue ich nicht an. Das ist mir zu brutal.

> Ich finde alle Serien doof. Ich schaue lieber Spielfilme an.

Ellas Film

A ... **obwohl** du sie schon ... gesehen hast.

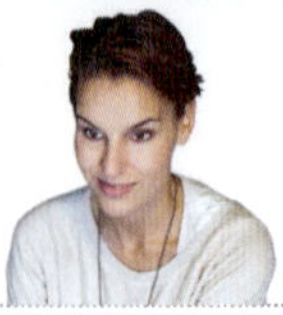

A1 Was ist richtig? Wissen Sie es noch? Verbinden Sie.

a Max sieht die Serie an,	obwohl sie gute Freundinnen sind.
b Ella und Vivi gehen,	obwohl er sie schon dreimal gesehen hat.
c Ella und Vivi streiten sich,	weil sie die Serie nicht lustig finden.

Max sieht die Serie an, obwohl er sie schon dreimal gesehen hat.

1 🔊 21–23
A2 Meine Lieblingsserie

a Welches Foto (A – C) passt zu welchem Hörtext (1–3)? Hören Sie und ordnen Sie zu.

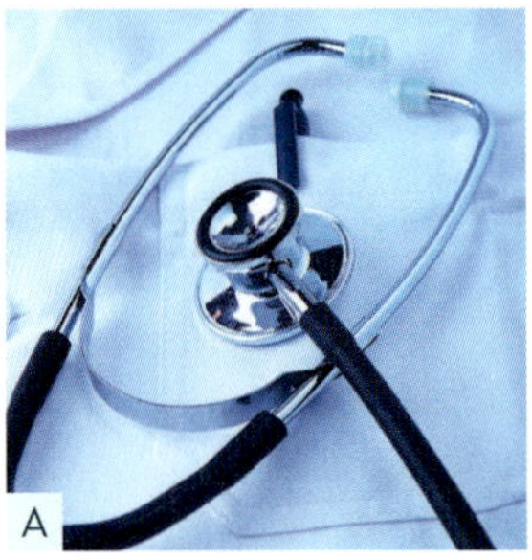
A

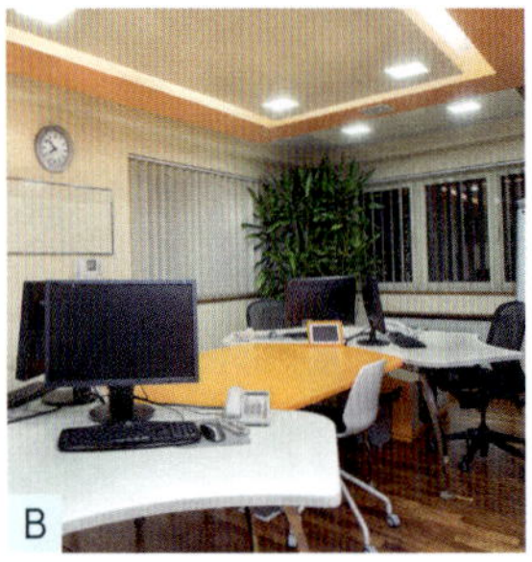
B

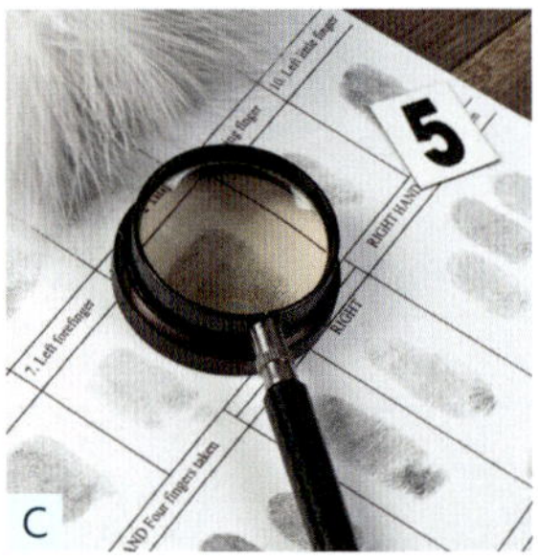
C

Text	1	2	3
Foto			

b Wer sagt was? Kreuzen Sie an.
Hören Sie dann noch einmal und vergleichen Sie.

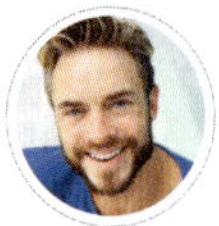
Jonas

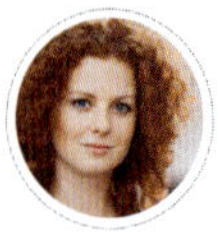
Julia

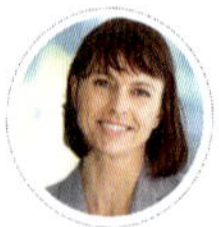
Sarah

	Jonas	Julia	Sarah
1 Ich kann keine Operationen und kein Blut sehen.	○	○	○
2 Meine Lieblingsserie ist natürlich eine Kriminalserie.	○	○	○
3 Meine Lieblingsserie spielt in einem Büro und ist wahnsinnig witzig.	○	○	○
4 Ich kenne schon alle Folgen.	○	○	○
5 Natürlich arbeiten die Hauptfiguren nicht nur, sie haben auch ein sehr aufregendes Privatleben.	○	○	○
6 Eine der Hauptfiguren veröffentlicht im Internet alle Fälle.	○	○	○

c Schreiben Sie Sätze mit *weil* oder *obwohl*.

1 Ich kann kein Blut sehen. Meine Lieblingsserie ist eine Krankenhausserie.
2 Meine Lieblingsserie ist natürlich eine Kriminalserie. Ich liebe Krimis.
3 Das hört sich nicht besonders interessant an. Die Serie ist wahnsinnig lustig.
4 Ich kenne alle Folgen schon. Ich sehe sie immer noch regelmäßig an.
5 Watson veröffentlicht alle Fälle im Internet. Holmes möchte das nicht.

1 Obwohl ich kein Blut sehen kann,
ist meine Lieblingsserie eine Krankenhausserie.
2 Meine Lieblingsserie ...

A3 Das finde ich total langweilig.

1 🔊 24 **a** Hören Sie und ergänzen Sie. Hören Sie dann noch einmal und vergleichen Sie.

◆ Wie kann man nur so eine Serie machen? Die ist <u>wirklich</u> langweilig.

○ Langweilig? Ich verstehe dich nicht. Die ist doch _____ spannend.

◆ Also, ich finde das _____ spannend.
Das Ende ist doch jetzt schon _____ klar.

○ Aber die Schauspieler sind super, findest du nicht?

◆ Super? Ich finde die _____ gut!
Ich finde die sogar _____ schlecht.
Also, ich mag diese Serie _____ .
Schauen wir doch was anderes an!

○ Ach komm! Ich finde _____ nervig, dass
du immer meckern musst.

b Ordnen Sie zu.

| überhaupt nicht | ~~ziemlich~~ | nicht so | total | echt | gar nicht |

++	+	–	– –
	ziemlich		
	wirklich	nicht besonders	
besonders			

🔁 A4 Das ist echt spannend!

📱 **a** Welche Serie mögen Sie besonders gern? Machen Sie ein Plakat.

Titel: Outlander
kommt: aus den USA
Hauptfiguren/Schauspieler:
Krankenschwester Claire, ...
Zeit: vor über 200 Jahren
Handlung: Claire gerät aus
Versehen zurück in
die Vergangenheit. ...

SCHON FERTIG? Diese Serie mag
ich gar nicht. Schreiben Sie.

b Arbeiten Sie in Gruppen.
Stellen Sie Ihre Serie vor. Die anderen stellen Fragen dazu.

Meine Lieblingsserie heißt ...
Sie kommt aus ... / wird in ... gedreht.
Die Hauptfigur ist / Die Hauptfiguren sind ...
Die Serie spielt in der heutigen Zeit. / vor ... Jahren.
In der Serie geht es um ... / Die Serie handelt von ...
Obwohl ich Krimis / Liebesgeschichten / Komödien ... eigentlich nicht mag, ...
Weil ich Krimis / Liebesgeschichten / ... besonders gern mag, ...
Besonders / Echt / Total / ... spannend / lustig / interessant finde ich / ist ...

*Meine Lieblingsserie
heißt „Outlander". Sie
kommt ... und spielt ...*

*Seit wann
gibt es die
Serie denn?*

*Welche Folge
gefällt dir
besonders gut?*

B Eine Köchin, **die** unglaublich gut kochen kann.

B1 Meine Hauptfigur wäre …

a Verbinden Sie.

1 Mein Serienheld wäre ein Mann,	die zusammen durch die ganze Welt reisen.
2 Meine Hauptfigur wäre eine Köchin,	der immer optimistisch bleibt.
3 In meiner Serie geht es um ein Ehepaar,	die unglaublich gut kochen kann.
4 Meine Hauptfiguren wären Hip-Hop-Musiker,	das eine Flüchtlingsfamilie bei sich aufnimmt.

ein Mann,	• der	
ein Ehepaar,	• das	unglaublich gut kochen kann/können.
eine Köchin,	• die	
Musiker,	• die	

b Arbeiten Sie zu zweit. Wer wäre Ihre Hauptfigur? Schreiben Sie drei Sätze.
Zerschneiden Sie die Sätze und tauschen Sie mit einem anderen Paar. Was gehört zusammen?
Bilden Sie Sätze.

> Meine Hauptfigur wäre eine Sängerin,   die keinen Erfolg hat.

B2 Deutschsprachige Musiker

a Sehen Sie die Fotos an und sprechen Sie.

– Welche Musiker auf den Fotos kennen Sie?
– Kennen Sie Hip-Hop? Welche Gruppen/Bands kennen Sie? Mögen Sie Hip-Hop?
– Was ist Ihre Lieblingsmusik?

Hip-Hop ist in Deutschland sehr beliebt – vor allem bei Jugendlichen. In den 1980er-Jahren kam die Musik, die unter Afroamerikanern in den USA entstanden war, nach Europa. Hip-Hop, das sind elektronisch produzierte Beats mit einem schnell gesprochenen Text, dem sogenannten Rap. Die Texte handelten meist vom schwierigen Leben in den Großstädten der USA, von Geldproblemen, von Problemen mit der Polizei
5 und vom Wunsch nach einem besseren Leben.

Die ersten deutschen Hip-Hop-Musiker rappten auf Englisch, inzwischen aber rappen die meisten auf Deutsch. Anfangs konnte man sich das nur schwer vorstellen: Rappen auf Deutsch? Niemals! Das änderte sich 1992, als *Die Fantastischen Vier* aus Stuttgart mit dem Song „Die da" einen Hit hatten. Sie rappten nicht nur auf Deutsch, ihre Texte
10 waren außerdem positiv und lustig. Das war völlig neu. Danach wurde der deutschsprachige Hip-Hop der sogenannten „Neuen Schule", zu der Bands wie *Fettes Brot*, *Absolute Beginner* oder *Deichkind* gehören, immer beliebter. Sie rappen mit Wortwitz und Humor über alltägliche Dinge. Hip-Hop ist für sie eine Partymusik, die Spaß machen soll.

Es gibt aber auch sogenannte deutsche „Gangsta-Rapper". In ihren Texten geht es oft um Gewalt, Geld und
15 Kriminalität. Manche dieser Rapper sprechen in ihren Texten außerdem schlecht über Frauen oder Homosexuelle. Dafür werden sie kritisiert. Doch: Die Stars der Szene verdienen damit viel Geld.

Viele deutsche Hip-Hop-Musiker – viele von ihnen mit ausländischen Wurzeln – beschäftigen sich auch mit sozialen Themen. In ihren Texten geht es um Arbeitslosigkeit, Rassismus, das Leben auf der Straße oder die Probleme von Migranten. Zum
20 Beispiel der Berliner *Uchenna* van Capelleveen, der holländisch-nigerianische Wurzeln hat und den man unter dem Namen *Megaloh* kennt. Viele seiner Texte handeln von seinem Job als Lagerarbeiter, mit dem er den Lebensunterhalt für seine Familie und sich verdient. Er singt von seinem Traum, eines Tages nur von der Musik leben zu können, und von dem schwierigen Weg dorthin.

b Lesen Sie den Text in a und ergänzen Sie Informationen mit Ihrer Partnerin / Ihrem Partner. Vergleichen Sie dann im Kurs.

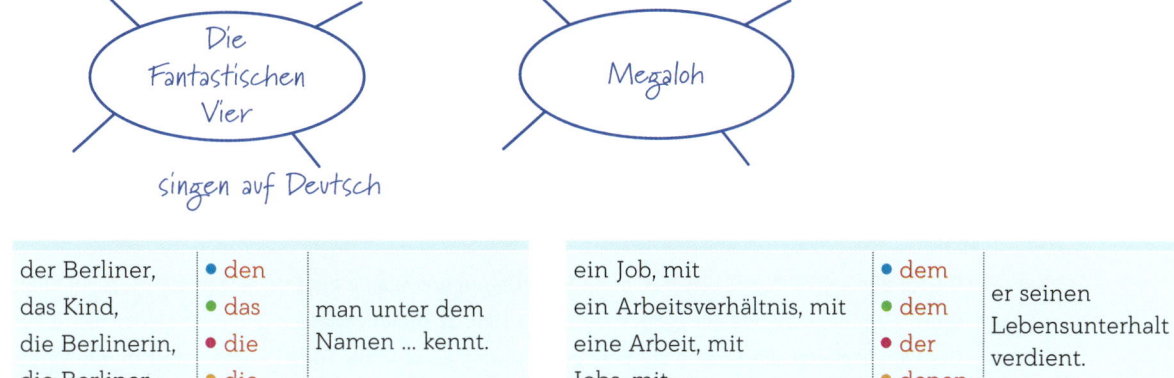

der Berliner,	● den		ein Job, mit	● dem	
das Kind,	● das	man unter dem	ein Arbeitsverhältnis, mit	● dem	er seinen
die Berlinerin,	● die	Namen ... kennt.	eine Arbeit, mit	● der	Lebensunterhalt
die Berliner,	● die		Jobs, mit	● denen	verdient.

B3 Ergänzen Sie.

a Megaloh ist ein Musiker, ...

– _den_ viele gern kennenlernen würden.

– mit _____ man gern über Musik sprechen würde.

– _____ am 27. Februar 1981 in Frankfurt am Main geboren wurde.

b Stefanie Kloß ist eine Sängerin, ...

– _____ aus Sachsen kommt.

– _____ man oft im Radio hören kann.

Die Band, mit _____ sie auftritt, heißt „Silbermond".

SCHON FERTIG? Suchen Sie im Internet Musik von *Megaloh* und *Silbermond*.

🔁 B4 Kennst du jemanden, der ...?

Ergänzen Sie: *dem/das/die*, ... Fragen Sie dann im Kurs. Wer findet zuerst zu jeder Frage eine Person, die mit „Ja" antwortet? Notieren Sie die Namen.

Name

1 Hast du einen Freund, _den_ immer alles gelingt? — Samir

2 Gibt es eine berühmte Person, _____ du gern mal treffen würdest?

3 Kennst du eine Frau, _____ mehr als drei Geschwister hat?

4 Hast du eine Freundin, _____ du alles erzählen kannst?

5 Kennst du jemanden, _____ dir schon einmal einen wichtigen Rat gegeben hat?

6 Hast du einen Freund, mit _____ du schon länger als 10 Jahre befreundet bist?

7 Kennst du ein Ehepaar, _____ schon länger als 30 Jahre verheiratet ist?

8 Erinnerst du dich an die Person, _____ dir zuletzt etwas geschenkt hat?

9 Erinnerst du dich an die Person, _____ du zuletzt etwas geschenkt hast?

10 Gibt es einen Gegenstand, _____ du immer bei dir hast?

> Samir, hast du einen Freund, dem immer alles gelingt?

> Ja, mein bester Freund Sinan. Schon in der Schule konnte er jede Aufgabe lösen und hatte immer die besten Noten.

C Wie wäre es, wenn ...?

C1 Lesen Sie die Texte und ordnen Sie die Plakate zu.

A

B
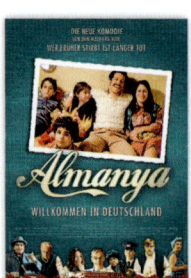

C

1 ◯ Die Komödie erzählt mit viel Humor und Einfühlungsvermögen die Geschichte von Hüseyin Yilmaz und seiner Familie, die Ende der 1960er-Jahre ihre Heimat Türkei verlassen und nach Deutschland auswandern. Der Film begleitet die Familie auf eine gemeinsame Reise in die Türkei – und damit in ihre Vergangenheit.

2 ◯ Zeichentrickfilm für Groß und Klein: Der kleine Tiger und der kleine Bär leben zufrieden in ihrem Häuschen am Fluss. Eines Tages wird eine Kiste ans Ufer gespült. Außen steht „Panama" – innen riecht sie nach Bananen. Die beiden Freunde möchten das Land unbedingt finden. Auf ihrer Reise begegnen sie vielen Tieren und erleben zahlreiche Abenteuer.

3 ◯ Die Geschichte einer ganz besonderen Liebe: die Liebe zwischen der 11-jährigen Tilda und ihrem an Alzheimer erkrankten Großvater Amandus. Amandus soll auf Wunsch von Tildas Eltern in ein Pflegeheim, doch das will Tilda auf keinen Fall. Sie will ihrem Großvater ohne das Wissen ihrer Eltern einen Wunsch erfüllen: noch einmal Venedig sehen. Und so beginnt ein ganz besonderes Abenteuer.

⇄ C2 Diskussion: sich einigen

a Ein Satz in jeder Kategorie passt nicht. Streichen Sie ihn und ordnen Sie richtig zu.

etwas vorschlagen	Wir könnten doch ... Das ist sicher interessant/lustig/spannend, weil ... Wie wäre es, wenn ...? | Lasst uns doch ... | ~~Ich finde das nicht so gut.~~ Ich habe da einen Vorschlag: Wollen wir ...?
etwas ablehnen	Das kommt für mich nicht infrage. | Ich bin (auch) dafür. Gute Idee! ... mag ich nicht so gern, weil ... | Muss das sein? Das ist doch langweilig. Also, ich weiß nicht, das hört sich nicht so interessant an. Ich finde das keine so gute Idee. | Das möchte ich wirklich nicht. Das Thema interessiert mich nicht (so). *Ich finde das nicht so gut.*
einen Gegenvorschlag machen	Ich würde lieber ... | Ich finde das besser, weil ... | Nein, auf keinen Fall. Ich mag lieber ... | Ja, das ist schon möglich, aber ...
zustimmen / sich einigen	Das finde ich auch. | Da hast du völlig recht. | Das ist ein guter Vorschlag! Gut, dann ... | Einverstanden! | Genau! | In Ordnung. Lass uns das machen. | Okay, das machen wir. | Habt ihr Lust auf ...?

b Arbeiten Sie zu dritt. Jeder sucht sich einen anderen Film aus C1 aus. Erklären Sie, warum alle „Ihren" Film ansehen sollten.

◆ Wie wäre es, wenn wir uns heute Abend „Honig im Kopf" ansehen? Es geht um ein Mädchen, das ...

○ Also ich weiß nicht, das hört sich nicht so interessant an.

▲ ...

D1 Tägliche Mediennutzungsdauer in Minuten pro Tag

a Sehen Sie die Statistik an. Was meinen Sie: Welche Medien werden täglich wie lange genutzt? Ordnen Sie zu.

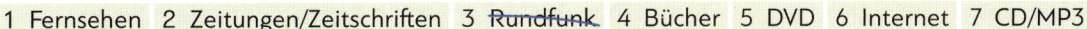

| 1 Fernsehen | 2 Zeitungen/Zeitschriften | 3 ~~Rundfunk~~ | 4 Bücher | 5 DVD | 6 Internet | 7 CD/MP3 |

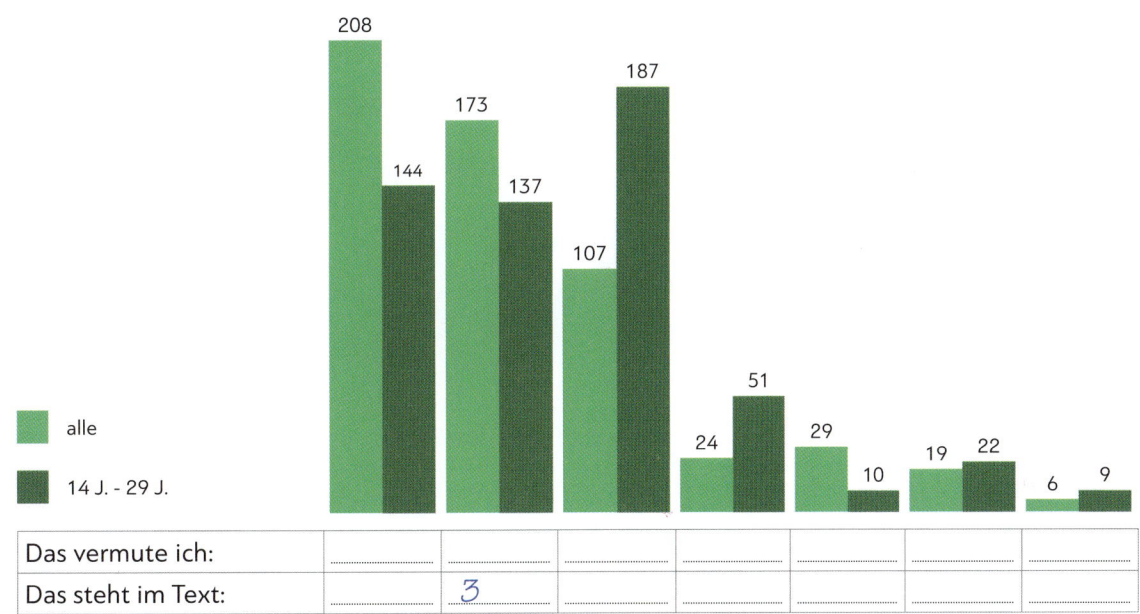

208   173   144   187   137   107   51   24   29   10   19   22   6   9

alle

14 J. - 29 J.

Das vermute ich:							
Das steht im Text:		3					

b Lesen Sie nun den Text zur Statistik. Markieren Sie die Medien und ergänzen Sie die richtigen Ergebnisse in der Statistik.

> **Die Deutschen sehen täglich dreieinhalb Stunden fern.**
>
> Die Fernsehsender ARD und ZDF haben rund 4000 Deutsche befragt, wie lange sie jeden Tag Medien nutzen. Die Überraschung: Das Fernsehen ist mit knapp dreieinhalb Stunden, also 208 Minuten pro Tag, für die Deutschen am wichtigsten. Aber: Die 14 bis 29-Jährigen nutzen das Internet jetzt schon mehr als das Fernsehen. Auch der Rundfunk bleibt für die Deutschen mit rund drei Stunden pro Tag weiter wichtig. Musik von CD oder MP3 hören die jungen Deutschen zwischen 14 und 29 ungefähr doppelt so viel wie alle Deutschen. Zeitungen und Zeitschriften lesen Menschen jeden Alters mit 22 und 19 Minuten fast gleich lange. Die Deutschen lesen aber mehr Bücher als Zeitungen. DVDs sind mit unter 10 Minuten pro Tag für alle relativ unwichtig.

c Vergleichen Sie mit Ihren Vermutungen in a. Welche Ergebnisse finden Sie erstaunlich? Sprechen Sie mit Ihrer Partnerin / Ihrem Partner.

D2 Lesen, Musik hören, fernsehen, im Internet surfen

a Machen Sie Notizen. Was machen Sie am liebsten? Wie oft? Wie lange? Wann? Wo?

	Was?	Wie oft? / Wie lange?	Wann? / Wo?
Fernsehen	Krimis	am Wochenende	abends zu Hause

b Sprechen Sie mit Ihrer Partnerin / Ihrem Partner.

Grammatik und Kommunikation

Grammatik

1 Konjunktion: *obwohl* `ÜG` 10.09

Max sieht die Serie an,	obwohl er sie schon dreimal gesehen hat.

2 Gradpartikeln `ÜG` 7.03

++	+	–	– –
echt	ziemlich	nicht so	gar nicht
total	wirklich	nicht besonders	überhaupt nicht
besonders			

3 Relativpronomen und Relativsatz `ÜG` 10.14

Nominativ

ein Mann,	• der	
ein Ehepaar,	• das	unglaublich gut kochen kann/können.
eine Köchin,	• die	
Musiker,	• die	

Akkusativ

der Berliner,	• den	
das Kind,	• das	man unter dem Namen ... kennt.
die Berlinerin,	• die	
die Berliner,	• die	

Dativ

ein Job, mit	• dem	
ein Arbeitsverhältnis, mit	• dem	er seinen
eine Arbeit, mit	• der	Lebensunterhalt verdient.
Jobs, mit	• denen	

Schreiben Sie vier Sätze
mit *obwohl*.
Gestern bin ich ...,
Letzte Woche habe ich ...,
Letztes Jahr bin ich ...,
Morgen fahre ich ...,

Ergänzen Sie.

Du bist die Frau, _____
mich wirklich liebt!

Du bist der Mensch, _____
ich am meisten liebe!

Das ist das Lied, _____
ich nur für dich singe!

Was sagt die Frau? Schreiben Sie.
Du bist der Mann, der ...

Kommunikation

DIE LIEBLINGSSERIE BESCHREIBEN: In der Serie geht es um ...

Meine Lieblingsserie heißt ...

Sie kommt aus ... / wird in ... gedreht.

Die Hauptfigur ist / Die Hauptfiguren sind ...

Die Serie spielt in der heutigen Zeit. / vor ... Jahren.

In der Serie geht es um ... / Die Serie handelt von ...

Obwohl ich Krimis/Liebesgeschichten/Komödien ... eigentlich nicht mag, ...

Weil ich Krimis/Liebesgeschichten/... besonders gern mag, ...

Besonders/Echt/Total/... spannend/lustig/interessant finde ich / ist ...

Mein Lieblingsfilm/Lieblingsbuch/
Lieblings... Schreiben Sie.

Mein Lieblingsfilm
heißt ...

SICH NACH PERSONEN ERKUNDIGEN: Kennst du ...?

Hast du einen Freund, der/den/dem ...?

Kennst du ..., der/den/dem ...?

Erinnerst du dich an ..., der/den/dem ...?

Gibt es ..., der/den/dem ...?

ETWAS VORSCHLAGEN: Lass uns doch ...

Wir könnten doch ... | Habt ihr Lust auf ... ?

Das ist sicher interessant/lustig/spannend, weil ...

Wie wäre es, wenn ...? | Lasst uns doch ... | Ich habe da einen Vorschlag: Wollen wir ...?

ETWAS ABLEHNEN: Das möchte ich wirklich nicht.

Das kommt für mich nicht infrage.

... mag ich nicht so gern, weil ...

Also, ich weiß nicht, das hört sich nicht so interessant an.

Ich finde das keine so gute Idee. | Ich finde das nicht so gut.

Muss das sein? Das ist doch langweilig.

Das möchte ich wirklich nicht. | Nein, auf keinen Fall.

Das Thema interessiert mich nicht (so).

EINEN GEGENVORSCHLAG MACHEN: Ich mag lieber ...

Ich würde lieber ...

Ich finde das besser, weil ...

Ich mag lieber ...

ZUSTIMMEN / SICH EINIGEN: Das ist ein guter Vorschlag!

Das finde ich auch. | Da hast du völlig recht.

Das ist ein guter Vorschlag! | Gut, dann ...

Einverstanden! | Genau! | In Ordnung.

Lass uns das machen. | Okay, das machen wir.

Ich bin (auch) dafür. Gute Idee.

Wie einigen sich Luisa und Paul?
Schreiben Sie das Gespräch weiter.

Ich will jetzt unbedingt joggen. Das Wetter ist so schön. Bitte komm mit.

Aber wir wollten doch zusammen den Film im Fernsehen anschauen. Der läuft jetzt!

Sie möchten noch mehr üben?

1 | 25–27 AUDIO-TRAINING

Lernziele

Ich kann jetzt ...

A ... von meiner Lieblingsserie erzählen: *Meine Lieblingsserie heißt Outlander. Sie kommt aus den USA und spielt in ...* _____ ☺ ☺ ☹

B ... Personen und Gegenstände genauer beschreiben: *Megaloh ist ein Musiker, den viele gern kennenlernen würden.* _____ ☺ ☺ ☹

C ... mich in einer Diskussion einigen: *Das ist ein guter Vorschlag!* _____ ☺ ☺ ☹

D ... eine Statistik verstehen: *Die Deutschen sehen täglich dreieinhalb Stunden fern.* _____ ☺ ☺ ☹

Ich kenne jetzt ...

... 10 Wörter zum Thema **Kino** und **Fernsehen:**

die Serie, ...

_____

_____

Mein Lieblingssong
Tausendmal gehört

1 Sehen Sie die Fotos an. Was meinen Sie? Von wann sind sie? Wie alt sind die Personen auf den Fotos?

1 ◀)) 28   **2** Hören Sie das Gespräch. Wer spricht? Worüber sprechen die Personen? Sprechen Sie.

3 Haben Sie auch einen Lieblingssong? An welche Personen und Erlebnisse denken Sie? Erzählen Sie.

Frau Holle

Es war einmal eine Mutter, die hatte zwei Töchter. Die eine war schön und fleißig, die andere war hässlich und faul. Aber nicht die Fleißige, nein, die Faule war Mutters Liebling. Immer hat sie das beste Essen und die schönsten Kleider bekommen. Und die Fleißige? Sie muss die ganze Hausarbeit machen. Von früh bis spät muss sie putzen
5 und aufräumen, einkaufen, kochen, waschen und sich um den Garten kümmern. Trotzdem bekommt sie nur alte Kleider und schlechtes Essen. Nie hört sie ein freundliches Wort oder ein „Dankeschön".
Das Wasser zum Kochen und Waschen holt sie aus einem tiefen Brunnen im Garten. Eines Tages passt sie nicht richtig auf und fällt in den Brunnen. Sie fällt und fällt
10 und plötzlich wird alles um sie herum schwarz ...

1 „Frau Holle" ist ein bekanntes deutsches Märchen.
Lesen Sie den Anfang des Märchens. Was ist richtig? Kreuzen Sie an.

a ○ Eine Tochter ist hässlich, aber sehr fleißig.
b ○ Die Mutter mag beide Töchter sehr gern.
c ○ Die schöne Tochter muss viel arbeiten.
d ○ Sie bekommt dafür schöne Kleider und leckeres Essen.
e ○ Die schöne Tochter fällt in einen tiefen Brunnen.

2 Wie geht das Märchen weiter? Ordnen Sie die Sätze. Lösen Sie dann das Rätsel.

○ **I** Frau Holle ist sehr unzufrieden mit ihr.
① **G** Die fleißige Tochter wacht in der Welt von Frau Holle auf.
○ **A** Nun soll die faule Tochter zu Frau Holle gehen und Gold verdienen.
○ **E** Sie bekommt schwarzes Pech, das für immer an ihrem Körper klebt.
○ **R** Sie wohnt auch bei Frau Holle, aber sie arbeitet nicht.
○ **L** Frau Holle ist sehr zufrieden mit ihr.
② **O** Sie wohnt bei Frau Holle und hilft ihr sehr gern bei der Arbeit.
⑤ **M** Zuhause sehen die Mutter und die Schwester das Gold.
○ **D** Zum Abschied schenkt Frau Holle ihr viel Gold.

So heißt die fleißige Tochter:

1	2	3	4	5	6	7	8	9
G	O			M				

LIED

Die Serie, die ich so gerne seh'

1. Ich weiß schon: Die Küche müsst' ich putzen.
Doch darauf hab' ich wirklich keine Lust.
Und der Müll, der im Flur steht, hätte gestern schon
runter in die Tonne gemusst.
Soll ich den Hintern also jetzt vom Sofa heben?
Die Fernbedienung auf den Couchtisch legen?
Soll ich hinuntergehen … hinaus in diesen Regen?

Zum Glück gibt's ja die Serie, die ich immer gern seh'.
Der Müll muss warten, ich kann jetzt nicht runtergehen.
Hach, supertoll! Die Serie, die ich wirklich gern seh'!
Da muss ich gleich die nächste Folge sehen, … ja!
Da muss ich gleich die nächste Folge sehen.

2. Ja richtig: Oma wollt' ich lange schon besuchen!
Mindestens seit einem Vierteljahr …
Aber heute geht das nicht, denn ich muss lernen
für die Prüfung übermorgen, ist ja klar!
Muss ich also jetzt zum Schreibtisch gehen?
Muss ich in das blöde Lehrbuch sehen?
Obwohl ich weiß: Ich werde nichts verstehen?

Zum Glück gibt's ja die Serie, die ich immer gern seh'.
Und zu Oma werd' ich nächste Woche gehen.
Hach, supertoll! Die Serie, die ich wirklich gern seh'!
Da muss ich gleich noch eine Folge sehen, … jaa!
Da muss ich gleich noch eine Folge sehen!

1 ◀)) 29   **1** Hören Sie das Lied. Was muss die Person eigentlich machen? Kreuzen Sie an.

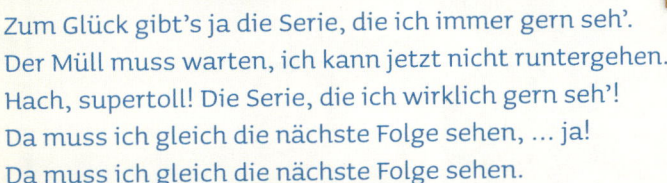

A ○   B ○   C ○   D ○   E ○   F ○   G ○

2 Verschieben Sie auch manchmal Dinge,
auf die Sie keine Lust haben?

Ja, klar! Es fällt mir oft schwer, nach der Arbeit noch Sport zu machen. Dann lege ich mich oft lieber auf mein Sofa.

1 ◀)) 29   **3** Hören Sie das Lied noch einmal und singen Sie mit.

Gesund bleiben

Folge 3: Sami hat Stress.

1 ◀)) 30–33

1 Sehen Sie die Fotos an. Warum gehen Sami und Ella in den Park?
Was meinen Sie? Kreuzen Sie an. Hören Sie dann und vergleichen Sie.

a Sami und Ella ○ haben einen beruflichen Termin. ○ machen eine Pause.
b ○ Sami ○ Ella   hat Magenschmerzen.
c ○ Ella gibt Sami ○ Sami gibt Ella   einen Ratschlag.

1 ◀)) 30–33

2 Was ist richtig? Hören Sie noch einmal und kreuzen Sie an.

a Sami hat ○ einen Termin ○ Stress   und kann sich nicht ○ konzentrieren. ○ entspannen.
b Er meint, dass er keine ○ Zeit für ○ Lust auf   eine Pause hat.
c Ella kann Sami trotzdem zu einem Spaziergang überreden. Sie meint, dass er wegen der
   Magenschmerzen unbedingt ○ zu einem Arzt ○ an die frische Luft   gehen sollte.
d Sami erzählt, dass er nach dem ○ Sport ○ Spaziergang   schon viel entspannter arbeiten
   konnte und den Termin beim Arzt schon ○ vereinbart ○ abgesagt   hat.

Komm, entspann dich!

Sieben ganz einfache Anti-Stress-Mittel

1 Schlaf

Zu wenig Schlaf ist einer der schlimmsten Stressfaktoren. Wer nachts gut und tief schläft, kann den Stress des Tages viel besser
5 aushalten. Regelmäßiger gesunder Schlaf ist die Grundlage jeder Entspannung.

2 Bewegung

Die meisten von uns sitzen den ganzen Tag im Büro. Unser Körper braucht aber Bewegung.
10 Das baut Stress ab und hält uns fit und gesund. Auf ausreichend Bewegung bei der Arbeit und in der Freizeit sollte deshalb besonders geachtet werden.

5 Ernährung

15 Der Mensch ist, was er isst. Gesund essen bedeutet: viel Obst und Gemüse, wenig Fleisch, Fett und Zucker. Drei Mahlzeiten am Tag sind ideal. Regelmäßiger Alkoholgenuss sollte vermieden werden. Zu viel Koffein ist ebenfalls
20 nicht gut für die Entspannung.

Hallo Sami!
Ein paar Tipps
für dich.

LG Ella

1 🔊 34   **3 Hören Sie noch einmal die Geschichte vom Holzfäller und erzählen Sie.**

10 Bäume fällen   lange dauern   Axt  nicht scharf

erst 10 Bäume schaffen

keine Zeit – Axt nicht schärfen

anderer Holzfäller Tipp geben: Axt schärfen – schneller fertig sein

Ella erzählt die Geschichte vom Holzfäller: Der Holzfäller soll ...

4 Komm, entspann dich!
Überfliegen Sie den Text. Welcher Tipp ist für Sami besonders wichtig?
Was meinen Sie? Sprechen Sie.

Ich glaube, Tipp 5 ist für Sami besonders wichtig. Er sollte gesünder essen, dann hätte er keine Magenschmerzen.

Ellas Film

A Auf Bewegung **sollte geachtet werden.**

A1 Sieben ganz einfache Anti-Stress-Mittel

a Lesen Sie jetzt den ganzen Text und finden Sie passende Überschriften zu den Tipps 3, 4, 6 und 7. Vergleichen Sie im Kurs.

Komm, entspann dich!

Sieben ganz einfache Anti-Stress-Mittel

1 Schlaf

Zu wenig Schlaf ist einer der schlimmsten Stressfaktoren. Wer nachts gut und tief schläft, kann den Stress des Tages viel besser
5 aushalten. Regelmäßiger gesunder Schlaf ist die Grundlage jeder Entspannung.

2 Bewegung

Die meisten von uns sitzen den ganzen Tag im Büro. Unser Körper braucht aber Bewegung.
10 Das baut Stress ab und hält uns fit und gesund. Auf ausreichend Bewegung bei der Arbeit und in der Freizeit sollte deshalb besonders geachtet werden.

3 _____

15 Egal, ob Sie Musik hören, ob Sie dazu tanzen oder selbst Musik machen: Musik kann ein ganz wunderbares Anti-Stress-Mittel sein. Es kommt aber auf die Art der Musik an. Finden Sie heraus, welche Musikstücke für Ihre persönliche
20 Entspannung am besten sind.

4 _____

Gestresste Menschen atmen schnell und flach. Wer sich entspannen will, sollte langsam und tief einatmen, die Luft ein paar Sekunden lang
25 anhalten und dann lange und sanft wieder ausatmen. Erleben Sie die positive Wirkung des richtigen Atmens!

5 Ernährung

Der Mensch ist, was er isst. Gesund essen
30 bedeutet: viel Obst und Gemüse, wenig Fleisch, Fett und Zucker. Drei Mahlzeiten am Tag sind ideal. Regelmäßiger Alkoholgenuss sollte vermieden werden. Zu viel Koffein ist ebenfalls nicht gut für die Entspannung.

35 6 _____

Wer Angst hat und Schlimmes befürchtet, kann sich nur schlecht oder gar nicht entspannen. Wer lustig ist und öfter mal lacht, hat weniger Probleme mit der Entspannung.
40 Also: positiv denken und sich nicht so viele Sorgen machen. Dadurch können neue Kräfte gesammelt werden.

7 _____

Machen Sie oft mehrere Dinge gleichzeitig?
45 Kein Wunder, dass Sie gestresst und erschöpft sind! Konzentrieren Sie sich auf eine Sache und machen Sie sie fertig. Dann erst wird die nächste erledigt. So erzielen Sie bessere Ergebnisse mit weniger Stress.

b Arbeiten Sie zu dritt. Jede Person wählt zwei Tipps aus und stellt sie in der Gruppe vor.

> *Ich habe den Tipp zum Schlaf gelesen. In dem Tipp wird gesagt, dass ausreichend Schlaf besonders wichtig ist. Wenn wir zu wenig oder schlecht schlafen, können wir nicht gut mit Stress umgehen. ...*

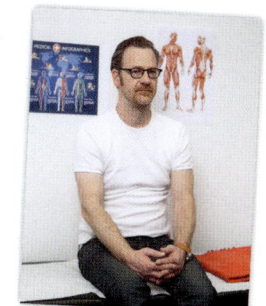

A2 Wie finden Sie die Tipps aus A1 und wie ist das bei Ihnen?
Arbeiten Sie in Gruppen und erzählen Sie.

> *Schlaf finde ich auch wichtig. Aber leider schlafe ich nicht ausreichend. Ich kann nur schlecht einschlafen und wache nachts dauernd auf. Und ihr?*

> *Ja, das ist bei mir auch so. Und durch den Schlafmangel bin ich dann tagsüber extrem müde und gestresst.*

A3 Lesen Sie den Text in A1 noch einmal und ergänzen Sie dann die Tabelle.

Auf ausreichend Bewegung *sollte* besonders *geachtet werden* .
Regelmäßiger Alkoholgenuss _____ .
Dadurch _____ neue Kräfte _____

auch so: dürfen, wollen, müssen, ...

A4 Sami hat einen Termin beim Arzt. Was muss gemacht werden?
Schreiben Sie und vergleichen Sie mit Ihrer Partnerin / Ihrem Partner.

A

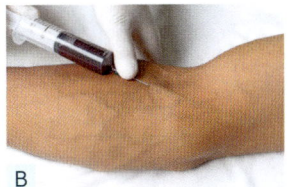

B

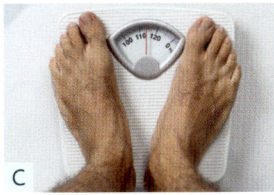

C

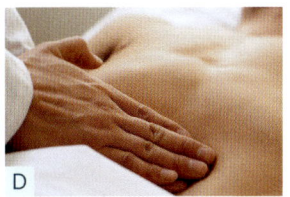

D

- der Blutdruck – messen
- Blut – abnehmen
- das Gewicht – prüfen
- der Bauch – untersuchen

A: Der Blutdruck muss
...

A5 Was muss hier alles gemacht werden? Schreiben Sie mindestens fünf Sätze.

Der Abfalleimer muss geleert werden.

B Man holt sich den Rat **eines Fachmanns**.

B1 Ihre Krankenkasse rät: Tipps für Ihre Gesundheit

a Was passt? Lesen Sie und ordnen Sie zu.

A

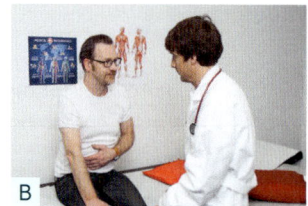
B

C

1 ◯ Wenn Sie zu viel sitzen und nicht ausreichend Bewegung haben, sollten Sie auf den Rat einer Spezialistin hören: Machen Sie regelmäßig Sport zur Verbesserung ==der Fitness.== Fangen Sie einmal pro Woche an und erhöhen Sie langsam die Häufigkeit des Trainings.

2 ◯ Bei Rückenschmerzen sollten Sie regelmäßig Gymnastik zur Kräftigung des Rückens und der Beine machen. Das ist besser als die Einnahme eines Medikaments.

3 ◯ Sie haben Stress und schon länger Magenschmerzen? Dann müssen Sie das unbedingt untersuchen lassen. Gehen Sie zum Arzt. Bei solchen Problemen holt man sich am besten den Rat eines Fachmanns.

b Lesen Sie noch einmal, markieren Sie in a wie im Beispiel und ergänzen Sie dann die Tabelle.

•	.... Rücken**s**	•	.... Fachmann**s**
•	.... Training**s**	•	.... Medikament**s**
•	*der* Fitness	•	.... Spezialistin
•	.... Beine	•	⚠ von Medikamenten / mein**er** Medikamente

auch so: kein-, mein-, ….

1 ◀)) 35 B2 Halten Sie sich fit!

Was passt? Ergänzen Sie und ordnen Sie zu.
Hören Sie und machen Sie die Übungen.

B zur Kräftigung
.... • Beinmuskulatur

C zur Dehnung
.... • Nackens

A zur Bewegung
.... • Kniegelenke

1 ◯ – die Arme ausstrecken und in die Knie gehen, dabei den Po nach hinten drücken
– die Beine wieder strecken

2 ◯ – das Buch zwischen die Füße stecken
– die Kniegelenke strecken und dabei das Buch anheben
– die Position 5 Sekunden halten, dann langsam wieder absenken

3 ◯ – den Kopf zur rechten und linken Schulter neigen
– ca. 10 Sekunden halten

Zur Steigerung .... • Trainings sollten Sie die Übungen so oft wie möglich wiederholen.

🔁 B3 Kennen Sie weitere Fitnessübungen?

📱 **a** Arbeiten Sie zu zweit. Schreiben Sie und zeichnen Sie eine kurze Anleitung wie in B2.

b Tauschen Sie Ihre Anleitung mit einem anderen Paar und probieren Sie die Übung aus.

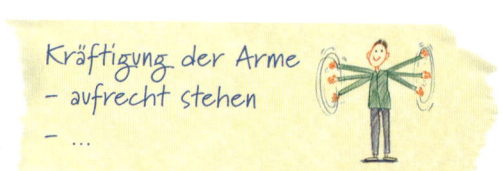

Kräftigung der Arme
– aufrecht stehen
– ...

C Gesundheitssprechstunde

C1 Radiosendung: Die Gesundheitssprechstunde

1 ◀)) 36 **a** Hören Sie den Anfang des Gesprächs und machen Sie Notizen.

1 Welche Beschwerden hat Frau Sanchez?
2 Seit wann hat sie die Schmerzen?
3 War sie mit ihren Beschwerden schon beim Arzt?
4 Wie alt ist sie?
5 Was macht sie beruflich?

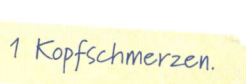
1 Kopfschmerzen.

6 Welche Ursache vermutet Dr. Renner?

1 ◀)) 37 **b** Hören Sie nun das ganze Gespräch. Was ist richtig? Kreuzen Sie an.
Es können mehrere Antworten richtig sein.

1 Frau Sanchez hat Kopfschmerzen und außerdem
○ Sehstörungen. ○ Probleme beim Hören. ○ Schlafmangel.
2 Dr. Renner empfiehlt Frau Sanchez
○ einen Besuch beim Arzt. ○ starke Schmerzmittel. ○ Entspannungsübungen.
3 Der Hausarzt ○ führt ein Gespräch, ○ verschreibt Medikamente, ○ macht Untersuchungen,
weil er die Ursache der Beschwerden finden möchte.
4 Auch Probleme mit ○ den Augen ○ den Ohren ○ der Wirbelsäule
können die Ursache für die Schmerzen sein.
5 Frau Sanchez kann ○ beim Hausarzt ○ im Internet ○ bei der Krankenkasse   Tipps
für Entspannungsübungen erhalten.
6 Außerdem bieten ○ Fachärzte ○ Radiosender ○ Krankenkassen   Gesundheitskurse an.

C2 Gesundheits-Forum: Ratschläge geben

a Machen Sie eine Tabelle und ordnen Sie zu.

Können Sie mir einen Rat geben? Sie sollten ... Kennen Sie vielleicht ein gutes Medikament?
Es ist/wäre am besten, Sie ... Mit ... habe ich (nur) gute/schlechte Erfahrungen gemacht.
Was können/würden Sie mir empfehlen/raten? Dagegen müssen Sie unbedingt etwas tun!
... soll wirklich helfen. Kennt jemand von Ihnen ...? Ich würde an Ihrer Stelle ...
Hat jemand von Ihnen schon mal ... gemacht? Ich empfehle Ihnen ...

einen Rat suchen	etwas empfehlen / einen Rat geben
Können Sie mir einen Rat geben?	Sie sollten ...
...	...

⇆ **b** Arbeiten Sie in Gruppen. Schreiben Sie ein gesundheitliches Problem auf einen Zettel.
Mischen Sie die Zettel und verteilen Sie sie neu. Fragen Sie um Rat. Die anderen geben Ratschläge.

starke Rückenschmerzen

Ich habe starke Rückenschmerzen. Kennt jemand ein gutes Medikament?

Ich würde an deiner Stelle ...

D Gesundheitsvorsorge

D1 Aktionen zur Gesundheitsvorsorge

a Was bedeutet Gesundheitsvorsorge? Was meinen Sie? Kreuzen Sie an.

Sie kümmern sich um Ihre Gesundheit,
○ obwohl Sie noch gar nicht krank sind. Denn Sie möchten nicht krank werden.
○ weil Sie krank sind und wieder gesund werden möchten.

b In welcher Situation (1–4) findet man bei der Krankenkasse einen passenden Gesundheitskurs? Lesen Sie und kreuzen Sie an.

1 ○ Sie haben dauernd starke Rückenschmerzen und möchten sich über eine Operation informieren.
2 ○ Sie haben leichte Rückenschmerzen und möchten Gymnastik machen.
3 ○ Sie haben Übergewicht und möchten gern abnehmen.
4 ○ Sie haben einen stressigen Beruf und können nachts oft nicht schlafen.

KEK – Aktionen zur Gesundheitsvorsorge

Sie möchten Krankheiten vermeiden und etwas für Ihre Gesundheit tun? Zum Wohl Ihrer Gesundheit hat die KEK zahlreiche kostenlose Kurse und Programme zur Vorbeugung von Erkrankungen und zur Gesundheitsförderung im Angebot.

So können Sie beispielsweise umsonst an unseren Gesundheitskursen teilnehmen! Wir bieten Kurse in den Bereichen Bewegung, Stressabbau und Ernährung an. Rufen Sie uns einfach an! Wir informieren Sie gern über unsere Angebote und zusätzlichen Leistungen.

⇆ D2 Wie gesund lebt der Kurs?

Arbeiten Sie zu zweit. Schreiben Sie einen Fragebogen und machen Sie ein Interview mit Ihrer Partnerin / Ihrem Partner. Machen Sie dann eine Kursstatistik.

sich Zeit zum Essen nehmen   sich gesund ernähren   Wasser und Tees trinken   sich impfen lassen
zu Vorsorgeuntersuchungen gehen   ausreichend schlafen   Sport treiben   Entspannungsübungen machen

	regelmäßig / meistens	manchmal	selten	nie
Nehmen Sie sich Zeit zum Essen? …				

Die Hälfte unserer Gruppe achtet meistens darauf, dass …
Drei Viertel unseres Kurses machen regelmäßig …
Ein Drittel der Kursteilnehmer … manchmal …
Die meisten von uns … nur selten …
Zwei … grundsätzlich nie …

◗ die Hälfte des Kurses
◗ ein Drittel der Gruppe
◗ ein Viertel der Gruppe

D3 Was tun Sie für Ihre Gesundheit? Erzählen Sie.

Ich möchte abnehmen und verzichte deshalb auf Schokolade.

Und ich esse morgens immer Magerquark mit Früchten. Das hat Vitamine und ist gesund.

E1 Anruf am Arbeitsplatz

1 🔊 38 **a** Was ist richtig? Hören Sie den Anfang des Gesprächs und kreuzen Sie an.

1 Frau Berger ist ○ eine Geschäftspartnerin. ○ eine Kollegin.

2 Sie ruft an, ○ weil sie sich krankmelden möchte. ○ weil sie den Wecker nicht gehört hat.

3 Frau Berger ○ ist krankgeschrieben. ○ war noch nicht beim Arzt.

4 Sie ruft an, weil ihre Kollegin eine Konferenz ○ besuchen ○ vorbereiten soll.

1 🔊 39 **b** Welche Aufgaben soll Frau Tokic übernehmen?
Hören Sie nun das ganze Gespräch und markieren Sie.

die Konferenz vorbereiten die Krankmeldung schicken
sich um die Getränke kümmern Schreibblöcke und Kugelschreiber bestellen
den Flug und das Hotel für Herrn Dr. Nuke buchen später noch einmal anrufen

E2 Was passt? Ordnen Sie zu.

1 sich krankmelden ○ auf Krankmeldungen reagieren ○ erklären, was zu tun ist
○ jemanden um etwas bitten ○ auf Bitten reagieren

1 *(Frau …, / Herr …,) es tut mir wirklich leid, ich kann heute / morgen leider nicht kommen. Ich bin leider krank. Der Arzt hat mich für … krankgeschrieben. | Die Krankmeldung ist auch schon in der Post.*

2 *Ja, gut. Darum kümmere ich mich. Ja, natürlich. | Klar, das mache ich doch gern!*

3 *Zuerst muss / sollte … | Das ist dringend. … muss / müssen noch … werden. | Jemand muss / sollte … | Der nächste wichtige Punkt ist …*

4 *Könnten Sie / Könntest du bitte …? Wärst du / Wären Sie vielleicht so nett, …? Bitte seien Sie / sei so nett und … Es wäre toll, wenn Sie / du …*

5 *Ach, das tut mir leid. | Werden Sie erst mal wieder gesund und denken Sie nicht so viel an die Arbeit. | Gute Besserung!*

🔁 E3 Rollenspiel: sich krankmelden und Aufgaben verteilen

📱 **a** Wählen Sie eine Rolle und eine Situation.

Sie sind krank und rufen eine Kollegin / einen Kollegen an und sagen, was sie / er tun soll.

Sie sind an Ihrem Arbeitsplatz. Ihre Kollegin / Ihr Kollege ruft an und meldet sich krank.

Arztpraxis
– im Labor anrufen und nach Ergebnissen fragen
– neue Verbände und Spritzen bestellen
– …

Supermarkt
– die Haltbarkeit der Milchprodukte prüfen
– Neue Ware auspacken
– …

b Notieren Sie weitere Aufgaben wie in E1b.

c Spielen Sie dann ein Gespräch mit Ihrer Partnerin / Ihrem Partner. Benutzen Sie Sätze aus E2.

Grammatik und Kommunikation

Grammatik

1 Passiv Präsens mit Modalverben ÜG 5.14

	Position 2		
Auf ausreichend Bewegung	sollte	besonders	geachtet werden.
Dadurch	können	neue Kräfte	gesammelt werden.

auch so: dürfen, wollen, müssen, …

2 Genitiv ÜG 1.03, 2.01, 2.04

Genitiv	
definiter Artikel	indefiniter Artikel
• des Rückens	eines / meines Fachmanns
• des Trainings	eines / meines Medikaments
• der Fitness	einer / meiner Spezialistin
• der Beine	⚠ von Medikamenten / meiner Medikamente

auch so: dein-, sein-, ihr-, unser-, euer-, kein-, …

Was muss in der Küche, im Hotel, im Garten, im Bad … gemacht werden? Schreiben Sie fünf Sätze.

In der Küche muss …

Was ist für Sie Glück im Alltag? Ergänzen Sie.
Glück ist:
- ein Lächeln *meines Kindes*
- ein Anruf

- eine Einladung

- ein Geschenk

- eine E-Mail

- die Hilfe

Kommunikation

EINEN RAT SUCHEN: Was können Sie mir empfehlen?

Können Sie mir einen Rat geben? | Kennen Sie vielleicht ein gutes Medikament? | Was können/würden Sie mir empfehlen/raten? | Kennt jemand von Ihnen …? | Hat jemand von Ihnen schon mal … gemacht?

ETWAS EMPFEHLEN / EINEN RAT GEBEN: Ich würde an Ihrer Stelle …

Dagegen müssen Sie unbedingt etwas tun! | Mit … habe ich (nur) gute/schlechte Erfahrungen gemacht.

Es ist/wäre am besten, Sie … | Ich würde an Ihrer Stelle … | Ich empfehle Ihnen … | Sie sollten … | … soll wirklich helfen.

ÜBER EINE STATISTIK SPRECHEN: Drei Viertel unseres Kurses …

Die Hälfte unserer Gruppe … | Drei Viertel unseres Kurses … | Ein Drittel der Kursteilnehmer … manchmal … | Die meisten von uns … nur selten … | Zwei … grundsätzlich nie …

Haben Sie einen Tipp für mich? Schreiben Sie ein Gespräch.

◇ Guten Morgen Frau Steiger. Wie geht es Ihnen?
◇ Ach, nicht so gut. Ich …

TiPP
Malen Sie Bilder zu Wörtern und notieren Sie Beispielsätze.

die Hälfte

Die Hälfte unseres Kurses treibt regelmäßig Sport.

SICH KRANKMELDEN: Ich bin leider krank.

(Frau …,/Herr …,) es tut mir wirklich leid, ich kann heute/morgen leider nicht kommen. | Ich bin leider krank. Der Arzt hat mich für … krankgeschrieben. | Die Krankmeldung ist auch schon in der Post.

AUF KRANKMELDUNGEN REAGIEREN: Gute Besserung!

Ach, das tut mir leid. | Werden Sie erst mal wieder gesund und denken Sie nicht so viel an die Arbeit. | Gute Besserung!

ERKLÄREN, WAS ZU TUN IST: Der nächste wichtige Punkt ist …

Zuerst muss/sollte … | Das ist dringend. | … muss /müssen noch … werden. | Jemand muss /sollte … | Der nächste wichtige Punkt ist …

JEMANDEN UM ETWAS BITTEN: Bitte seien Sie so nett und …

Könnten Sie bitte …? | Wären Sie vielleicht so nett, …? | Bitte seien Sie so nett und … | Es wäre toll, wenn Sie …

AUF BITTEN REAGIEREN: Klar, das mache ich doch gern.

Ja, gut. Darum kümmere ich mich. | Ja, natürlich. | Klar, das mache ich doch gern.

Sie haben Urlaub und übergeben Aufgaben an eine Kollegin. Schreiben Sie ein Gespräch.

10.7.–15.7 Urlaub
Modeboutique/To dos:
– neue Ware annehmen und auspacken
– Schaufenster neu dekorieren
– jeden Abend: Kasse kontrollieren, Licht ausmachen, Tür abschließen

◊ Leyla, ich fahre ja morgen in den Urlaub und es muss noch einiges dringend erledigt werden. Könntest du das übernehmen? …

Sie möchten noch mehr üben?

1 | 40–42 AUDIO-TRAINING

Lernziele

Ich kann jetzt …

A … Ratgebertexte zum Thema Stress und Entspannung verstehen: *Schlaf ist die Grundlage jeder Entspannung.* _____ ☺ ☹ ☹

B … Fitnessübungen verstehen und beschreiben: *Die Arme ausstrecken und in die Knie gehen.* ☺ ☹ ☹

C … ein Beratungsgespräch zum Thema Gesundheit verstehen: *Auch Probleme mit der Wirbelsäule können die Ursache für Schmerzen sein.* _____ ☺ ☹ ☹

… Rat suchen und Ratschläge geben: *Dagegen müssen Sie unbedingt etwas tun!* ☺ ☹ ☹

D … Vorsorge-Angebote von Krankenkassen verstehen: *Sie können umsonst an unseren Gesundheitskursen teilnehmen.* _____ ☺ ☹ ☹

… erzählen, was ich für meine Gesundheit tue: *Ich möchte abnehmen und verzichte deshalb auf Schokolade.* _____ ☺ ☹ ☹

… Statistiken beschreiben: *Die Hälfte des Kurses treibt Sport.* _____ ☺ ☹ ☹

E … mich krankmelden und Aufgaben verteilen: *Ich bin leider krank. Könnten Sie bitte die Konferenz vorbereiten?* _____ ☺ ☹ ☹

Ich kenne jetzt …

… **10 Wörter zum Thema** *Gesundheit:* die Entspannung, …

… **6 Wörter zum Thema** *Körper:* die Schulter, …

Zwischendurch mal ...

Lachen ist gesund!

Haben Sie schon einmal fünf oder zehn Minuten lang richtig herzlich
gelacht? Falls ja, dann kennen Sie dieses tolle Gefühl danach: Man ist entspannt, man fühlt sich wohl, der Stress ist weg und so manches Problem
wirkt plötzlich viel kleiner als zuvor. Man fühlt sich so wohl wie nach einer

5 Stunde Joggen, einer warmen Dusche und einer schönen Tasse Tee.
Wissenschaftler haben herausgefunden, dass häufiges Lachen unserem
Körper und unserer Psyche oft besser hilft als Medikamente. Wirklich neu ist diese
Information aber nicht. Schon ein altes deutsches Sprichwort sagt: „Lachen ist die beste Medizin."
Damit diese Medizin auch richtig gut wirken kann, sollte man möglichst oft und lange lachen.

10 Warum man lacht, ist dabei gar nicht so wichtig. Hauptsache, man lacht von ganzem Herzen!

Wussten Sie schon, …

… dass Kinder etwa vierhundertmal am Tag lachen, Erwachsene nur fünfzehnmal?

… dass ein Baby im ersten halben Jahr seine Mutter bis zu dreißigtausendmal anlächelt?

… dass zwei Minuten Lachen so gesund sind wie zwanzig Minuten Joggen?

15 … dass durch das Lachen im Körper Stoffe entstehen, die glücklich machen?

1 Lesen Sie den Text. Was finden Sie interessant? Sprechen Sie.

> *Ich wusste nicht, dass Lachen so gesund sein soll.*

> *… Das finde ich interessant!*

2 Worüber können Sie am meisten lachen? Was finden Sie lustig?

> *Ich lese gern Comics. Darüber kann ich total lachen.*

EISSTOCK-SCHIESSEN

1 Sehen Sie den Film an. Was erfahren Sie über den Sport?
Sammeln Sie Informationen.

2 Finden Sie die Sportart interessant?
Würden Sie das gern machen? Sprechen Sie.

> *Das ist für mich kein Sport. Aber ich finde es toll, dass sich hier viele Leute treffen und Spaß zusammen haben.*

3 Was ist Ihr Lieblingssport? Warum?

> *Ich finde Boxen total interessant. Aber ich sehe mir das nur an. Ich selbst …*

Der Verlust der Mitte

Ein Kommentar von Sami Kirsch,
Chefredakteur des „Stadt-Kurier"

Wir leben in verrückten Zeiten. Vor einigen Jahren kam aus der Partei *Bündnis 90/Die Grünen* eine ganz vernünftig klingende Idee. Kantinen könnten doch einen fleisch-
5 freien Tag einführen, schlugen sie vor. Ein Tag der Woche könnte der Tag des vegetarischen Essens sein. Die politische Reaktion auf diesen sogenannten *Veggieday* war unglaublich. In den sozialen Netzwerken
10 gab es wochenlang antigrüne Shitstorms. Von einer „Verbotsrepublik" wurde gesprochen und von einer „Erziehungsdiktatur". Das wirkt ziemlich übertrieben, wenn man bedenkt, dass wir weltweit einer der größ-
15 ten Hersteller von Schweinefleischprodukten sind. Das meiste Fleisch wird bei uns in riesigen, industriell wirtschaftenden Betrieben produziert. In Deutschland werden etwa 60 Kilo Fleisch pro Person
20 und Jahr gegessen und in den Supermärkten kann man Schweinekoteletts schon ab 3,90 Euro pro Kilo kaufen. Dabei ist ja längst klar, dass zu viel Fleisch sehr schlecht für die Gesundheit und für die Umwelt ist.
25 Und genauso klar ist, dass solche Tiefstpreise nur mit Produktionsmethoden möglich sind, die man als Kunde lieber nicht so genau kennen möchte.
Aus diesem Grund wächst bei uns die Zahl
30 der Menschen, die weniger oder gar kein Fleisch mehr essen. Vegetarier und Veganer machen heute schon fast ein Fünftel der deutschen Bevölkerung aus. Leider gibt es bei manchen von ihnen genauso verrückte
35 Ansichten wie bei den extremen Fleischfreunden.
Die einen haben Angst, dass sie mit mehr Obst und Gemüse ihren Lebensstil und ihre Freiheit verlieren. Die anderen glauben,
40 dass man die Welt nur retten kann, wenn man gar kein Fleisch mehr isst. Solche Ängste und Übertreibungen bringen gar nichts, außer Ärger und Stress. Erinnern wir uns lieber an zwei gute alte Sprich-
45 wörter: „Leben und leben lassen!" und „Die Wahrheit liegt in der Mitte."

1 Lesen Sie den Text. Was ist richtig? Kreuzen Sie an.

a ○ Die Partei *Bündnis 90 / Die Grünen* hat für ihren Vorschlag eines fleischfreien Tages viel Lob bekommen.
b ○ Deutschland produziert im weltweiten Vergleich sehr viel Schweinefleisch.
c ○ Billiges Fleisch kann man nur unter schlechten Bedingungen herstellen.
d ○ Fast ein Fünftel der Deutschen isst zu viel Fleisch.

2 Wird in Ihrem Heimatland viel Fleisch gegessen? Was ist für Sie gesundes Essen? Erzählen Sie.

Sprachen

Folge 4: Chili con carne?

2 ◀)) 1–4

1 Sehen Sie die Fotos an.

Was meinen Sie? Sprechen Sie. Hören Sie dann und vergleichen Sie.

– Warum treffen sich Ella und Max?
– Worüber sprechen sie?
– Warum ruft Ella Vivi an?

2 ◀)) 1–4

2 Was ist richtig? Hören Sie noch einmal und kreuzen Sie an.

	Max	Ella	
a	○	○	möchte „Chili con carne" kochen.
b	○	○	muss arbeiten und ist in Eile.
c	○	○	macht viele Vorschläge für ein Treffen.
d	○	○	möchte am Wochenende den Keller ausräumen.
e	○	○	hat kein Interesse an einem Treffen.
f	○	○	und Vivi reden über die Einladung zum Essen.
g	○	○	hat auch Vivi zum Chiliessen eingeladen.

Ellas Tag

Sag's durch die Blume!

von Ella Wegmann

„Puh, ist das heiß heute, was?"
So hat mich gestern Nachmittag eine Nachbarin
im Treppenhaus angesprochen. Es war wirklich
sehr heiß und ich habe zugestimmt. Da kam
5 sofort ihr nächster Satz: „Wollen wir zusammen
ins Café rübergehen, ein Eis essen?" Darauf
hatte ich nun aber gar keine Lust. Ich sagte:
„Nein danke, ich muss in meinen Yoga-Kurs."

Ein normaler Mensch würde meine Antwort
10 sofort richtig verstehen und zwar so: „Nein
danke, ich möchte nicht mit dir Eis essen gehen,
im Gegenteil: Ich hätte jetzt gern meine Ruhe."
Die Nachbarin gehört aber nicht zu den
normalen Menschen – vielleicht war es ja auch
15 nur wegen der Hitze. Jedenfalls sagte sie
lächelnd: „Kein Problem, dann gehen wir halt
nach deinem Yoga-Kurs!" Da musste ich dann
leider etwas deutlicher werden.
Tja, nicht alle Menschen verstehen es, wenn
20 man ihnen etwas „durch die Blume" sagt.
Leider.

**3 Wie finden Sie das Verhalten von
Max und Ella in der Geschichte?**
Sprechen Sie im Kurs.

> Ich finde, wenn Ella Nein sagt,
> muss Max das auch akzeptieren.

> Komisch, dass Max nicht versteht,
> dass Ella keine Lust hat.

4 Ellas Kolumne
Lesen Sie die Kolumne und beantworten Sie die Fragen.

– Wer hat Ella angesprochen?
– Wo und wann fand das Gespräch statt?
– Wie war das Wetter?
– Was hat die Person vorgeschlagen?
– Was hat Ella „durch die Blume" gesagt?

5 Was bedeutet „etwas durch die Blume sagen"?
Haben Sie schon mal etwas Ähnliches erlebt?
Erzählen Sie.

> Das bedeutet, dass man …
> Einmal zum Beispiel …

> Ich war auch schon mal
> in so einer Situation: …

Ellas Film

A Wenn ich du wäre, würde ich …

A1 Was denkt Ella, was denkt Max? Ordnen Sie zu. Ergänzen Sie dann die Tabelle.

a ○ Wenn ich ihn richtig toll finden würde,
hätte ich natürlich immer Zeit für ihn.

b ○ Wenn sie nicht so viel arbeiten müsste,
könnten wir jetzt was trinken gehen.

c ○ Wenn sie am Wochenende nichts vorhätte,
könnten wir uns treffen.

d ○ Wenn er nicht so anstrengend wäre, würde ich
mich über seine Einladung freuen.

e ○ Wenn ich er wäre, würde ich jetzt ganz schnell
nach Hause gehen und nicht weiter fragen.

1

2

Wenn ich ihn richtig toll _____ ,
_____ ich natürlich immer Zeit für ihn.

WIEDERHOLUNG		
ich finde	→	ich würde … finden
ich habe	→	ich hätte
ich bin	→	ich wäre
ich muss	→	ich müsste

A2 Wie würden Sie reagieren? Sprechen Sie.

Eine frühere Kollegin lädt Sie zu einer Party ein. Sie möchten aber nicht hingehen,
weil Sie dort niemanden kennen.

sich für die Einladung bedanken   absagen   eine gute Ausrede suchen   keine Zeit haben
schon etwas anderes vorhaben   die Wahrheit sagen
auf keinen Fall lügen   trotzdem hingehen   …

> *Wenn ich in dieser Situation wäre, würde ich …*

A3 So sagen Sie eine Einladung höflich ab.

a Lesen Sie den Artikel und ordnen Sie die Tipps.

Sicherlich waren auch Sie schon häufiger in der Situation, dass Sie eine Einladung bekommen haben
und diese absagen mussten. Hier ein paar Tipps, wie Sie eine Einladung höflich, aber bestimmt absagen.

○ Sagen Sie, dass Sie gern dabei wären, aber leider nicht kommen können.
① Bedanken Sie sich für die Einladung.
○ Beenden Sie Ihre E-Mail mit guten Wünschen für die Feier.
○ Geben Sie einen Grund an, warum Sie nicht kommen können – auch, wenn Sie sich eine
Ausrede ausdenken müssen.

b Schreiben Sie eine E-Mail an
die Kollegin aus A2 und sagen
Sie höflich ab.

> Liebe Theresa,
> vielen Dank für die Einladung, ich habe mich sehr gefreut! …

⇆ A4 Arbeiten Sie zu zweit. Was würden Sie machen, wenn …?
Fragen und antworten Sie.

a Sie sind 15 und dürfen sich einen Ausbildungsplatz aussuchen.
b Sie sind Präsidentin / Präsident.
c Sie finden ein Portemonnaie mit 100 Euro auf der Straße.
d Sie dürfen etwas an der deutschen Sprache ändern.
e Sie können alle Sprachen fließend sprechen.

> *Was würdest du machen,*
> *wenn du 15 wärst und …?*

> *Ich glaube, dann würde ich …*

B1 Wie kann man es auch sagen? Kreuzen Sie an.

> Ich bin wirklich in Eile wegen meiner Arbeit.

Ich bin wirklich in Eile, ...
○ weil ich arbeiten muss.
○ obwohl ich arbeiten muss.

wegen	• meines Berufs
	• meines Praktikums
	• meiner Arbeit
	• meiner Interviews

Das hören Sie auch oft:
wegen meinem Beruf / meinem Praktikum

B2 Eine Umfrage im Radio

2 ◀)) 5 **a** Hören Sie den Anfang einer Radiosendung. Was ist das Thema? Kreuzen Sie an.

○ Fremdsprachen lernen – warum?   ○ Zuwanderer erzählen, wie sie Deutsch gelernt haben

2 ◀)) 6–9 **b** Hören Sie weiter. Was ist die Muttersprache der Personen? Ergänzen Sie.

1 _____

2 _____

3 _____

4 _____

2 ◀)) 6–9 **c** Hören Sie nun die Gespräche noch einmal. Welche Aussage passt zu wem?
Ordnen Sie die Personen aus b zu.

○ Wenn man eine Sprache oft hört, lernt man sie viel schneller.
Deswegen habe ich mir oft deutsche Filme oder Serien im
Fernsehen angesehen.

○ Ich habe wegen meiner Kinder Deutsch gelernt. Sie fanden es sehr wichtig
und hatten irgendwann keine Lust mehr zu übersetzen.

○ Eine neue Sprache zu lernen, kann sehr anstrengend sein.
Daher braucht man immer eine gute Motivation, warum man das macht.

○ Wegen meiner Muttersprache habe ich keine Probleme mit der Aussprache.
Ich möchte aber später eine Ausbildung machen. Darum muss mein Deutsch einfach sehr gut sein.

Warum? Wieso? Weshalb? Weswegen?	
darum	
daher	
deswegen	= deshalb
aus diesem Grund	

⇆ **B3 Tipps zum Deutschlernen**

a Notieren Sie Ihre persönlichen Lerntipps.

> Wörter auf Kärtchen schreiben
> ...

b Sprechen Sie mit Ihrer Partnerin / Ihrem Partner:
Wie lernen Sie Deutsch? Was ist für Sie beim Deutschlernen wichtig? Warum?

> Ich muss immer alles aufschreiben. Deswegen
> schreibe ich neue Wörter auf kleine Kärtchen.
> Die Kärtchen ...

> Ich finde es total wichtig, dass ...
> Für mich ist ... wichtig, weil/denn ...
> Am allerwichtigsten ist ...
> Deshalb/Deswegen/Darum/Daher ...

C Entschuldigung, könnten Sie das bitte wiederholen?

C1 Wie bitte?

2 ◄)) 10–13 **a** Was ist das Problem? Lesen Sie die Probleme 1–4.
Hören Sie dann die Gespräche A–D und ordnen Sie zu.

1 Der Kollege versteht den Ausdruck „Viertel drei" nicht.
2 Der Patient kann die Arzthelferin schlecht verstehen,
weil sie so schnell spricht.
3 Die Personen sind sich nicht sicher, was genau
„nächsten Donnerstag" bedeutet.
4 Die Schülerin hat ein Wort nicht verstanden und fragt nach.

Gespräch	A	B	C	D
Problem				

b Lesen Sie die Sätze. Welche sind höflicher? A oder B? Kreuzen Sie an.

A	B
1 ⊠ Was meinst du mit nächsten Donnerstag?	○ Nächsten Donnerstag? Wann denn jetzt?
2 ○ Sagen Sie Ihren Namen noch mal.	⊠ Wie war bitte Ihr Name?
3 ○ Könnten Sie bitte langsamer sprechen?	○ Sprechen Sie immer so schnell?
4 ○ Eine Frage ist doch okay, oder?	○ Darf ich Sie kurz etwas fragen?
5 ○ Sagen Sie das noch mal.	○ Könnten Sie das bitte wiederholen?
6 ○ Hä? Was soll das denn heißen?	○ Entschuldigung, habe ich das richtig verstanden?
7 ○ Tut mir leid, aber das habe ich noch nie gehört.	○ Keine Ahnung, nie gehört.

2 ◄)) 10–13 **c** Hören Sie die Gespräche noch einmal. Welche Sätze hören Sie? Markieren Sie in b.

⇄ C2 Rollenspiel

Arbeiten Sie zu zweit. Wählen Sie eine Situation und spielen Sie ein Gespräch.

> Ihr Auto ist kaputt.
> Sie vereinbaren einen Termin
> mit dem Mechaniker. Er
> spricht sehr schnell und Sie
> bitten um Wiederholung.

> Sie gehen mit einem Freund
> in die Mensa. Er bestellt ein
> Gericht, das Sie nicht kennen.
> Sie fragen nach, weil Sie das
> Wort nicht verstanden haben.

> Sie möchten sich für einen
> Integrationskurs anmelden.
> Sie rufen in der Sprachschule
> an und bitten um
> Informationen.

Was meinen Sie mit ...?	*Wie war bitte Ihr Name?*	*Darf ich Sie (kurz) etwas*
Das Wort habe ich nicht verstanden.	*Könnten Sie bitte langsa-*	*fragen?*
Entschuldigung, habe ich das richtig verstanden?	*mer sprechen?*	*Können Sie mir vielleicht*
Und was bedeutet ...?	*Könnten Sie das bitte*	*sagen, wo/ob ...?*
Tut mir leid, aber das habe ich noch nie gehört.	*wiederholen?*	*Wissen Sie, wo/ob ...?*

> **SCHON FERTIG?** Schreiben Sie
> ein sehr höfliches oder ein sehr
> unhöfliches Gespräch.

D1 „Deutsch aus dem Zaubersack"

a Was könnte das Thema dieser Radiosendung sein? Kreuzen Sie an.

○ Zaubertricks mit dem Wörterbuch   ○ ein Sprachkurs für Kinder   ○ ein Radiosprachkurs für Kinder

2 ◀)) 14   **b** Hören Sie die Radiosendung. Was ist richtig? Kreuzen Sie an.

1 In die Kurse gehen   2 Im Kurs lernen sie   3 Für die Kinder ist es wichtig, dass ...
 ○ nur ausländische Kinder.   ○ Deutsch.   ○ sie zwei oder mehrere Sprachen können.
 ○ alle Kinder im Kindergarten. ○ ihre Muttersprache.   ○ sie schreiben lernen.

2 ◀)) 14   **c** Was ist richtig? Hören Sie noch einmal und kreuzen Sie an.

1 ○ Sarah konnte schon Deutsch sprechen, als sie in den Kindergarten kam.
2 ○ Seit 1998 gibt es in Kindergärten Sprachkurse für Kinder mit ausländischer Herkunft.
3 ○ Im Zaubersack sind verschiedene Dinge versteckt. Die Kinder raten, was das ist.
4 ○ Sarah spielt am liebsten mit ausländischen Kindern, weil es dann nicht schlimm ist,
     wenn sie Fehler macht.
5 ○ Die Kinder sollen lernen, dass es positiv ist, wenn sie zwei Sprachen sprechen können.
6 ○ Die Kinder sollen die Hausaufgaben ohne die Eltern machen.
7 ○ Kinder, die einen Kurs besucht haben, haben weniger Probleme in der Schule.

D2 Mit mehreren Sprachen aufwachsen

a Lesen Sie die Forumsbeiträge. Welche Sprachen sprechen die Jugendlichen?
Welche Sprachen lernen sie? Ergänzen Sie.

Xeno_19	**Wie viele Sprachen sprecht Ihr?** Hi! Habe gestern eine Frau kennengelernt, die vier (!) verschiedene Sprachen spricht. Cool, oder? Wer von Euch spricht mehrere Sprachen?
BigFeet88	**AW: Wie viele Sprachen sprecht Ihr?** Ich spreche zwei Sprachen sehr gut und zwei noch nicht so gut. Meine Mutter ist Griechin, ich bin aber in Österreich geboren. Mit meiner Familie spreche ich Griechisch und mit meinen Freunden Deutsch. In der Schule lerne ich noch Englisch und Französisch. Manchmal sprechen wir zu Hause Deutsch und Griechisch durcheinander, aber das macht nichts!
Juli_Star	**AW: Wie viele Sprachen sprecht Ihr?** Ich möchte gern gaaaaanz viele Sprachen lernen! Bei uns kann man schon in der dritten Klasse Englisch lernen, und spätestens in der fünften Klasse muss man. Ich habe dann noch Französisch dazu gewählt. Aber ich musste erst mal Deutsch lernen, wir stammen nämlich aus Rumänien. Und deshalb kann ich auch Rumänisch. ☺

BigFeet88 spricht: _____   Juli_Star spricht: _____
Er lernt: _____   Sie lernt: _____

b Viele Eltern denken, dass es nicht gut ist, wenn Kinder mehrere Sprachen lernen.
Was meinen Sie? Wie viele Sprachen kann oder sollte man als Kind lernen? Sprechen Sie.

E In zwei Sprachen zu Hause

E1 Welches Zitat gefällt Ihnen am besten? Warum?

„Sprache ist die Musik des Denkens.“

„Mit jeder neu gelernten Sprache bekommst du eine neue Seele.“

„Sprache ist ein Stück Heimat – überall auf der Welt.“

E2 In zwei Sprachen zu Hause

a Lesen Sie die Informationen über die Autorin und einen Auszug aus ihrem Buch.

Die Journalistin Hatice Akyün wurde in der Türkei geboren und kam als kleines Kind mit ihrer Familie nach Deutschland. In ihrem Buch „Einmal Hans mit scharfer Soße: Leben in zwei Welten" erzählt sie von ihrem Leben als junge Türkin in Deutschland.

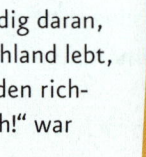

Schon damals hörte ich oft den Satz: „Sie sprechen aber gut Deutsch."
Anfangs bedankte ich mich noch für das Kompliment, aber allmählich
ging mir der Satz auf die Nerven. Was ist denn so merkwürdig daran,
dass eine junge Frau, die seit über dreißig Jahren in Deutschland lebt,
5 Dativ und Genitiv korrekt verwenden kann und auch noch den richtigen Artikel vor ein Substantiv stellt? „Danke, Sie aber auch!" war
meine bevorzugte Antwort. [...]
Andererseits leben meine Eltern ebenso lange wie ich in Deutschland,
sprechen aber kaum Deutsch. Wenn ich meine Mutter frage, warum sie
10 kein Deutsch gelernt hat, legt sie die Stirn in Falten und sagt unwillig: „Sechs Kinder habe
ich großgezogen. Seid ihr verhungert oder verdurstet, habt ihr gefroren oder gelitten?"
Darauf kann ich ihr nichts antworten. [...]
Mit meinen Geschwistern spreche ich einen Mix aus beiden Sprachen. Wir können nicht
nur in Sekundenschnelle von der einen Sprache in die andere wechseln, sondern mischen
15 deutsche Wörter mit türkischen Sätzen und erfinden so unsere eigene Sprache: „Ich muss
noch akşam yemeği kochen", sagt Ablam vor dem Abendessen, oder ich frage: „Arabanın
Schlüssellini geben yaparmısın?" (Kannst du mir bitte den Autoschlüssel geben?) Solche
Sprachkreationen lehnt meine Mutter allerdings strikt ab. Sie besteht darauf, dass in
ihrem Haus nur Türkisch gesprochen wird.

b Was ist richtig? Kreuzen Sie an.

1 Die Autorin Hatice Akyün
  ○ spricht besser Türkisch als Deutsch.
  ○ ist stolz darauf, dass sie sehr gut Deutsch spricht.
  ○ findet es ganz normal, dass sie sehr gut Deutsch spricht.

2 Ihre Mutter spricht
  ○ genauso gut Deutsch wie sie.
  ○ fast kein Deutsch.
  ○ korrektes Deutsch, aber mit türkischem Akzent.

3 Mit ihren Geschwistern spricht Hatice Akyün
  ○ nur Deutsch.
  ○ nur Türkisch.
  ○ eine Mischung aus Deutsch und Türkisch.

SCHON FERTIG? Ergänzen Sie die Sätze:
Deutsch ist für mich ...
Meine Muttersprache ist für mich ...

E3 Ihre Sprachen

a Übersetzen Sie einige dieser Wörter in Ihre Muttersprache und vergleichen
Sie sie mit den deutschen Wörtern. Sprechen Sie im Kurs.

die Muttersprache   die Fremdsprache   der Sprachkurs   der Ausländer   der Freund   die Heimat   …

b Arbeiten Sie zu zweit. Fragen Sie Ihre Partnerin / Ihren Partner und notieren Sie die Antworten.

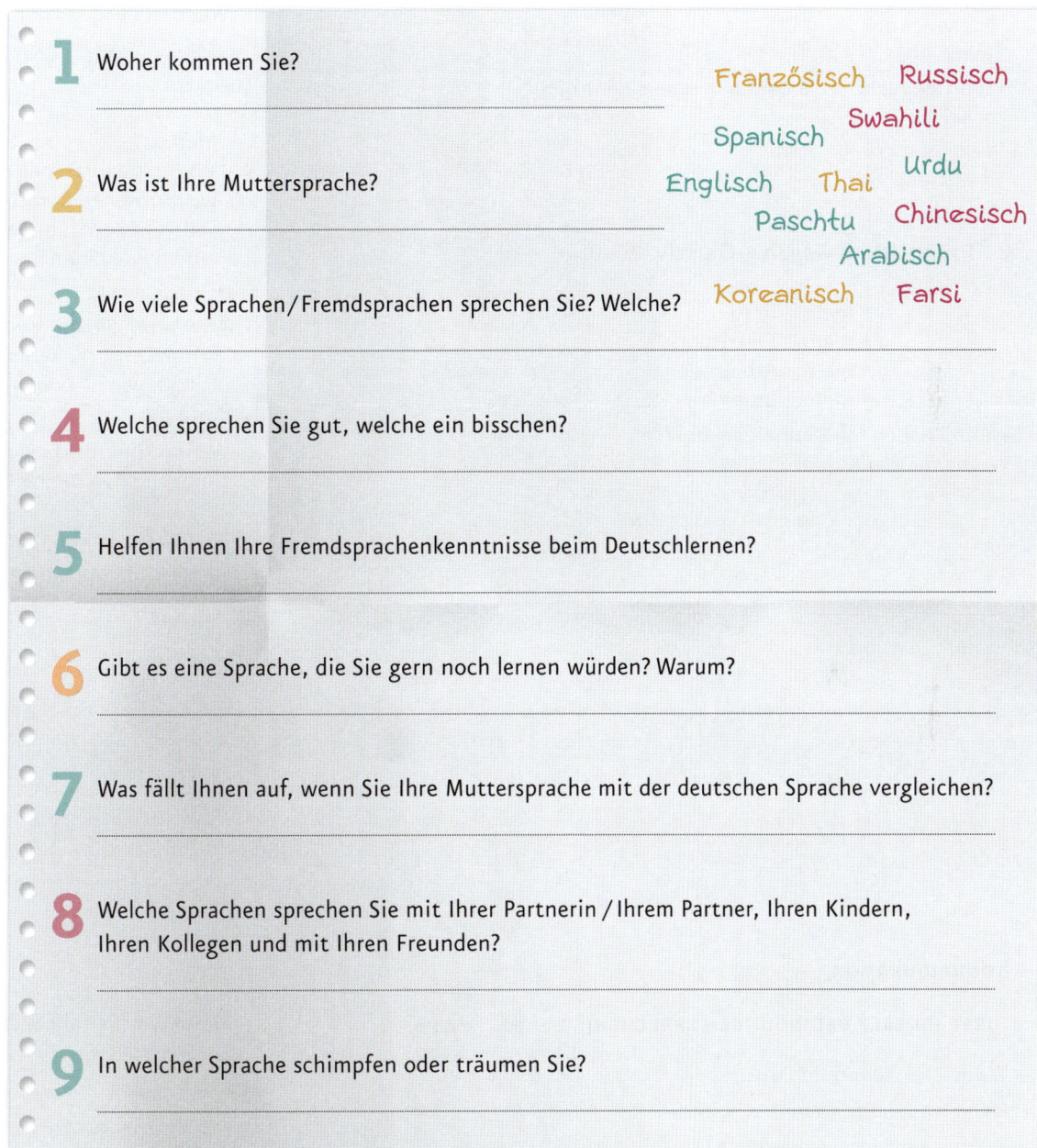

1 Woher kommen Sie?

2 Was ist Ihre Muttersprache?

3 Wie viele Sprachen/Fremdsprachen sprechen Sie? Welche?

4 Welche sprechen Sie gut, welche ein bisschen?

5 Helfen Ihnen Ihre Fremdsprachenkenntnisse beim Deutschlernen?

6 Gibt es eine Sprache, die Sie gern noch lernen würden? Warum?

7 Was fällt Ihnen auf, wenn Sie Ihre Muttersprache mit der deutschen Sprache vergleichen?

8 Welche Sprachen sprechen Sie mit Ihrer Partnerin / Ihrem Partner, Ihren Kindern,
Ihren Kollegen und mit Ihren Freunden?

9 In welcher Sprache schimpfen oder träumen Sie?

Französisch   Russisch
Spanisch   Swahili
Englisch   Thai   Urdu
Paschtu   Chinesisch
Arabisch
Koreanisch   Farsi

c Erzählen Sie über Ihre Partnerin / Ihren Partner im Kurs.

Alexej spricht drei Sprachen. Zu Hause mit seinen Kindern und mit seiner Frau spricht er nur Russisch. Russisch hat kein „der/das/die". Das findet er viel einfacher.

Eva kommt aus Ungarn. Sie spricht Ungarisch, aber sie spricht auch genauso gut Serbisch. Das ist ihre Muttersprache. Serbisch hat eine andere Schrift als Deutsch.

Grammatik und Kommunikation

Grammatik

1 Konjunktiv II: Irreale Bedingungen ÜG 5.18

Nebensatz		Hauptsatz		
Wenn ich ihn richtig toll	finden würde,	(dann) hätte	ich … für ihn.	
Wenn sie am Wochenende nichts	vorhätte,	(dann) könnten	wir uns	treffen.
Wenn sie nicht so viel	arbeiten müsste,	(dann) könnten	wir … trinken	gehen.
Wenn er nicht so anstrengend	wäre,	(dann) würde	ich mich …	freuen.

Ergänzen Sie die Sätze.
Wenn ich morgen Urlaub hätte,

Wenn ich nochmal 15 wäre,

Wenn ich fliegen könnte,

2 Präposition: *wegen* + Genitiv ÜG 6.04

wegen	• meines Berufs • meines Praktikums • meiner Arbeit • meiner Interviews

Warum haben Sie Deutsch gelernt?
Wegen meiner Kinder.

Merke:
Wegen benutzt man in der gesprochenen Sprache oft mit Dativ: wegen dem Beruf / einem Praktikum

Antworten Sie mit *wegen*.
Warum gehst du heute nicht joggen? (→ das Wetter)

Warum kommst du nicht mit zum Sport? (→ meine Grippe)

Warum freust du dich so? (→ die Note in Mathe)

Kommunikation

ÜBER IRREALE BEDINGUNGEN SPRECHEN: Wenn ich … könnte, …

Wenn ich … könnte, (dann) …
Wenn ich … hätte, (dann) …
Wenn ich (nicht) … wäre, (dann) …
Wenn ich (nicht) … dürfte, (dann) …

WICHTIGKEIT AUSDRÜCKEN UND BEGRÜNDEN: Für mich ist … wichtig, weil …

Ich finde es total wichtig, dass …
Für mich ist … wichtig, weil/denn …
Am allerwichtigsten ist … Deshalb/Deswegen/Darum/Daher …

Schreiben Sie fünf Sätze mit *wenn*.

Wenn ich nie mehr arbeiten müsste, …

TiPP

Wählen Sie einige Redemittel aus, die Sie in Ihrem Alltag brauchen, und schreiben Sie kleine Gespräche.

UM INFORMATIONEN BITTEN: Wissen Sie, ob ...?

Darf ich Sie/dich (kurz) etwas fragen?

Können Sie/Kannst du mir (vielleicht) sagen, wo/ob ...?

Wissen Sie/Weißt du, wo/ob ...?

ETWAS NICHT VERSTEHEN UND NACHFRAGEN: Und was bedeutet ...?

Tut mir leid, das Wort habe ich nicht verstanden./habe ich noch nie gehört.

Entschuldigung, habe ich das richtig verstanden?

Und was bedeutet ...?

Was meinen Sie/meinst du mit ...?

UM WIEDERHOLUNG BITTEN: Könnten Sie das bitte wiederholen?

Wie war bitte Ihr/dein Name?

Könnten Sie/Könntest du bitte langsamer sprechen?

Wie bitte? Könnten Sie/Könntest du das bitte wiederholen?

ÜBER SICH SPRECHEN: ... ist meine Muttersprache.

Russisch/Serbisch ist/hat ... | ... ist meine Muttersprache. | ... hat eine andere Schrift. | Das finde ich viel einfacher. | Ich kann gut Englisch /... sprechen. | Und jetzt kann ich (auch) schon (ein bisschen) Deutsch.

TiPP

Das macht Ihre Fragen höflicher: Beginnen Sie Ihre Frage mit „Können Sie / Kannst du mir sagen, ...?"

Schreiben Sie die Fragen besonders höflich.

Wann beginnt der Arabischkurs?

Kann man hier auch Salsa lernen?

Wo finden die Kurse statt?

Wie viel kostet der Intensivkurs?

Schreiben Sie: Welche Sprachen haben Sie wann und wie gelernt?

Ich spreche ... Sprachen. Meine Muttersprache ist ...

Sie möchten noch mehr üben?

 2 | 15–17 AUDIO-TRAINING

Lernziele

Ich kann jetzt ...

A ... über irreale Bedingungen sprechen: *Wenn ich in dieser Situation wäre, ...* _____ ☺ ☺ ☹

B ... Wichtigkeit ausdrücken und begründen: *Für mich ist ... wichtig, ...* __ ☺ ☺ ☹

C ... um Informationen bitten: *Können Sie mir sagen, wo das ist?* _____ ☺ ☺ ☹

... um Wiederholung bitten: *Könnten Sie das bitte wiederholen?* _____ ☺ ☺ ☹

D ... einen literarischen Text verstehen und über die eigene Sprach-biografie sprechen: *Meine Muttersprache ist Türkisch.* _____ ☺ ☺ ☹

E ... eine Radiosendung über einen Sprachkurs für Kinder verstehen. __ ☺ ☺ ☹

Ich kenne jetzt ...

8 Wörter zum Thema *Sprachen*:
die Muttersprache, ...

_____

_____

_____

_____

_____

Zwischendurch mal ...

Das Abkürzungsspiel

Abkürzungen gibt es überall, sicher auch in Ihrer Sprache. Viele verwendet man nur selten. Andere begegnen einem häufiger, manche sogar täglich. Die Abkürzung „www" kennt heute fast jeder Mensch. Auch im Deutschen finden wir viele Abkürzungen. Diese z.B. kennen Sie, oder? Na klar, „z.B." heißt „zum Beispiel".

FDP

SPD BASF ADAC BMW AG DIN DB

DDR MfG PIN TAN u.A.w.g. MEZ Hbf.

FAZ MwSt. VW ZDF usw. HDGDL LKW

1 Lesen Sie den Text. Welche Abkürzungen kennen Sie? Was bedeuten sie? Manche Abkürzungen können auch mehr als eine Bedeutung haben.

> Ich kenne BMW. Das heißt ...

2 Arbeiten Sie in Gruppen. Wählen Sie Abkürzungen und erfinden Sie eigene Bedeutungen. Wer hat die lustigsten Sätze?

> DIN könnte bedeuten: Dora isst Nudeln. Das Internet nervt. ...

Sag's mit 50 Worten!

> Wenn ich viel Geld hätte, würde ich ...

Es macht mich wütend, wenn ...
Wenn ich viel Geld hätte, würde ich ...
Ich bewundere Sie, weil ...
Was ich dir schon lange mal sagen wollte: ...
Am Wochenende könnten wir ...
Ich habe nichts gegen laute Musik, aber ...

Es macht mich wütend, wenn ...

... jemand schlecht über andere Menschen redet. Ich finde, so etwas ist eine Charakterschwäche. Und ich frage mich dann immer, was so jemand wohl über mich erzählt, wenn er mit anderen Leuten spricht. Zu solchen Typen sage ich einfach nur: „Stopp! Ich will das nicht hören!"

Wenn ich viel Geld hätte, würde ich ...

... ein richtig großes Fest machen. Das Fest würde von Freitagabend bis Sonntagabend dauern.
Alle meine Freunde könnten kommen und mitfeiern. Alle könnten so viel essen und trinken, wie sie wollen.
Ich würde auch mehrere Bands einladen, dann könnten wir zur Live-Musik tanzen.

1 Sag's mit 50 Worten! Wählen Sie auf S. 56 einen Textanfang und schreiben Sie einen 50-Wörter-Text.

2 Lesen Sie Ihren Text im Kurs vor.

Am Wochenende könnten wir …

HÖREN

Missverständnisse

Fritz ist in der Stadt und ruft mit seinem Handy zu Hause bei Josefine an.
Leider ist die Handyverbindung sehr schlecht. Manche Worte kann Josefine fast gar nicht verstehen.
Am Schluss sagt Josefine etwas und Fritz versteht es nicht.

Das versteht Josefine:

Du hast es schon mehrfach versucht?
Wo gehst du entlang?
Wassersport? Wieso Wassersport?
Es ist dir egal?
Du rauchst jetzt?
Es wird immer schlimmer?
Da ist kein Handtuch links oben.

Das hat Fritz gesagt:

Die Verbindung ist _sehr schwach_ .
Ich habe fast keinen _____.
Ich brauche mein _____.
Es ist _____.
Ich _____.
Geh mal _____.
Es steht in dem kleinen _____
links oben.

Das hat Josefine gesagt:

Bring Energiesparbirnen mit.
Damit wir einen Vorrat haben haben.

Das versteht Fritz:

Irgendwie'n paar Birnen?
Damit wir ein Fahrrad haben.

2 🔊 18   Hören Sie. Was hat Fritz gesagt? Ergänzen Sie.

Eine Arbeit finden

Folge 5: Selbst was dafür tun

---

2 ◀)) 19–22

1 Sehen Sie die Fotos an und hören Sie. Beantworten Sie die Fragen.

– Welches Problem hat Tante Lina? – Was übt sie mit ihm?

– Was rät Ella Tobias?   – Warum sind Ella und Lina überrascht?

2 ◀)) 19–22

2 Hören Sie noch einmal. Was ist passiert? Erzählen Sie. Die Stichpunkte helfen Ihnen.

Foto 1
Lina – Ella anrufen
Sohn Tobias – schlechten Schulabschluss machen
Lina sich Sorgen machen – Tobias keinen
Ausbildungsplatz finden
Ella fragen – Tobias bei Bewerbung helfen

Foto 2
Tobias Praktikum bei Media Universe gemacht
gut mit Technik auskennen
Ella Idee: als Fachverkäufer bewerben

Foto 3
Tobias um Job bewerben
zum Vorstellungsgespräch eingeladen –
mit Ella Gespräch üben
Ella: Tobias guter Schauspieler

Foto 4
Lina und Ella überrascht: Tobias an
Schauspielschule beworben
Platz an der Schauspielschule bekommen

Tobias L., 17, ~~k~~eine Idee

von Ella Wegmann

Stadt-Kurier
Ellas Tag

Es gibt Menschen, die schon als Kinder wissen, welchen Beruf sie später mal ergreifen. Tobias L. gehört nicht zu dieser Gruppe. Bis kurz vor seinem Realschulabschluss hat er keine Ahnung,
5 was er werden soll. Während seines letzten Schuljahrs nimmt er an mehreren Berufsberatungskursen teil. Auf eine Idee bringt ihn das nicht. Er macht ein Praktikum in einem großen Technik-Markt. Aber ein Leben lang Kunden
10 beraten? Nein, das ist auch nicht sein Ding. In seiner Freizeit beschäftigt sich Tobias viel mit seiner Videokamera. Er macht witzige Clips und stellt sie ins Internet. Irgendwann sagt ihm jemand, dass er ein großes Talent für den
15 Schauspielerberuf hat. In diesem Moment macht es „Bling!" im Kopf des Siebzehnjährigen.

Er bewirbt sich bei der bekanntesten Schauspielschule im Land und wird genommen, obwohl es etwa achthundert Mitbewerber für
20 die sieben freien Plätze gibt. Tja, manchmal genügt nur eine einzige Idee ... und schon wird alles gut!

3 „Für den Traumjob muss man etwas tun!" Was meinen Sie?

Ich finde, man soll den Beruf lernen, den man wirklich will. ...

Den Traumjob gibt es nicht. Bei einem Job sind andere Dinge wichtig: ...

4 Ellas Kolumne

Was ist richtig? Lesen Sie die Kolumne und kreuzen Sie an.

a ○ Tobias wusste schon in der Schule, was er werden will.
b ○ Die Berufsberatungskurse haben ihm bei der Berufswahl geholfen.
c ○ Irgendwann sagt ihm jemand, dass er ein guter Schauspieler ist.
d ○ Er bekommt einen Platz an der Schauspielschule, weil es wenig Bewerber gibt.

5 Was hat Ihnen bei der Berufswahl geholfen? Erzählen Sie.

Nach meinem Praktikum in einem Kindergarten wusste ich, dass ...

Ich weiß noch gar nicht, was ich werden will. Vielleicht ...

Ellas Film

A Fang endlich an, Bewerbungen **zu schreiben**!

A1 Fang endlich an, …!

2 ◀)) 23

a Wer sagt was?
Hören Sie. Verbinden Sie und ordnen Sie zu. Ergänzen Sie dann die Tabelle.

A

B

C

○ Fang endlich an,   als Verkäufer in einem Technik-Markt zu arbeiten?
○ Es ist wirklich toll,   Bewerbungen zu schreiben!
○ Hättest du Lust,   Kunden zu beraten.

Es ist toll, _____

auch so nach: Es ist (nicht) stressig/interessant/anstrengend/leicht, …

Fang endlich **an**, _____

auch so nach: sich (nicht) vorstellen können, versuchen, vergessen, aufhören, …

Hättest du **Lust**, _____

auch so nach: (kein/keine) Zeit/Interesse /Angst/Freude/Spaß/ … haben, …

b Notieren Sie drei Sätze zum Thema „Beruf".
Sammeln Sie die Zettel ein und verteilen Sie sie neu.
Lesen Sie und raten Sie: Wer hat was geschrieben?

> *Ich kann mir nicht vorstellen,*
> *nachts zu arbeiten.*
> *…*

Ich kann mir nicht vorstellen, …   Ich vergesse oft, …   Es ist toll, …

A2 Stellenanzeigen

a Welche Anzeige passt zu den Branchen? Ordnen Sie zu.

○ Hotel, Gastronomie   Ⓐ Handwerk   ○ Pflege   ○ Handel

A

Für den Einsatz in ganz Deutschland suchen wir:
Servicetechniker Fotovoltaik (m/w) (Elektroinstallateur)
Wir erwarten Branchenerfahrung im Bereich Fotovoltaik,
eine abgeschlossene Ausbildung zum Elektriker/
Elektroniker, Montage- und Reisebereitschaft, gute
Deutschkenntnisse, Zuverlässigkeit, eine selbstständige
Arbeitsweise. Wir bieten Ihnen eine leistungsgerechte
Bezahlung und optimale Entwicklungsmöglichkeiten.
Gute MS-Office-Kenntnisse sind Voraussetzung.
Wir freuen uns auf Ihre Bewerbung bis zum

B

Wir suchen ab Juni befristet auf
3 Monate eine(n) erfahrene(n) Ser-
viceangestellte(n) zur Vergrößerung
unseres Teams für unser persönlich
geführtes Hotel.
**Gute Englisch- und Französisch-
kenntnisse vorausgesetzt.**
Weitere Informationen und
Bewerbungsunterlagen bitte an:
Hotel

C

Pflichtbewusste und motivierte Altenbetreuerin gesucht.
Ihre Aufgaben: Unterstützung im Haushalt, leichter Pflege-
dienst.
Voraussetzung: Pkw-Führerschein; Berufserfahrung von
Vorteil. **Bewerbung an**

D

**Wir suchen ab sofort
freundliche und zuverlässige
Kassierer/innen**
Sie brauchen uns keine schrift-
liche Bewerbung zu schicken.
Rufen Sie uns einfach an.

Sie **brauchen** uns **keine** schriftliche Bewerbung **zu** schicken. =
Sie **müssen** uns **keine** schriftliche Bewerbung schicken.
Sie **brauchen** nicht/nur … **zu** … = Sie **müssen** nicht/nur …

b Lesen Sie die Stellenanzeigen in a noch einmal und markieren Sie:
Welche beruflichen Kenntnisse und persönlichen Fähigkeiten werden verlangt?

A3 Darios Bewerbungsschreiben

a Auf welche Anzeige aus A2 bewirbt sich Dario? Lesen Sie und ergänzen Sie im Brief.

b Notieren Sie die Fähigkeiten und Anforderungen aus der Anzeige in A2, auf die Dario sich bezieht.

Bewerbung als _____

Sehr geehrte Damen und Herren,

mit großem Interesse habe ich Ihre Anzeige gelesen und bewerbe mich hiermit um die Stelle.

Wie Sie aus meinen Unterlagen ersehen können, war ich in Kroatien nach meiner Ausbildung zum Elektriker mehrere Jahre als Angestellter in einem Betrieb für Anlageninstallation tätig. Dort konnte ich auch Erfahrungen in der Montage von Solaranlagen sammeln und feststellen, dass ich gern auf Reisen bin.

Meine Muttersprache ist Kroatisch, ich spreche aber auch etwas Englisch und gut Deutsch.
Es macht mir Spaß, selbstständig zu arbeiten. Außerdem bin ich es gewohnt, meine Aufgaben schnell und zuverlässig zu erledigen. Ich beherrsche auch die üblichen PC-Programme.
Über eine Einladung zu einem persönlichen Gespräch würde ich mich sehr freuen.

Mit freundlichen Grüßen

Dario Simic

Anlagen: Lebenslauf, Zeugnisse

Erfahrung im Bereich
Fotovoltaik, Montage- und ...

SCHON FERTIG? Welche Fähigkeiten und Kenntnisse braucht man für Ihren (Traum)Job? Sammeln Sie.

A4 Wählen Sie eine Stellenanzeige aus A2 oder aus dem Internet / einer Tageszeitung und schreiben Sie ein Bewerbungsschreiben. Die Satzanfänge helfen Ihnen.

Mit großem Interesse ...

Wie Sie aus meinen Unterlagen ersehen können, war ich in meiner Heimat / in ... / ... als ... tätig.

Ich habe dort bei ... gearbeitet. Das ist eine große/ kleine/... Firma / ein großes Unternehmen, die/das ... herstellt./produziert./verkauft./importiert./ exportiert./entwickelt.

Ich konnte in verschiedenen Bereichen Erfahrungen sammeln. So war ich ...

Dabei habe ich ...

Zu meinen Tätigkeiten gehörte auch ...

Ich bin es gewohnt, ...

Ich kann mir sehr gut vorstellen, ...

Es fällt mir leicht, ...

Es macht mir große Freude, ...

Über eine Einladung ...

B1 Was bedeuten die Sätze? Kreuzen Sie an.

a Während seines letzten Schuljahres nimmt Tobias an mehreren Berufsberatungskursen teil.
   ○ Tobias hat im letzten Jahr die Schule besucht und zur gleichen Zeit an mehreren Berufsberatungskursen teilgenommen.
   ○ Tobias hat erst seinen Schulabschluss gemacht und danach an mehreren Berufsberatungskursen teilgenommen.

b Außerhalb des Unterrichts macht Tobias witzige Clips für das Internet.
   ○ Tobias macht im Unterricht witzige Clips für das Internet.
   ○ Tobias macht in seiner Freizeit witzige Clips für das Internet.

c Innerhalb weniger Wochen hat er einen Platz an der Schauspielschule bekommen.
   ○ Nach wenigen Wochen hat er einen Platz an der Schauspielschule bekommen.
   ○ Vor wenigen Wochen hat er einen Platz an der Schauspielschule bekommen.

Wann?	
während innerhalb außerhalb	• des Unterrichts • des Schuljahres • der Schulzeit • der Öffnungszeiten

B2 Ohne Nervosität ins Bewerbungsgespräch

a Lesen Sie die Tipps und ordnen Sie zu.

~~bei~~ beim bis vom ... an vor vor während während

WIEDERHOLUNG		
	Wann?	bei, beim, vor
	Wie lange?	bis
	Ab wann?	von ... an

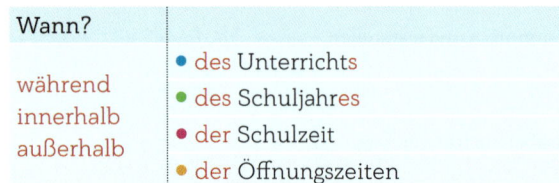

„BITTE ERZÄHLEN SIE UNS ETWAS ÜBER SICH." Spätestens nach diesem Satz werden wohl die meisten Bewerber nervös. Was hilft gegen die Nervosität _____ Bewerbungsgespräch?

1 Gute Vorbereitung schafft Sicherheit: Sie können sich schon _____ dem Gespräch auf Standardfragen vorbereiten und sich über das Unternehmen informieren. Warten Sie damit nicht _____ zur Einladung zum Vorstellungsgespräch. Beginnen Sie schon _____ Zeitpunkt der Bewerbung _____ .

2 Stress vermeiden: Rechnen Sie für Ihre Anfahrt einen zeitlichen Puffer ein. Ohne Stress *bei* der Anreise gehen Sie entspannter in das Gespräch.

3 Übung macht den Meister: Spielen Sie Gespräche vor dem Spiegel. Dann fühlen Sie sich _____ des Gesprächs sicherer.

4 Freuen Sie sich auf das Gespräch: Die Firma bewirbt sich auch um Sie. Und vergessen Sie nicht, _____ des Gesprächs zu lächeln.

5 Bewegung baut Stress ab: Gehen Sie _____ dem Gespräch spazieren, wenn Sie noch etwas Zeit haben. Das beruhigt und so können Sie vermeiden, noch zusätzlich nervös zu werden.

b Was halten Sie von den Tipps? Was machen Sie gegen Nervosität bei Bewerbungsgesprächen oder Prüfungen? Sprechen Sie.

> Also Tipp fünf finde ich blöd. Spazierengehen macht mich eher nervös. Ich ...

2 ◀)) 24 **B3 Tobias' Bewerbungsgespräch beim Tekno-Markt**

a Hören Sie das Gespräch und kreuzen Sie an:
Über welche Themen wird gesprochen?

○ Schulabschluss ○ Gehalt ○ Praktikum ○ Grund für die Bewerbung
○ technische Kenntnisse ○ Kenntnisse von PC-Programmen
○ Sprachkenntnisse ○ Arbeitszeiten

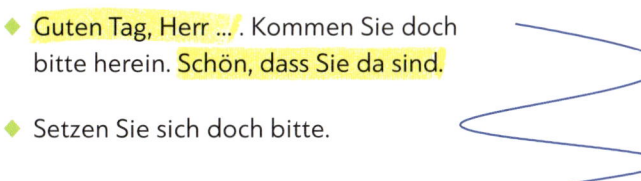

b Was sagt Frau Seiffert? Hören Sie noch einmal und markieren Sie die Sätze.

◆ ==Guten Tag, Herr ...==. Kommen Sie doch bitte herein. ==Schön, dass Sie da sind.==

○ Danke für die Einladung zum Gespräch.

◆ Setzen Sie sich doch bitte.

○ Dankeschön.

◆ Erzählen Sie doch bitte etwas über sich.

○ Ich bin ... / Ich habe ... gearbeitet. / gelernt. Davor habe ich als ... bei ... gearbeitet. Ich beende gerade meine Ausbildung / meinen ...kurs / ...

◆ Welche Aufgaben hatten Sie in Ihrer letzten Firma / während des Praktikums / ...?

○ Ich war ... im Verkauf / im Lager / ... tätig. Dort war ich für ... zuständig.

◆ Konnten Sie während Ihres Praktikums / Ihres Studiums / ... schon praktische Erfahrungen sammeln?

○ Ja, ich habe ein Praktikum / einen Kurs bei ... gemacht. / Nein, ich habe leider noch keine Berufserfahrung.

◆ Haben Sie auch noch andere / technische / handwerkliche / ... Kenntnisse oder Fähigkeiten? Haben Sie auch Computerkenntnisse / Sprachkenntnisse?

○ Ja, ich habe ... / Nein, ich ... / Es fällt mir leicht, ... / Ich bin es gewohnt, ... / Es macht mir Spaß, ...

◆ Haben Sie denn noch eine Frage an mich?

○ Ja, ich würde gern wissen, ...

◆ Gut, Herr / Frau ..., wir melden uns dann innerhalb der nächsten Woche / in ... Tagen / Wochen bei Ihnen. Vielen Dank, dass Sie hier waren.

○ Ja, vielen Dank auch an Sie. Auf Wiedersehen.

⇆ **B4 Rollenspiel: Das Bewerbungsgespräch**

📱 **a** Auf welche Stelle würden Sie sich gern bewerben? Welche Fähigkeiten haben Sie? Machen Sie Notizen.

b Spielen Sie ein Bewerbungsgespräch mit Ihrer Partnerin / Ihrem Partner. Hilfe finden Sie in B3. Tauschen Sie auch die Rollen.

Bewerbung als: _____
Ausbildung / Berufserfahrung: _____
besondere Fähigkeiten: _____
Sprachkenntnisse: _____
Computerkenntnisse: _____

C Berufsberatung

C1 Berufsberatung: Lesen Sie und beantworten Sie die Fragen.

Neue Perspektiven finden: Das bringt mich weiter.

Beratungsservice

Sie sind gerade mit der Schule fertig, wissen noch nicht, was Sie werden wollen und brauchen Hilfe bei der Berufswahl? Oder Sie sind berufstätig und möchten sich beruflich neu orientieren? Wir Berufsberater sind Experten für alle Fragen, die mit Ihren beruflichen Wünschen zusammenhängen. Im persönlichen Gespräch oder online unter www.arbeitsagentur.de, besprechen wir Ihre aktuelle Situation und beantworten Ihre Fragen. So finden wir gemeinsam den Weg, der zu Ihren Interessen, Fähigkeiten, Kenntnissen und Erfahrungen passt.

a Wer kann den Beratungsservice der Bundesagentur für Arbeit nutzen?
b Worüber wird in der Beratung gesprochen?

C2 Berufsberatung im Kurs: Welche beruflichen Wünsche haben Sie?

a Lesen Sie und kreuzen Sie an. Haben Sie noch weitere Wünsche? Ergänzen Sie.

Möchten Sie …	ja	nein		ja	nein
… viel reisen?	○	○	… etwas mit den Händen machen?	○	○
… im Team arbeiten?	○	○	… Verantwortung übernehmen?	○	○
… im Büro tätig sein?	○	○	… künstlerisch tätig sein?	○	○
… im Freien arbeiten?	○	○	… sich mit technischen Fragen beschäftigen?	○	○
… in einer Werkstatt tätig sein?	○	○	… etwas Neues entwickeln?	○	○
… am Computer sitzen?	○	○			
… anderen helfen?	○	○	weitere Wünsche:		
… Menschen beraten?	○	○			

b Fragen Sie Ihre Partnerin / Ihren Partner und machen Sie Notizen.

> Ich habe Lust, …
> Ich habe Interesse (daran), …
> Ich kann mir gut vorstellen, …
> Ich finde es (nicht) anstrengend/leicht/schwer, …
> Es macht mir Spaß/Freude, …

Hast du Lust, viel zu reisen?

Reisen?
Nein: Familie,
mehr zu Hause sein
…

Nein, ich habe gar keine Lust, zu reisen. Ich habe Familie und möchte deshalb lieber viel zu Hause sein.

c Arbeiten Sie in Gruppen. Stellen Sie Ihre Partnerin / Ihren Partner vor. Welchen Beruf würden die anderen ihr/ihm empfehlen?

◆ … möchte nicht reisen, denn er hat Familie. Er kann sich gut vorstellen, im Team zu arbeiten, und wenn möglich auch im Freien. Auf keinen Fall will er am Computer arbeiten. Es macht ihm mehr Spaß, etwas mit den Händen zu machen. Welchen Beruf würdet ihr ihm empfehlen?

○ Vielleicht Gärtner?

▲ Oder Maler?

2 ◀)) 25–27 **D1 Zufällige Begegnungen**

Gespräch	1	2	3
Foto			

a Welches Foto passt? Hören Sie die Gespräche und ordnen Sie zu.

 A

 B

 C

b Worüber reden die Leute in welchem Gespräch? Hören Sie noch einmal und ordnen Sie zu.
Finden die Leute das positiv oder negativ? Ergänzen Sie: ☺ oder ☹.

○ neue Leute kennenlernen
○ abwechslungsreiche Aufgaben
③ wenig Aufträge ☹
○ Überstunden haben
○ neuer Arbeitsplatz und neue Kollegen

○ zu viel Arbeit
○ Schicht arbeiten
○ eine Stelle suchen
○ sich selbstständig machen
○ ein Bewerbungsgespräch

⇄ **D2 Rollenspiel: Zufällige Begegnung im Supermarkt**

📱 Arbeiten Sie zu zweit. Spielen Sie ein Gespräch. Tauschen Sie dann die Rollen.

Partnerin/Partner 1: Sie treffen im Supermarkt jemanden, den Sie schon
länger nicht mehr gesehen haben. Erkundigen Sie
sich nach seiner Arbeit.

Partnerin/Partner 2: Wählen Sie eine Rolle und
antworten Sie.

Hannes Meier

seit einem halben Jahr arbeitslos
☹ es gibt zurzeit kaum Stellen als
Tierpfleger im Tierpark
☹ hat schon mehrere Bewerbungen
geschrieben
☺ hat eine gute Fortbildung bei
der Arbeitsagentur besucht
☺ hatte vor zwei Wochen ein
interessantes Bewerbungsgespräch
☺ hofft, dass er die Stelle bekommt

Kasimir Woźniak

selbstständig als Übersetzer und Dolmetscher
☺ interessante Tätigkeit
☺ überlegt, eine Weiterbildung zu machen
☹ viel Konkurrenz: zu wenig Aufträge
☹ muss nebenbei als Reinigungskraft jobben
☹ kommt dort mit dem Chef nicht zurecht

*Wie läuft's denn so in der Firma /
mit der Jobsuche?*

Noch immer so viel los/Arbeit?

Was machst du jetzt eigentlich genau?

*Ist das nicht stressig/anstrengend/
toll, dauernd …?*

*Hast du noch nie daran gedacht, die
Stelle zu wechseln / dich selbstständig
zu machen?*

Ich habe (doch) eine neue Stelle als … bei …

*Ich muss eine Kollegin / einen Kollegen
vertreten / zurzeit viel arbeiten.*

Ich suche immer noch eine Stelle als …

Es ist interessant/stressig/toll/anstrengend, …

Oh! Ich muss jetzt leider los.

Schade, ich muss jetzt leider (dringend) …

*Also dann tschüs. Es war schön, dich mal
wieder zu sehen. Bis zum nächsten Mal.*

Grammatik und Kommunikation

Grammatik

1 Infinitiv mit *zu* `ÜG` 10.07

Fang endlich an, Bewerbungen zu schreiben!

auch so: sich (nicht) vorstellen können, erwarten können, versuchen, vergessen, aufhören, …

Es ist toll, Kunden zu beraten.

auch so: Es ist (nicht) leicht/stressig/interessant/anstrengend/ …

Hättest du Lust, als Verkäufer zu arbeiten?

auch so: (kein/keine/keinen) Interesse/Angst/ Zeit/Freude/Spaß/ … haben, …

2 Temporale Präposition: *während* + Genitiv `ÜG` 6.01

während	• des/eines Kurses • des/eines Schuljahres • der/einer Beratung • der Öffnungszeiten

auch so: innerhalb, außerhalb

Leider rufen Sie außerhalb unserer Öffnungszeiten an.
Wir werden uns innerhalb einer Woche bei Ihnen melden.

Schreiben Sie über sich. Wie viele Sätze finden Sie in fünf Minuten?

Ich möchte endlich aufhören, …
Es macht mir viel Freude, …
Ich versuche, …

Was passt? Ordnen Sie zu.

außerhalb   innerhalb   während

1 Schon beim Frühstück plant sie ihren Arbeitstag. =
  Schon _____ des Frühstücks plant sie ihren Arbeitstag.

2 Ich rufe dich in der nächsten Stunde an. =
  Ich rufe dich _____ einer Stunde an.

3 Privatgespräche führen Sie bitte nicht in der Arbeitszeit. =
  Privatgespräche sind nur
  _____ der Arbeitszeit erlaubt.

Kommunikation

VON BERUFLICHEN WÜNSCHEN ERZÄHLEN: Ich kann mir gut vorstellen, …

Ich habe Lust, … | Ich habe Interesse (daran), … |
Ich kann mir gut vorstellen, … | Ich finde es (nicht) anstrengend/leicht/
schwer, … | Es macht mir Spaß/Freude, ….

SICH SCHRIFTLICH BEWERBEN: Mit großem Interesse …

Mit großem Interesse …
Wie Sie aus meinen Unterlagen ersehen können, war ich in meiner Heimat /
in … /… als … tätig.
Ich habe dort bei … gearbeitet. Das ist eine große/kleine/… Firma /ein großes
Unternehmen, die/das … herstellt./produziert./verkauft./importiert./
exportiert./entwickelt.
Ich konnte in verschiedenen Bereichen Erfahrungen sammeln. So war ich …
Dabei habe ich … Zu meinen Tätigkeiten gehörte auch …
Ich bin es gewohnt, … /Ich kann mir sehr gut vorstellen, … /Es fällt mir
leicht, … /Es macht mir große Freude, …
Über eine Einladung …

ÜBER DIE EIGENE ARBEIT SPRECHEN: Ich habe ein Praktikum bei … gemacht.

Ich bin … / Ich habe … gearbeitet. / gelernt.

Davor habe ich als … bei … gearbeitet.

Ich beende gerade meine Ausbildung / meinen …kurs / …

Ich war … im Verkauf / im Lager / … tätig. Dort war ich für … zuständig.

Ich habe ein Praktikum / einen Kurs bei … gemacht.

Ich habe leider noch keine Berufserfahrung.

SICH NACH DER ARBEIT ERKUNDIGEN: Noch immer so viel Arbeit?

Wie läuft's denn so in der Firma / mit der Jobsuche?

Noch immer so viel los / Arbeit?

Was machst du jetzt eigentlich genau?

Ist das nicht stressig / anstrengend / toll, dauernd …?

Hast du noch nie daran gedacht, die Stelle zu wechseln / dich selbstständig zu machen?

ÜBER DIE ARBEIT SPRECHEN: Es ist anstrengend, …

Ich habe (doch) eine neue Stelle als … bei …

Ich muss eine Kollegin / einen Kollegen vertreten / zurzeit viel arbeiten.

Ich suche immer noch eine Stelle als …

Es ist interessant / stressig / toll / anstrengend, …

EIN GESPRÄCH BEENDEN: Schade, ich muss jetzt leider …

Oh! Ich muss jetzt leider los.

Schade, ich muss jetzt leider (dringend) …

Also dann tschüs. Es war schön, dich mal wieder zu sehen.

Bis zum nächsten Mal.

Schreiben Sie Ihre Berufsbiografie. Lassen Sie sie korrigieren.

Sie treffen Ihre Nachbarin an der Bushaltestelle. Schreiben Sie ein kurzes Gespräch.

△ Hallo Teresa.
Wie läuft's denn so …?

(TiPP)

Schreiben Sie wichtige Redemittel auf Kärtchen und lernen Sie sie auswendig.

Es war schön, Sie mal wieder zu sehen.

Sie möchten noch mehr üben?

2 | 28–30
AUDIO-TRAINING

Lernziele

Ich kann jetzt …

A … eine Bewerbung schreiben: *Mit großem Interesse …* _____ 😊 😐 ☹

B … ein Bewerbungsgespräch führen: *Danke für die Einladung zum Gespräch.* _____ 😊 😐 ☹

C … von meinen beruflichen Wünschen erzählen: *Ich kann mir gut vorstellen, im Team zu arbeiten.* _____ 😊 😐 ☹

D … von der Arbeit erzählen: *Ich habe doch eine neue Stelle …* _____ 😊 😐 ☹

Ich kenne jetzt …

10 Wörter zum Thema *Bewerbung*:
die Fähigkeit, …

6 Wörter zum Thema *Berufstätigkeit*:
die Verantwortung, …

Es ist Zeit, endlich aufzuwachen!

Macht's euch denn wirklich Spaß,
um sechs Uhr aufzustehen?
Habt ihr denn immer noch Lust,
in diese Firma zu gehen?
Ist es für euch nicht frustrierend,
die müden Gesichter zu sehen?
Habt ihr noch nicht genug davon,
euch dauernd nur im Kreis zu drehen?

Hey, es ist Zeit, mal endlich aufzuwachen.
Ja, es ist Zeit, die Dinge anders zu sehen.
Hört bitte auf, die Welt so grau zu machen!
Fangt lieber an, auf neuen Wegen zu gehen!

Macht's euch denn gar nichts aus,
immer nur zu funktionieren
und diesen täglichen Superstress
auch noch mit zu organisieren?
Wir sollten wirklich versuchen,
nicht noch mehr Zeit zu verlieren.
Drum lasst uns jetzt gleich beginnen,
etwas Neues auszuprobieren.

Hey, es ist Zeit, mal endlich aufzuwachen.
Ja, es ist Zeit, die Dinge anders zu sehen.
Wir fangen an, gemeinsam loszulachen.
Wir fangen an, gemeinsam loszugehen.

2 ◀)) 31　**1** Hören Sie das Lied und singen Sie mit.

2 Würden Sie auch gern etwas ändern? Wenn ja, was? Schreiben Sie Sätze.

> *Wir sollten endlich versuchen, ...*
> *Es ist Zeit, ...*
> *Wir sollten wirklich beginnen, ...*
> *Hört bitte auf, ...*
> *Fangt lieber an, ...*
> *Habt ihr noch nicht genug davon, ...?*
> *Macht es euch wirklich Spaß, ...?*

Hallo! Ich bin Lina.

Lesen Sie die Informationen zu Lina. Ordnen Sie zu und lösen Sie dann das Rätsel.

MITARBEITER   CHEFIN   ~~AUSBILDUNG~~   KANTINE   ABTEILUNG   BERUFSERFAHRUNG
UNTERNEHMEN   PRODUZIEREN   MÖBELFIRMA   KOLLEGEN

Hallo! Ich bin Lina. Nach der Schule habe ich eine _AUSBILDUNG_ (9→7) zur Möbelschreinerin
gemacht und habe inzwischen fünf Jahre _____ (6→1) . Ich arbeite in einer
_____ (4→3/7→12) . Wir _____ (6→10) dort zum Beispiel Tische,
Stühle und Betten. In meiner _____ (1→8/9→13) machen wir vor allem Küchen-
schränke. Ich arbeite dort mit sechs _____ (3→4/4→5) zusammen. In der Mittagspause
essen wir in der _____ (7→6) . Die Firma hat fast 200 _____ (3→2) .
Das _____ (2→9/7→11) gibt es schon seit 1955. Unsere _____ (3→14)
ist die Enkelin des Firmengründers.

1	2	3	4	5	6	7	8	9	10	11	12	13	14
						N							

Lösungswort:

Zelihas Grillhaus

Zeliha
Herkunft: türkische Familie,
Großvater in den 60er-Jahren
aus der Türkei nach Deutschland
ausgewandert ...

1 Sehen Sie den Film an und machen Sie Notizen zu Zeliha.
Vergleichen Sie dann mit Ihrer Partnerin / Ihrem Partner.

2 Wie gefällt Ihnen Zelihas Grillhaus? Würden Sie dort gern essen? Warum (nicht)?

Dienstleistung

Folge 6: Mädchen für alles

Leon

3 ◀)) 1–4

1 Sehen Sie die Fotos an. Was meinen Sie? Welche Aussage von Leon passt?
Ordnen Sie zu. Hören Sie dann und vergleichen Sie.

A *Ich habe einen Job gesucht, bei dem man viel rumkommt, statt nur im Büro zu sitzen.*

B *Ich will als Erster bei dem Laden sein, um dort zu warten, bis er öffnet.*

C *Ich kenne da einen Typen bei einer Produktionsfirma. Der sucht so einen Elefanten für einen Kinofilm.*

D *Haben Sie ein Foto von der Tasse? ... Wunderbar! Schicken Sie es mir bitte gleich, okay? Bis wann müssen Sie die Ersatztasse haben?*

Foto	1	2	3	4
Aussage				

Etwas tun, statt nur zu träumen

von Ella Wegmann

„Raus aus der täglichen Langeweile, statt Tag für Tag immer das Gleiche zu machen. Was anderes tun, was Neues ausprobieren, mein eigener Chef sein, ach, wäre das schön!" Denken Sie das
5 auch manchmal? Und ... was machen Sie dann? Seien Sie ehrlich! Ändern Sie was? Fangen Sie wirklich etwas Neues an?

„Nein, nicht heute. Lieber erst morgen. Es ist doch viel einfacher, alles so zu lassen, wie es ist.
10 Da weiß man wenigstens, was man hat und wie es geht. Das Neue ist ja leider immer so anstrengend. Und überhaupt: Änderungen sollte man sich sehr gut überlegen, damit man keine Fehler macht."

15 Tja, es ist viel leichter, über Änderungen nur zu reden, als wirklich etwas zu ändern. Ein berühmter Deutscher hat mal gesagt:

„Den größten Fehler, den man im Leben machen kann, ist, immer Angst zu haben,
20 einen Fehler zu machen." Man kann nichts Neues lernen, ohne Fehler zu riskieren. In diesem Sinn: Versuchen wir es, probieren wir das Neue, statt immer nur davon zu träumen!

---

3 🔊 1–4   **2 Hören Sie noch einmal. Was erfahren Sie über Leons Job? Ergänzen Sie.**

Foto 1: Heute Morgen musste Leon sehr früh aufstehen. Sein Service ist für Menschen, die keine _____ oder keine _____ haben, bestimmte Dinge selbst zu erledigen.

Foto 2: Leon arbeitet _____ und ist sein eigener Chef. Wenn er mal warten muss oder wenn es regnet, nutzt er die Zeit für _____.

Foto 3: Leon löst fast jedes _____ für seine Kunden. Wenn er etwas sucht, _____ er es auch. Das ist sein Geheimnis.

Foto 4: Wenn Leon einen Gegenstand findet, der für einen Kunden interessant sein könnte, schickt er ihm ein _____, damit er sehen kann, wie der Gegenstand aussieht.

3 Ellas Kolumne

Lesen Sie die Kolumne. Welche Aussage passt zu Ella? Kreuzen Sie an.

Ellas Film

a ⃝ Änderungen sind anstrengend und machen unser Leben nicht unbedingt besser. Wir sollten lieber in unserem ruhigen Alltag bleiben und keine Fehler riskieren.

b ⃝ Die meisten Menschen möchten kein Risiko eingehen und lassen lieber alles so, wie es ist. Das ist schade, denn nur aus Fehlern lernen wir.

A **Es** ist nicht leicht, aber **es** lohnt sich.

3 ◀)) 5 **A1 Wer sagt was?**

Kreuzen Sie an. Hören Sie dann und vergleichen Sie.

	Ella	Leon
a Es war drei Uhr, als mein Wecker heute Morgen geklingelt hat!	○	○
b Es ist unglaublich! Von so etwas kann man doch nicht leben!	○	○
c Es ist nicht leicht, aber es lohnt sich.	○	○
d Wenn es mal regnet, mache ich Büroarbeiten.	○	○
e Es ist verrückt! Du findest für jedes Problem eine Lösung.	○	○

A2 Wann benutzt man *es*? Ordnen Sie zu.

Befinden   Wetter   Tages- und Jahreszeiten   ~~allgemein~~

> es in festen Wendungen
>
> _allgemein_ : Es ist (nicht) leicht/schwierig/schön/… Es gibt … /Es lohnt sich.
>
> _____ : Es ist jetzt vier Uhr/Sommer/Nacht/…
>
> _____ : Es regnet / ist heiß / sind dreißig Grad /…
>
> _____ : Wie geht es Ihnen? / Wie geht's?

A3 Der eigene Chef sein

a Lesen Sie die Texte und kreuzen Sie an.

Hung Nguyen	Songül Nevin	Victor Krumm	
○	○	○	führt einen Altenpflegedienst.
○	○	○	besitzt ein Lebensmittelgeschäft.
○	○	○	hat in Berlin ein Restaurant aufgemacht.

Der eigene Chef sein

Hung Nguyen, 29 Jahre

Ich komme aus Vietnam und bin im Norden des Landes aufgewachsen.
Mein Vater hat in den 1980er-Jahren in der DDR gearbeitet. Als ich
geboren wurde, entschloss er sich, nach Vietnam zurückzugehen. Ich habe
5   in Vietnam Management studiert und bin mit 23 Jahren zum Studium nach Berlin gegangen.
Mein Vater hatte immer viel von Deutschland erzählt und ich wollte dieses Land unbedingt
kennenlernen. Das Leben in so einer Großstadt fand ich sehr aufregend. Anfangs hatte ich
manchmal ein bisschen Heimweh, aber dann habe ich meine Frau kennengelernt und bin
geblieben. In Berlin gibt es viele vietnamesische Restaurants. Der Wettbewerb ist sehr groß.
10   Vor drei Jahren habe ich trotzdem selbst ein kleines Restaurant eröffnet. Unsere Spezialität sind
Banh Mi. Das ist eine Art belegtes Brötchen mit Fleisch oder Ei, dazu Gemüse, Kräuter, Gewürze
und eine besondere Soße. Die gab es bis dahin in Berlin noch nicht. Gekocht habe ich schon
immer gern. Ich mache alles selbst, und es schmeckt den Gästen sehr. Mittlerweile verkaufe ich
Banh Mi auch auf Märkten. Streetfood, also schnelles Essen, das man auf der Straße kauft und
15   isst, ist hier gerade sehr beliebt.

Songül Nevin, 42 Jahre alt

Meine Eltern sind vor über 40 Jahren als Gastarbeiter aus der Türkei nach Deutschland gekommen. Ich bin hier in Deutschland geboren. Nach der Schule habe ich eine Ausbildung zur Krankenschwester gemacht und
20 sieben Jahre in einem Krankenhaus gearbeitet. Danach bin ich in die Altenpflege gewechselt und mir ist aufgefallen, dass es bei der Pflege von türkischen Patienten große Probleme gibt. Denn die deutschen Altenpflegerinnen kennen ihre Sprache und Kultur nicht. Darauf sollte man bei der Pflege Rücksicht nehmen. Vor fünf Jahren habe ich einen interkulturellen Pflegedienst gegründet, um diese Menschen
25 richtig zu betreuen. Doch es war nicht einfach, Pflegekräfte mit türkischem Hintergrund zu finden. Mittlerweile habe ich zwölf Mitarbeiterinnen. Ich gehe auch selbst noch zu Patienten. Außerdem gebe ich Kurse, muss viel organisieren und gehe zu Ärzten und in Moscheen, um den Pflegedienst vorzustellen. Denn Türken sind es nicht gewohnt, alte Menschen von Pflegediensten betreuen zu lassen. Viele wollen ihre Eltern selbst pflegen. Doch irgendwann ist es
30 ihnen zu anstrengend und dann freuen sie sich über unsere Hilfe.

Victor Krumm, 58 Jahre

Schon in meiner Heimat Russland habe ich jahrelang ein Geschäft geleitet. Ich bin Kaufmann von Beruf und habe lange in einer Drogerie gearbeitet. Als ich 1996 nach Deutschland kam, war klar: Irgendwann möchte ich
35 meinen eigenen Laden eröffnen. Ich habe ein paar Jahre in anderen Geschäften gearbeitet und mich vor 15 Jahren mit einem Lebensmittelgeschäft in Hamburg selbstständig gemacht. Es war ein Experiment und natürlich auch ein finanzielles Risiko, aber es hat geklappt. Inzwischen arbeitet meine Frau ebenfalls mit im Geschäft. Es macht uns beiden großen Spaß. Ich glaube, wir sind die geborenen Geschäfts-
40 leute und immer froh darüber, unsere Kunden glücklich zu sehen. Wir verkaufen ausschließlich russische Produkte und somit auch ein bisschen Heimatgefühl. Rund 80 Prozent unserer Kunden sind Russen. Bei uns gibt es alle Zutaten, die man für die russische Küche braucht. Mein erster Laden war sehr klein. Ich hatte damals nur wenig Ware, höchstens 30 Artikel. Die Kunden waren trotzdem begeistert, bei mir Lebensmittel zu finden, die es sonst hier nicht
45 gab. Schnell musste ich einen größeren Laden mieten. Heute ist er ein Supermarkt mit rund 700 Produkten.

b Lesen Sie die Texte noch einmal und markieren Sie alle Zahlen. Machen Sie Notizen und sprechen Sie.

> *Victor ist 1996 …*

Hung Nguyen	Songül Nevin	Victor Krumm
29: _Alter_	42:	58:
1980:	40:	1996: _nach Deutschland_
23:	7:	15:
3:	5:	80:
	12:	30:
		700:

A4 Welche Geschäftsidee aus A3 finden Sie gut?
Oder haben Sie eine eigene Geschäftsidee? Erzählen Sie.

> *Mein Traum wäre ein eigenes Kosmetikstudio. Es ist sicher nicht leicht, selbstständig zu sein, aber es wäre schön, …*

B Ich will bei dem Laden sein, **um** dort **zu** warten.

B1 Was ist richtig? Kreuzen Sie an.
Ergänzen Sie dann die Tabelle.

a Leon will als Erster bei dem Laden sein,
○ damit er in Ruhe mit dem Verkäufer sprechen kann.
○ um dort Schuhe für einen Kunden zu kaufen.

b Leon kauft diese Schuhe,
○ damit sein Kunde ausschlafen kann.
○ um sie dem Kunden zu schenken.

Leon will als Erster bei dem Laden sein, _____ dort Schuhe für einen Kunden _____ kaufen.
Leon kauft diese Schuhe, _____ sein Kunde ausschlafen kann.

B2 Wozu macht Leon diesen Job? Sprechen Sie.

Leon möchte selbstständig arbeiten.
Leons Kunden müssen diese Dinge nicht selbst erledigen.
Er möchte möglichst viele verschiedene Menschen kennenlernen.
Er möchte viel rumkommen.
Er möchte nicht den ganzen Tag im Büro sitzen.
Sein Alltag wird interessanter.

Er macht diesen Job, um selbstständig zu arbeiten.

..., damit seine Kunden ...

B3 Kenntnisse im Beruf
3 🔊 6 **a** Hören Sie den Anfang. Welche sozialen Kompetenzen hören Sie? Kreuzen Sie an.

○ Teamfähigkeit   ○ Pünktlichkeit   ○ Toleranz   ○ Konfliktfähigkeit   ○ kommunikative Kompetenz
○ Kreativität   ○ Zuverlässigkeit   ○ Motivation   ○ Flexibilität   ○ Humor   ○ Engagement

3 🔊 7 **b** Lesen Sie die Fragen (1–6) und die Antworten (a–f).
Hören Sie dann das Interview weiter und ordnen Sie zu.

Antwort

1 Warum sind diese sozialen Kompetenzen heute eigentlich so wichtig?   ⓑ
2 Welche Soft Skills sollte ein Bewerber denn auf jeden Fall mitbringen?   ○
3 Da ist überall die Rede von Teamfähigkeit und Konfliktfähigkeit. Was genau bedeutet das?   ○
4 Gibt es noch andere wichtige Soft Skills?   ○
5 Kann man diese Dinge eigentlich lernen?   ○
6 Hätten Sie vielleicht noch ein paar Tipps für unsere Hörerinnen und Hörer?   ○

a Kommunikative Kompetenz und ein sicheres Auftreten sind auf jeden Fall wichtig.
b Heute gibt es immer mehr Teamarbeit am Arbeitsplatz.
c Sie sollten wissen, was Sie gut oder auch nicht so gut können.
d Wichtig sind außerdem noch Motivation und Engagement.
e Vieles lernt man schon in der Kindheit, z.B. in der Familie oder in der Schule.
f Das bedeutet, man kann gut im Team arbeiten und auch mal Kompromisse eingehen.

🔁 B4 Wozu braucht man das? Arbeiten Sie in Gruppen.
Jede/r schreibt ein blaues und ein grünes Kärtchen. Mischen Sie die Kärtchen. Fragen und antworten Sie.

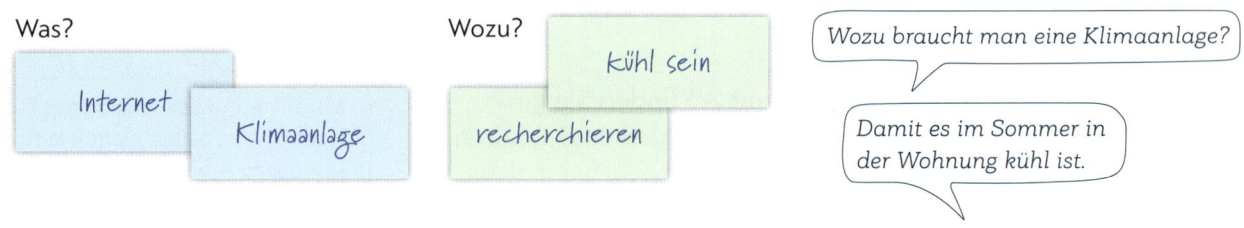

Was?

Internet

Klimaanlage

Wozu?

kühl sein

recherchieren

Wozu braucht man eine Klimaanlage?

Damit es im Sommer in der Wohnung kühl ist.

C1 Arbeitsalltag

Ergänzen Sie.

a Man sollte etwas tun. Aber man träumt nur.

Man sollte etwas tun, *statt nur zu träumen* .

b Man möchte viel rumkommen. Aber man sitzt nur im Büro.

Man möchte viel rumkommen, *statt*

_____ .

c Man kann nichts Neues lernen. Man muss Fehler machen.

Man kann nichts Neues lernen, *ohne*

_____ .

d Man möchte selbstständig arbeiten. Man möchte nicht ständig einen Chef vor der Nase haben.

Man möchte selbstständig arbeiten, *ohne*

_____ .

> Man sollte etwas tun, statt nur zu träumen.
>
> Man kann nichts Neues lernen, ohne Fehler zu machen.

C2 Unglücklich im Job

a Lesen Sie den Forumsbeitrag von Melly99. Was ist ihr Problem? Was wünscht sie sich?

> **Melly99**
> Hoffentlich habt ihr einen guten Rat für mich, ich bin nämlich ziemlich verzweifelt.
> Ich (26) bin Informatikerin und habe seit zwei Jahren eine Stelle bei einer Softwarefirma.
> Leider hat es mir dort von Anfang an nicht gefallen. Ihr könnt euch gar nicht vorstellen,
> wie langweilig dieser Job ist. Statt zu arbeiten, schaue ich spätestens ab 11 ständig auf
> die Uhr. Jeder macht brav sein Ding. Mit Teamarbeit hat das leider nichts zu tun. Ich hätte
> so gern interessante Aufgaben und ein junges, motiviertes Team. Was soll ich nur machen?
> Bin dankbar für jeden Beitrag.

b Wie sollte man sich in so einer Situation verhalten? Formulieren Sie Sätze.

Vielleicht lieber so …

1 nichts entscheiden

2 um interessantere Aufgaben bitten
3 keine neue Stelle suchen
4 regelmäßig kleine Pausen machen
5 versuchen, mehr Verantwortung zu übernehmen
6 mit netten Kollegen etwas trinken gehen

und nicht so …

→ nicht vorher mit dem Chef oder der Chefin über die Situation sprechen
→ sofort kündigen
→ nicht mit dem Betriebsrat sprechen
→ ständig auf die Uhr schauen
→ sich immer nur langweilen
→ sich über unsympathische Kollegen ärgern

> *Man sollte nichts entscheiden, ohne vorher mit dem Chef oder der Chefin über die Situation zu sprechen.*

> *Man sollte um interessantere Aufgaben bitten, statt …*

C3 Schreiben Sie eine Antwort für Melly99 im Forum. Formulieren Sie höfliche Ratschläge.

> *An deiner Stelle würde ich … | Du solltest vielleicht mal … | Du könntest auch / zum Beispiel / vielleicht …*
> *Wie wäre es, wenn …? | Wie findest du die Idee, …? | Was hältst du davon, …? | Versuch doch mal, …*
> *Ich kann dir nur raten, … | Am besten wäre es, wenn …*

D Verkaufsgespräche

3 ◄)) 8–10 **D1 Verkaufsgespräche führen**

a Welches Foto passt? Hören Sie und ordnen Sie zu.

A   B   C

Gespräch	Foto
1	
2	
3	

b Was ist richtig? Hören Sie noch einmal und kreuzen Sie an.

Gespräch 1 ○ Der Kunde kann sich nicht entscheiden und möchte wiederkommen.
Gespräch 2 ○ Der Kunde kauft das Shampoo sofort, weil es so billig ist.
Gespräch 3 ○ Der Kunde kauft den Pullover, ohne ihn anzuprobieren.

D2 Machen Sie eine Tabelle und ordnen Sie zu.

Darf ich Ihnen ... anbieten/empfehlen?   ~~Das ist mir zu teuer / ...~~   Das muss ich mir noch überlegen.
Dürfte ich Sie etwas fragen?   Es kommt darauf an, was es kostet.   Haben Sie einen (bestimmten) Wunsch?
~~Ich hätte gern ...~~   Ich kann mich noch nicht entscheiden.   Ist es möglich, ...?   Wie wär's mit ...?
Kann ich sonst noch etwas für Sie tun?   Sie wünschen?   Vielen Dank für Ihre Mühe/Hilfe.

den Kunden ansprechen:	
um Hilfe/Information bitten:	Ich hätte gern ...
dem Kunden etwas anbieten:	
sich nicht entscheiden können:	Das ist mir zu teuer / ...
das Gespräch beenden:	

⇄ **D3 Rollenspiel: Ich hätte gern ...**

📱 Arbeiten Sie zu zweit. Wählen Sie eine Situation aus und spielen Sie ein Gespräch.

In der Drogerie:
Sie brauchen Zahncreme, Waschmittel
und eine neue Bürste.

Im Spielzeuggeschäft:
Sie suchen ein Geburtstagsgeschenk
für Ihre dreijährige Nichte.

Verkäuferin/Verkäufer

Sie begrüßen den Kunden und bieten Hilfe an.

Sie empfehlen etwas.

Sie überzeugen die Kundin/den Kunden.

Sie fragen, wie die Kundin/der Kunde zahlen möchte.

Sie bedanken sich. Sie verabschieden sich.

Kundin/Kunde

Sie grüßen und sagen, was Sie möchten.

Sie können sich nicht entscheiden.

Sie entscheiden sich.

Sie möchten bar/mit EC-Karte /
Kreditkarte zahlen.

Sie bedanken sich. Sie verabschieden sich.

E1 Eine schriftliche Reklamation

a Lesen Sie die Reklamation und ordnen Sie die Abschnitte.

E-Mail senden

○ Über eine schnelle Bearbeitung würde ich mich sehr freuen.
Mit freundlichen Grüßen
Nina Winter

○ Ich möchte Sie bitten, dass Sie die Rolle so schnell wie möglich reparieren oder mir einen Ersatz schicken. Denn ich habe Anspruch auf einen neuen Koffer.

⑥ Bitte bestätigen Sie mir schriftlich bis spätestens zum 30.06.20.., dass Sie meine Reklamation erhalten haben.

○ am 23.05.20.. haben Sie mir einen Reisekoffer geliefert.

○ Ich brauche den Koffer nämlich dringend für meine geschäftlichen Reisen. Anbei erhalten Sie eine Kopie der Rechnung.

○ Leider musste ich feststellen, dass eine Rolle des Koffers beschädigt ist. Das ist sehr ärgerlich.

○ Reklamation
Rechnungsnummer 14456832-1
Sehr geehrte Damen und Herren,

---

b Welches Foto passt zu der Reklamation in a? Kreuzen Sie an.

○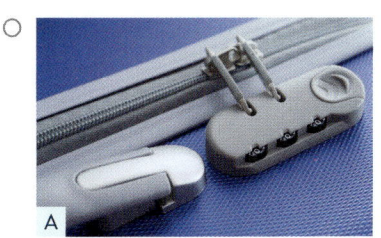
A

○
B

○
C

E2 Wählen Sie eine Situation und schreiben Sie eine Reklamation wie in E1.

A
Sie haben vor zwei Wochen einen Drucker gekauft. Er funktioniert nicht, obwohl Sie alles so gemacht haben, wie es in der Bedienungsanleitung steht. Sie haben auch schon die Hotline angerufen, aber der Drucker meldet „Fehler 5700" und druckt nicht. Sie möchten das Gerät umtauschen. Wenn Sie nicht innerhalb von zwei Wochen ein neues Gerät bekommen, möchten Sie Ihr Geld zurückhaben.

B
Sie haben einen neuen Bürostuhl bestellt, jedoch ein anderes Modell als das gelieferte. Sie sind ärgerlich, weil Sie bereits acht Wochen auf den Stuhl warten mussten. Sie haben schon zwei E-Mails geschrieben, aber noch keine Antwort erhalten. Jetzt fordern Sie Ihr Geld zurück.

Am ... habe ich ... / haben Sie ... | Leider musste ich feststellen, dass ...
Obwohl ich Ihnen schon zwei E-Mails geschickt habe, ... / Ihre Hotline angerufen habe, ...
Das ist sehr ärgerlich. | Ihr Service hat mich sehr enttäuscht. | Ich möchte Sie bitten/auffordern, dass Sie ...
Bitte bestätigen Sie mir schriftlich bis zum ..., dass Sie meine Reklamation erhalten haben.
Wenn ich bis zum ... nichts von Ihnen höre, (dann) ...
Über eine schnelle Bearbeitung würde ich mich sehr freuen.

Grammatik und Kommunikation

Grammatik

1 Verben und Ausdrücke mit *es* `ÜG` 5.25

allgemein:	Es ist (nicht) leicht/schwierig/schön/möglich/...
	Es gibt ... Es lohnt sich.
Tages- und Jahreszeiten:	Es ist jetzt vier Uhr/Sommer/Nacht/...
Wetter:	Es regnet/ist heiß/sind dreißig Grad/...
Befinden:	Wie geht es Ihnen? Wie geht's?

Wozu braucht man das? Schreiben Sie.

~~Sonnencreme~~ Taschenlampe Smartphone Regenschirm Mütze Laptop Schere ...

> Sonnencreme braucht man, um sich vor der Sonne zu schützen.
> ...

2 Konjunktion *um ... zu* + Infinitiv und *damit* `ÜG` 10.10

			Ende
Leon will als Erster bei dem Laden sein,	um	dort Schuhe für einen Kunden	zu kaufen.
Leon will als Erster bei dem Laden sein,	damit	er dort Schuhe für einen Kunden	kaufen kann.
Leon kauft diese Schuhe,	damit	sein Kunde	ausschlafen kann.

Was würden Sie gern mal anders machen? Schreiben Sie Sätze mit *statt/ohne ... zu*.

> Ich würde morgens gern mal länger schlafen, statt jeden Tag früh aufzustehen.
> Ich würde ...

3 Konjunktion *statt/ohne ... zu* + Infinitiv `ÜG` 10.12

			Ende
Man sollte etwas tun,	statt	nur	zu träumen.
Man kann nichts Neues lernen,	ohne	Fehler	zu machen.

Kommunikation

Wie möchten Sie in 20 Jahren leben? Schreiben Sie.

> Mein Traum wäre, ...
> Ich möchte ...

ÜBER TRÄUME UND WÜNSCHE SPRECHEN: Es wäre schön, ...

Mein Traum wäre, ...
Es wäre schön, ...

EIN VERKAUFSGESPRÄCH FÜHREN: Sie wünschen?

Sie wünschen? | Haben Sie einen (bestimmten) Wunsch?
Darf ich Ihnen ... anbieten/empfehlen?
Wie wär's mit ...?
Kann ich sonst noch etwas für Sie tun?
Zahlen Sie bar oder mit EC-Karte/Kreditkarte?
Ich hätte gern ...
Dürfte ich Sie etwas fragen? | Ist es möglich, ...?
Ich kann mich noch nicht entscheiden. | Das muss ich mir noch überlegen.
Das ist mir zu teuer. | Es kommt darauf an, was es kostet.
Kann ich auch mit EC-Karte/Kreditkarte bezahlen?
Vielen Dank für Ihre Mühe/Hilfe.

Im Geschäft: Sie suchen ein Geschenk für Ihre Frau / Ihren Mann / Ihre Tochter / .... Schreiben Sie ein Gespräch.

> ◊ Guten Tag, wie kann ich Ihnen helfen?
> ○ Guten Tag. Ich suche ...

HÖFLICHE RATSCHLÄGE GEBEN: An Ihrer Stelle würde ich …

An Ihrer/deiner Stelle würde ich …

Sie sollten / Du solltest vielleicht mal …

Sie könnten / Du könntest auch / zum Beispiel / vielleicht …

Wie wäre es, wenn …?

Wie finden Sie / findest du die Idee, …?

Was halten Sie / hältst du davon, …?

Versuchen Sie doch mal, / Versuch doch mal, …

Ich kann Ihnen/dir nur raten, …

Am besten wäre es, wenn …

EINE REKLAMATION SCHREIBEN: Leider musste ich feststellen, dass …

Am … habe ich … / haben Sie …

Leider musste ich feststellen, dass …

Obwohl ich Ihnen schon zwei E-Mails geschickt habe / Ihre Hotline angerufen habe, …

Das ist sehr ärgerlich.

Ihr Service hat mich sehr enttäuscht.

Ich möchte Sie bitten/auffordern, dass Sie …

Bitte bestätigen Sie mir schriftlich bis zum …, dass Sie meine Reklamation erhalten haben.

Wenn ich bis zum … nichts von Ihnen höre, (dann) …

Über eine schnelle Bearbeitung würde ich mich sehr freuen.

Im Park bittet Sie eine alte Dame um Hilfe. Sie vermisst ihre Handtasche. Geben Sie ihr Ratschläge.

An Ihrer Stelle …

TiPP

Wenn Sie eine Reklamation schreiben möchten, achten Sie darauf, dass Ihr Schreiben folgende Informationen enthält:
– Warum schreiben Sie?
– Was ist bisher passiert?
– Was soll die Firma tun?
– Was machen Sie, wenn weiterhin nichts passiert?

Sie möchten noch mehr üben? | 3 | 11–13 AUDIO-TRAINING

Lernziele

Ich kann jetzt …

A … über eine eigene Geschäftsidee sprechen: *Mein Traum wäre ein eigenes Kosmetikstudio.* _____ ☺ ☺ ☺

B … ein Ziel ausdrücken: *Er macht diesen Job, um selbstständig zu arbeiten.* _____ ☺ ☺ ☺

C … höfliche Ratschläge geben und Alternativen ausdrücken: *An deiner Stelle würde ich …, statt … zu … / ohne … zu …* _____ ☺ ☺ ☺

D … ein Kundengespräch führen: *Dürfte ich Sie etwas fragen?* _____ ☺ ☺ ☺

E … eine Reklamation schreiben: *Leider musste ich feststellen, dass eine Rolle des Koffers beschädigt ist.* _____ ☺ ☺ ☺

Ich kenne jetzt …

4 Wörter zum Thema *Altenpflege:*
der Pflegedienst, …

6 Wörter zum Thema *Arbeitswelt:*
der Bewerber, …

6 Wörter zum Thema *Reklamation:*
reklamieren, …

HÖREN

Schnell, schnell ...

3 🔊 14–17   **1**   Sehen Sie das Bild an. Hören Sie dann die Gespräche und ordnen Sie zu.

Gespräch	1	2	3	4
Bild				

3 🔊 14–17   **2**   Hören Sie die Gespräche noch einmal. Was ist richtig? Kreuzen Sie an.

1 ○ Der Redner will, dass die Welt schneller wird.   3 ○ Der Passagier kauft einen Hotdog.
2 ○ Man hört eine Radiowerbung.   4 ○ Der Sohn ist am Ende sehr traurig.

3   Suchen Sie sich eine Figur im Bild aus und schreiben Sie, was sie gerade denkt.
Lesen Sie vor. Die anderen raten: Wer ist das?

> *Oh Mann! Ich erreiche den Zug nicht mehr!*

> *Das denkt der Mann vor dem Ausgang. Richtig?*

SPIEL

Kennen Sie *iam*?

Nein. Was ist *iam*? Entscheiden Sie selbst und
präsentieren Sie *iam* anschließend im Kurs.
Können Sie *iam* überzeugend, seriös, lustig, charmant verkaufen?
Am Ende sollte jede und jeder im Kurs das Gefühl haben:
Oh ja, ich brauche *iam*! *iam* ist genau das Richtige für mich!

1 Arbeiten Sie in Gruppen. Entscheiden Sie, was *iam* ist und machen Sie Notizen: Was kann man damit machen? Wie sieht es aus? Warum ist es super? ...

Schokoriegel mit Nüssen, Bananen gesund (keine Kalorien) und lecker kostet nur 30 Cent iam

2 Präsentieren Sie *iam* im Kurs.

> „iam" ist ein Schokoriegel mit Nüssen und ...
> Er ... Und das Beste: ...

GEDICHT

Verkaufsgespräch

Hallo! Guten Tag! Was kann ich für Sie tun?
Haben Sie einen Wunsch oder sehen Sie sich nur um?
Jacken? Aber sicher! Die haben wir hier drüben.
Darf ich Ihnen einen Cappuccino anbieten?

Wie finden Sie die Jacke hier, ist die nicht wundervoll?
Fühlen Sie den Stoff! Die Qualität ist supertoll.
Probieren Sie mal, die macht auch eine gute Figur.
Und die Farbe passt perfekt zu Ihrer schönen Frisur.

Ich helfe Ihnen gern, was Schönes auszuwählen.
Diese Hose kann ich Ihnen sehr empfehlen.
Ein Designermodell – günstig wie nie!
Sie werden sehen, die ist genau das Richtige für Sie.

Kennen Sie die neuen schicken Freizeitblusen schon?
Die haben wir zurzeit in einer Niedrigpreisaktion.
Ein Sonderangebot: Sie nehmen vier und zahlen zwei.
Und ein Kilo Feinwaschmittel ist auch noch mit dabei.

Sehen Sie mal: Die Gürtel da, die sind sensationell.
Wollen Sie einen haben? Entscheiden Sie sich schnell!
Die sind extrem gefragt. Die gibt's nur kurze Zeit.
Also nutzen Sie doch bitte die Gelegenheit!

Sie möchten gerne zahlen? Bitte folgen Sie mir!
Vielen Dank für Ihren Einkauf. Die Kasse ist hier.
Natürlich können Sie auch mit Kreditkarte zahlen.
Viel Freude mit den Sachen! Bis zum nächsten Mal!

---

3 ◀)) 18 **1** Hören Sie das Gedicht und lesen Sie mit.
Welche Sätze haben Sie beim Einkaufen schon selbst gehört? Markieren Sie.

2 Wie soll eine Verkäuferin / ein Verkäufer sein?
Was soll sie / er (nicht) tun? Sprechen Sie.

> Ich mag es nicht, wenn der Verkäufer zu viel redet.

Rund ums Wohnen

Folge 7: Streit ohne Ende

3 ◀)) 19–22

1 Sehen Sie die Fotos an. Was meinen Sie?

Warum heißt die Geschichte „Streit ohne Ende"? Wer sind die Personen?
Hören Sie dann und vergleichen Sie.

> Die Personen sind
> vermutlich ... Vielleicht
> haben sie Streit, weil ...

3 ◀)) 19–22

2 Was ist richtig? Hören Sie noch einmal und kreuzen Sie an.

a ○ Die Hanfmanns hatten mit einem Nachbarn in den letzten drei Jahren fünf Gerichtsprozesse.

b ○ Herr Hanfmann sägt sehr oft Brennholz neben dem Wohnzimmerfenster von Herrn Bremer.

c ○ Herr Bremer findet, dass das Lärm und Schmutz macht.

d ○ Herr Bremer hat Lösungen angeboten.

e ○ Die Hanfmanns sägen auch in den Ruhezeiten.

f ○ Herr Bremer nahm den Lärm mit Mikrofonen auf und beauftragte einen Rechtsanwalt.

g ○ Vor Gericht gewann Herr Hanfmann. Er musste keine neue Säge kaufen.

h ○ Herr Bremer hat neue Lärmschutzfenster einbauen lassen, weil das Sägen immer noch sehr laut ist.

i ○ Die Hanfmanns beschweren sich über einen Kratzer an ihrem Auto und über Müll auf dem
Grundstück. Sie verdächtigen Herrn Bremer.

Die zwei „R" – Ein Rezept für gute Nachbarschaft

von Ella Wegmann

Ein schönes Haus mit einem großen Garten, draußen im Grünen vor der Stadt. Die Vögel singen, alles ist friedlich. Das ist zu schön, um wahr zu sein. Die Wirklichkeit sieht oft ganz anders aus. Sich über Nachbarn zu ärgern, gehört in Deutschland zu den häufigsten Pro-

5   blemen. Der Hund bellt zu oft. Die Musik ist zu laut. Der Rasen wird zu oft gemäht. Der Rasen wird selten gemäht. Der Nachbar grillt dauernd. Er räumt seinen Müll nicht weg. Darüber und über vieles mehr gibt es viel zu oft Streit. In

10 einer aktuellen Umfrage wurde festgestellt, dass im Bundesland Baden-Württemberg vier von zehn Befragten schon mal Ärger mit den Nachbarn hatten. In Hamburg war

15 es sogar jeder Zweite. Dabei wäre es doch so einfach: Der Nachbar lässt mich in *Ruhe* und ich ihn. Gibt es trotzdem ein Problem, lösen wir es höflich und mit *Respekt* vor- einander. Glauben Sie mir: Mit den zwei „R" macht man alles richtig.

---

3 Wie finden Sie das Verhalten von Herrn Bremer und Herrn und Frau Hanfmann?

Hätten Sie Lösungsvorschläge für die Nachbarn? Sprechen Sie.

> *Es ist schade, dass die Nachbarn sich nicht einigen konnten. Vielleicht hätte …*

4 Ellas Kolumne

Lesen Sie die Kolumne und beantworten Sie die Fragen.

– Worüber streiten sich Nachbarn in Deutschland häufig?
– Wie sieht Ellas Rezept für gute Nachbarschaft aus? Was sind die zwei „R"?

5 Hatten Sie schon mal Ärger mit Ihren Nachbarn? Erzählen Sie.

> *Ja, ich habe einen Nachbarn, der nachts oft laut Musik hört.*

Ellas Film

A ... **nicht nur** Lärm, **sondern auch** Schmutz.

3 🔊 23 A1 Hören Sie und ordnen Sie zu.
Verbinden Sie dann in der Tabelle.

entweder ... oder   zwar ... aber   nicht nur ... sondern auch

◆ Das macht ja _____ Lärm, _____ Schmutz.
Ich habe _____ Lösungsvorschläge gemacht, _____
die Hanfmanns haben sich überhaupt nicht dafür interessiert.

○ Der Anwalt hat geschrieben, dass wir _____ eine leisere Säge
verwenden sollen, _____ die Sache vor Gericht geht.

nicht nur..., sondern auch ...	= oder
zwar ..., aber ...	= und
entweder ..., oder ...	= trotzdem

🔁 **A2 Kettenübung**
a Schreiben Sie zehn Wörter zum
Thema „Wohnen" auf Kärtchen.

Nachbarn   Wohnung   Miete

b Ziehen Sie abwechselnd ein
Kärtchen und beginnen Sie einen
Satz mit *nicht nur ..., zwar ...,
entweder ...* Ihre Partnerin /
Ihr Partner ergänzt den Satz.

Meine Nachbarn sind zwar nett, ...

*... aber manchmal auch ganz schön laut.
Die Wohnung ist nicht nur schön, ...*

*... sondern sie liegt auch
zentral. Die Miete ...*

A3 Unsere Familienregeln
a Was ist das Thema? Ordnen Sie die Regeln zu.

○ Pflichten im Haushalt   ○ Kommunikation   ○ Eigentum & eigene Räume
6 Umgang miteinander   ○ Lärm und Ruhezeiten   ○ Mahlzeiten

Unsere Familienregeln:
1 Wir sind freundlich und
schreien uns nicht an.
Wir hören nicht nur zu, sondern
lassen den anderen auch ausreden.
2 Wir essen mindestens einmal am Tag
gemeinsam. Es liegen keine Zeitungen,
Smartphones oder Spielsachen auf
dem Tisch. Wir stehen erst auf, wenn
alle fertig sind.
3 Jeder übernimmt nicht nur Aufgaben
im Haushalt, sondern hält auch Ordnung.
Alle Gegenstände kommen an ihren
Platz zurück, wenn wir sie nicht mehr
brauchen.

4 Wir nehmen Rücksicht.
Wenn jemand entweder
schläft oder krank ist,
machen wir keinen
Lärm. Es gelten Ruhe-
zeiten zwischen 13.00 und 15.00 Uhr und ab
21.00 Uhr. In dieser Zeit muss zwar niemand
schlafen, aber alle beschäftigen sich ruhig.
5 Wir achten die Privatsphäre. Wir klopfen an,
wenn die Tür zu einem Zimmer geschlossen
ist. Außerdem fragen wir um Erlaubnis,
wenn wir etwas benutzen wollen, was uns
nicht gehört.
6 Zu guter Letzt: Wir lachen viel miteinander
und sind füreinander da!!!

b Lesen Sie die Situationen. Welche Regel aus a passt? Ergänzen Sie.
Passt das Verhalten zu der Regel? Notieren Sie ja oder nein.

		Regel	passt?

1 Elena braucht einen Radiergummi 🩹, einen Bleistift und Farbstifte ✏️
für ihre Hausaufgaben. Ihr Bruder ist nicht zu Hause, darum geht sie an
seinen Schreibtisch und leiht sich alles.　⑤　*nein*

2 Felix macht seine Hausaufgaben am Küchentisch.
Als er zum Fußballtraining geht, räumt er die Sachen weg. ○

3 Die Familie sitzt am Frühstückstisch. Der Vater erwartet eine wichtige E-Mail
von einem Kunden und guckt ständig auf sein Handy. ○

4 Felix entdeckt, dass Elena mit seinem Handy gespielt hat.
Er ist wütend und schreit sie an. ○

5 Elenas Mutter hat starke Kopfschmerzen. Sie legt sich ins Bett und bittet
die Kinder um Ruhe. Die Kinder setzen sich mit einem Puzzle 🧩 in
die Küche. ○

c Welche Regeln finden Sie sinnvoll? Wie ist es bei Ihnen?
Haben Sie heute oder hatten Sie früher Familienregeln? Erzählen Sie.

> *Wir mussten/müssen ... | Wir durften/dürfen zwar nicht ..., aber ...*
>
> *Ich war/bin nicht nur zuständig für ..., sondern auch für ...*
>
> *Wir mussten/müssen entweder ... oder ....*
>
> *Was war/ist bei euch üblich?*
>
> *Durfte/Darf man ...? | Musste/Muss man ...?*
>
> *War/Ist das bei euch auch so?*

> *Bei uns zu Hause mussten wir nicht nur die Schuhe vor der Wohnung ausziehen, sondern auch Hausschuhe anziehen. War das bei euch auch so?*

A4 Unsere Hausordnung

Arbeiten Sie in Gruppen. Wählen Sie eine Situation und fünf Themen.
Schreiben Sie eine Hausordnung. Präsentieren Sie Ihre Hausordnung im Kurs.

Umgang miteinander　Kommunikation　Ruhe　Essen & Trinken　Pünktlichkeit
Kleidung　Sauberkeit　Pflichten & Rechte　Verbote　...

Regeln für unseren Deutschkurs

Umgang miteinander

1 Wir machen jeden Tag mindestens einer
Kursteilnehmerin / einem Kursteilnehmer
ein Kompliment.

2 ...

Schreiben Sie eine
Hausordnung für Ihre
Familie/WG.

Schreiben Sie eine
Hausordnung für den
Deutschkurs.

B Hätte ich bloß nichts gesagt!

3 ◀)) 24 **B1 Was wünscht Herr Bremer sich? Hören Sie und ergänzen Sie.**

Das ist passiert:	Wunsch:
Ich habe etwas gesagt.	_Hätte_ ich bloß nichts _gesagt_ !
Die Hanfmanns sind hierher gezogen.	_____ sie bloß nie hierher _____ !
Ich bin zum Rechtsanwalt gegangen.	_____ ich bloß nicht zum Rechtsanwalt _____ !
Wir haben keine Lösung gefunden.	_____ wir bloß eine Lösung _____ !

B2 Streit mit den Nachbarn

Sprechen Sie.

Rücksicht nehmen   freundlicher sein   zuhören
den Streit rechtzeitig beenden   aufmerksamer sein
nicht hierher ziehen   nicht beim Vermieter beschweren
Nachbarn zum Kaffee einladen   ...

> Hätte ich doch bloß mehr Rücksicht genommen.

Hätte ich	nur ...
Wäre ich	doch ...
	(doch) bloß ...

3 ◀)) 25–27 **B3 Beschwerden unter Nachbarn**

a Worüber beschweren sich die Leute (1–3)? Welcher Grund (A–F) passt?
Hören Sie und verbinden Sie.

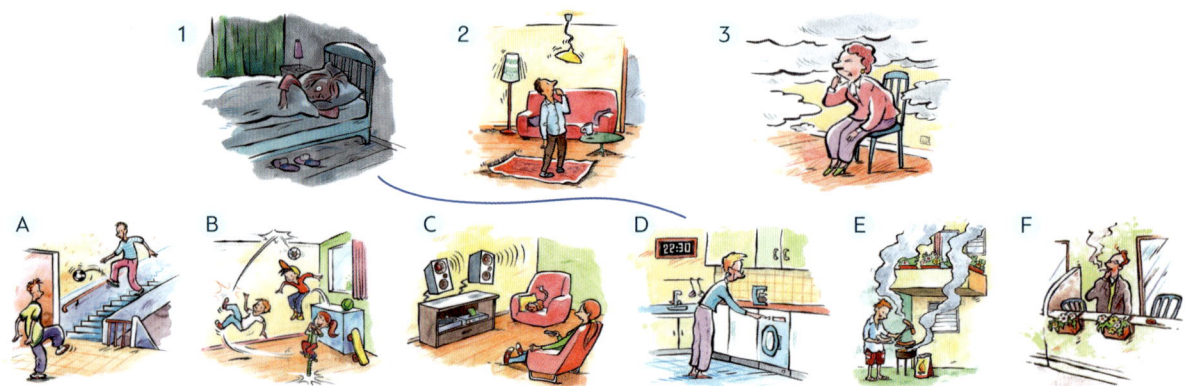

b Hören Sie noch einmal und machen Sie Notizen.

Gespräch	Problem	Lösung?
1	Die Nachbarin wäscht spät abends die Wäsche.	

🔁 **B4 Rollenspiele: Konflikte mit Nachbarn lösen**

📱 Arbeiten Sie zu zweit: Wählen Sie eine Situation aus B3. Welche Sätze wollen Sie benutzen?
Markieren Sie. Spielen Sie dann ein Gespräch.

Wir hatten doch abgemacht, dass ...	*Tatsächlich?*	*Das tut mir schrecklich leid.*	*Das ist ja wohl eine Frechheit! | Meinetwegen.*
Ich hätte da eine Bitte: ...	*Das ist ja merkwürdig.*	*Daran habe ich noch gar nicht gedacht.*	*Das ist ja lächerlich!*
Es wäre schön, wenn Sie da etwas Rücksicht nehmen könnten.	*Ach wirklich? Das ist mir noch gar nicht aufgefallen.*	*Klar, geht in Ordnung.*	*Also das ist ja ein starkes Stück!*
			Das geht Sie wirklich gar nichts an!

LEKTION 7 **KB 86** sechsundachtzig

C1 Wohnung gesucht

a Lesen Sie den Anfang des Forumsbeitrags. Welches Problem hat Samira1992?

GÜNSTIGE WOHNUNG IN HAMBURG GESUCHT

Samira1992: Hallo!

Ich ziehe in zwei Monaten nach Hamburg und finde einfach keine bezahlbare 1-2-Zimmerwohnung. Auf Luxus wie Balkon, Lift oder Terrasse kann ich gut verzichten, aber in zentraler Lage sollte sie liegen, am liebsten in Eimsbüttel. Weiß irgendjemand von einer freien Wohnung oder habt Ihr vielleicht einen Tipp für die Wohnungssuche?

---

b Welche Tipps geben die Leute Samira? Lesen Sie und ordnen Sie zu.

1 Erzähl vielen Leuten, dass Du eine Wohnung suchst.   2 Die Innenstadt ist besonders teuer! Du musst raus aus der Stadt.   3 Du musst flexibel sein und Kompromisse machen.   4 Teil Dir eine Wohnung!

○ **Bella:** Oje, in Eimsbüttel sind die Mieten besonders hoch. Ein paar Querstraßen weiter in Stellingen oder Lokstedt sind die Wohnungen manchmal wesentlich preiswerter.

○ **Albatros87:** Wir haben uns nach langer, vergeblicher Suche für die Alternative am Stadtrand in einem Vorort entschieden. Hier wohnen wir nicht nur günstig, sondern auch im Grünen. Und mit der Bahn dauert die Fahrt ins Zentrum gar nicht so lange.

○ **Vincent35:** In Deinen sozialen Netzwerken hast Du ja sicherlich von Deiner Suche geschrieben? In meinem werden manchmal Nachmieter gesucht. Ich denke beim nächsten Mal an Dich und stelle den Link hier ins Forum.

○ **DoroF:** Hast Du schon mal an eine Wohngemeinschaft gedacht? Gerade im Zentrum findet man ein WG-Zimmer nicht nur leichter, es ist auch meist wesentlich günstiger als eine kleine Wohnung.

WIEDERHOLUNG	denken **an**		denken **an**	
	Sache – **woran**?	Hast Du schon mal an eine WG gedacht?	Person – **an wen**?	Ich denke beim nächsten Mal an Dich.

c Was ist richtig? Lesen Sie noch einmal und kreuzen Sie an. Schreiben Sie dann vier eigene Sätze und tauschen Sie mit Ihrer Partnerin / Ihrem Partner.

1 ○ Samira sucht eine günstige Wohnung im Zentrum.   2 ○ Samira wünscht sich einen Balkon.

⇆ **C2 Ihre Wohnsituation: Lesen Sie die Fragen und schreiben Sie einen Text.**

Mischen und verteilen Sie die Texte und lesen Sie vor. Wer hat den Text geschrieben? Raten Sie.

– Worüber freuen Sie sich?
– Womit sind Sie zufrieden?
– Worüber / Über wen ärgern Sie sich?
– Worauf können Sie leicht / gar nicht verzichten?
– Wovon träumen Sie?
– Was fehlt Ihnen?

Ich wohne mit meiner Familie in einer kleinen 3-Zimmer-Wohnung. Die Wohnung liegt an einer großen Straße. Ich ärgere mich oft über den Lärm. Am meisten fehlt mir ein Balkon zum Innenhof. Ich träume von einem sonnigen Balkon, auf dem wir frühstücken können. ...

D Garten im Niemandsland

D1 Deutsche Geschichte. Was meinen Sie? Wann ist was passiert?

Verbinden Sie. Lesen Sie dann den Text in D2 und vergleichen Sie.

a 1949–1989

b 1961

c 60er-Jahre

d 1989/1990

1 Die wirtschaftliche Situation in der BRD war so gut, dass zusätzliche Arbeitskräfte gebraucht wurden. Es kamen viele Migranten aus dem Ausland.

2 Es gab zwei deutsche Staaten: die BRD und die DDR. Berlin war eine geteilte Stadt. Der Ostteil gehörte zur DDR, der Westteil zur BRD.

3 Die beiden deutschen Staaten wurden wieder ein Land und die Mauer fiel.

4 Die DDR-Regierung baute eine Mauer durch Berlin. Ein paar Grundstücke, die eigentlich zur DDR gehörten, lagen nun auf der Westseite der Mauer und wurden daher nicht von der DDR genutzt.

D2 Osman Kalins Lebensgeschichte. Was macht Osman Kalin wann?

Lesen Sie den Text noch einmal und notieren Sie.

1963	1982	1989/1990

DAS HAUS AN DER MAUER

In Deutschland herrscht Ordnung. Egal, was man machen möchte, es gibt genaue Regeln dafür. Wer zum Beispiel ein Haus baut, muss alles Mögliche beachten: Türen müssen mindestens so und so breit sein, Fenster mindestens so und so groß, Treppenstufen mindestens so und
5 so hoch. Ein Haus wie das auf dem Foto wäre in Deutschland nicht möglich. Warum es dieses Haus trotzdem gibt und das auch noch mitten in Berlin, das erfahren Sie hier in drei Schritten:

1

1961 trennt die DDR-Regierung Ostberlin durch eine Mauer vom Westteil der Stadt. Um Beton zu sparen, macht man die Mauer möglichst gerade.
10 Ein paar Grundstücke, die eigentlich zur DDR gehören, bleiben im Westen. Zum Beispiel das kleine, dreieckige Stück Land nördlich der Thomaskirche im Stadtteil Kreuzberg (siehe Karte). Es wird zum „Niemandsland", auf dem bald nur noch Müll herumliegt.

2

In den 60er-Jahren erlebt Westdeutschland einen starken wirtschaftlichen Aufschwung, das soge-
15 nannte „Wirtschaftswunder". Arbeitskräfte fehlen, man holt „Gastarbeiter" ins Land. 1963 kommt auch der Türke Osman Kalin. 1982 zieht der Bauarbeiter mit seiner Familie nach Kreuzberg. Er sieht das kleine Grundstück an der Mauer. Wem gehört es? Niemand? Na, prima! Fleißig schafft er den Müll weg, baut einen Zaun, holt Erde und legt einen eigenen Obst- und Gemüsegarten an.

3

Mit der Wiedervereinigung Deutschlands kommt 1989/90 auch das Ende der Mauer. Osman Kalin
20 nutzt die Chance. Er vergrößert seinen Garten nicht nur, sondern baut aus altem Holz auch noch
ein zweistöckiges Häuschen hinein. Bis endlich klar ist, zu welchem Berliner Stadtteil das Grundstück
gehört, sind Kalin und seine „Sommerresidenz" längst zu einer Touristenattraktion geworden.
Nun können sogar die strengen deutschen Behörden nicht mehr anders. Trotz der fehlenden Baugenehmigung drücken sie ein Auge zu.

trotz der fehlenden Baugenehmigung
= **obwohl** die Baugenehmigung fehlt

SCHON FERTIG? Sammeln
Sie Wörter zum Thema
„Geschichte/Politik".

D3 Was ist richtig? Lesen Sie noch einmal und kreuzen Sie an.

a Auf dem Grundstück an der Mauer lag viel Müll, weil das Grundstück
  ○ niemandem gehörte.   ○ zwar der DDR gehörte, aber nicht genutzt wurde.

b Nach dem Mauerbau interessierten sich die Berliner in der BRD nicht für
  das Grundstück, weil es ○ der Kirche ○ der DDR   gehörte.

c Nach der Wiedervereinigung baute Osman Kalin sein zweistöckiges
  Gartenhaus ○ mit ○ ohne   Erlaubnis der Behörden.

d Osman Kalin hat keine Baugenehmigung. ○ Deshalb muss er das Grundstück
  verlassen. ○ Trotzdem können er und sein Haus auf dem Grundstück bleiben.

3 ◀)) 28–33 D4 Osman Kalins Haus

a Wie finden die Berliner das Haus von Osman Kalin? Hören Sie die Umfrage und kreuzen Sie an.

1   2   3   4   5

☺ ☹   ☺ ☹   ☺ ☹   ☺ ☹   ☺ ☹
○   ○   ○   ○   ○   ○   ○   ○   ○   ○

b Welche Aussage passt zu den Personen? Hören Sie noch einmal und ordnen Sie zu.

○ Tourismus: Das Haus ist eine wichtige Sehenswürdigkeit.
○ Gleiches Recht für alle: Kein Gebäude ohne Baugenehmigung.
○ Aussehen des Hauses: Das ist doch nun wirklich nicht schön.
○ Historisch wichtig: Das Haus erinnert an die Geschichte Berlins.
① Typisch Kreuzberg: Das Haus passt in unser Viertel.

D5 Wie gefällt Ihnen das Haus und seine Geschichte?
Sprechen Sie.

*Na ja, das Haus sieht ziemlich komisch
aus. Aber wenn ich in Berlin wäre, würde
ich mir das unbedingt anschauen.*

Grammatik und Kommunikation

Grammatik

1 Zweiteilige Konjunktionen ÜG 10.13

Das macht ja	nicht nur	Lärm,	sondern auch	Schmutz.
Ich habe	zwar	Lösungsvorschläge gemacht,	aber	sie haben sich nicht dafür interessiert.
Wir sollen	entweder	eine leisere Säge verwenden,	oder	die Sache geht vor Gericht.

nicht nur..., sondern auch ...	= und
zwar ..., aber ...	= trotzdem
entweder ..., oder ...	= oder

2 Konjunktiv II Vergangenheit: Konjugation ÜG 5.18

ich	hätte		wäre	
du	hättest		wärst	
er/es/sie	hätte	gesagt	wäre	gegangen
wir	hätten		wären	
ihr	hättet		wärt	
sie/Sie	hätten		wären	

3 Konjunktiv II Vergangenheit: Irreale Wünsche ÜG 5.18

Hätte	ich bloß nichts	gesagt!
Wäre	ich bloß nicht zum Rechtsanwalt	gegangen!

4 Wiederholung: Verben mit Präpositionen ÜG 5.23

Verb + Präposition	Präpositionaladverb	Präposition + Personalpronomen	Fragewort	
	Sachen	Personen	Sachen	Personen
denken an	daran	an ihn/-/sie	Woran?	An wen?

5 Präposition: *trotz* + Genitiv ÜG 6.04

Trotz	der fehlenden Baugenehmigung drücken die Behörden ein Auge zu.

trotz der fehlenden Baugenehmigung
= obwohl die Baugenehmigung fehlt

Ihre Traumwohnung?
Schreiben Sie drei Sätze mit *nicht nur ..., sondern auch / entweder ..., oder / zwar ..., aber*.

> Meine Traumwohnung hat nicht nur fünf Zimmer, sondern auch ...

Zu spät gekommen! Was denkt die Person? Schreiben Sie.

die Anzeige früher lesen
sofort anrufen
den Bus nicht verpassen
die Straße finden
nicht im Stau stehen
gleich hierher fahren

> Hätte ich die Anzeige bloß früher gelesen.

Kommunikation

ÜBER GEPFLOGENHEITEN SPRECHEN: War das bei euch auch so?

Wir mussten/müssen ... | Wir durften/dürfen zwar nicht ..., aber ...
Ich war/bin nicht nur zuständig für ..., sondern auch für ... |
Wir mussten/müssen entweder ..., oder ... | Was war/ist bei euch üblich?
Durfte/Darf man ...? | Musste/Muss man ...? | War/Ist das bei euch auch so?

HÖFLICH KRITIK ÄUSSERN: Ich hätte da eine Bitte:

Wir hatten doch abgemacht, dass ...
Ich hätte da eine Bitte: ...
Es wäre schön, wenn Sie da etwas Rücksicht nehmen könnten.

AUF KRITIK ERSTAUNT REAGIEREN: Das ist ja merkwürdig.

Tatsächlich? | Das ist ja merkwürdig.
Ach wirklich? Das ist mir noch gar nicht aufgefallen.

AUF KRITIK FREUNDLICH REAGIEREN: Klar, geht in Ordnung.

Das tut mir schrecklich leid.
Daran habe ich noch gar nicht gedacht.
Klar, geht in Ordnung.

AUF KRITIK VERÄRGERT REAGIEREN: Das ist ja lächerlich.

Das ist ja wohl eine Frechheit!
Das ist ja lächerlich!
Meinetwegen.
Also das ist ja ein starkes Stück!
Das geht Sie wirklich gar nichts an!

Beschwerden unter Nachbarn:
Schreiben Sie das Gespräch
zwischen dem Mann und der Frau.

◊ Ach Herr Stein, haben
   Sie einen Moment Zeit?
○ Ja, natürlich.
   Was gibt's denn?
◊ Ich hätte da eine
   Bitte an Sie ...

Sie möchten
noch mehr
üben?

3 | 34–36 AUDIO-TRAINING 🔊

Lernziele

Ich kann jetzt ...

A ... Regeln verstehen und von Gepflogenheiten und Regeln erzählen:
Bei uns zu Hause mussten wir nicht nur ..., sondern auch ... ____ ☺ ☺ ☹

B ... Kritik äußern und auf Kritik reagieren: *Es wäre schön, wenn Sie da*
etwas Rücksicht nehmen könnten. ____ ☺ ☺ ☹

C ... Forumstexte zu Wohnungssuche verstehen: *Ich finde einfach keine*
bezahlbare Wohnung. ____ ☺ ☺ ☹

... Von meiner Wohnsituation erzählen: *Ich träume von einem*
sonnigen Balkon. ____ ☺ ☺ ☹

D ... einen Text zur deutschen Geschichte und eine Umfrage zu besonderen Orten in Deutschland verstehen: *Trotz fehlender*
Baugenehmigung drücken die deutschen Behörden ein Auge zu. ____ ☺ ☺ ☹

Ich kenne jetzt ...

... 10 Wörter zum Thema *Haus* und
Wohnung:

das Grundstück, ...

_____

_____

... 6 Wörter zum Thema *Beschwerden*
und *Konflikte:*

die Rücksicht, ...

_____

Wo und wie werden wir leben?

Sie interessieren sich für eine Zukunft in Deutschland? Dann sollten Sie diese vier Zukunftstrends für das Leben und Wohnen hier unbedingt kennen!

5 **Trend Nummer 1**

Deutschland wird viel älter werden. Der Anteil der über 60-Jährigen wird von 27 auf 36 Prozent steigen, der Anteil der unter 60-Jährigen wird von 73 auf 64 Prozent zurückgehen. Der Anteil der
10 Erwerbstätigen (20 bis 60 Jahre) wird besonders stark sinken, von 55 auf nur noch 47 Prozent im Jahr 2040.

Trend Nummer 2

Große Teile Ostdeutschlands verlieren Einwohner.
15 Es gibt eine starke Abwanderung aus den östlichen Bundesländern in den Westen, den Nordwesten und in den Süden Deutschlands. Manche Regionen werden bis 2045 etwa 20 bis 25 Prozent ihrer Bevölkerung verlieren. Nur in und um Berlin,
20 Dresden und Leipzig werden dann mehr Menschen leben als heute.

Trend Nummer 3

Immer mehr Menschen werden in Städten leben. Aber schon heute gibt es in den meisten Städten
25 viel zu wenige Wohnungen. Dieses Problem wird in den nächsten Jahren und Jahrzehnten noch schlimmer werden. Bis zum Jahr 2030 werden in und um München, Berlin, Frankfurt, Stuttgart und Hamburg etwa 750.000 Wohnungen fehlen. Was
30 dies bedeutet, kann man schon heute deutlich sehen: Die Mieten steigen hier besonders schnell.

Trend Nummer 4

Wohnen wird immer teurer. Die durchschnittlichen Wohnkosten steigen schon seit einiger Zeit
35 stärker als die Einkommen. Für Miete plus Mietnebenkosten (Betriebskosten, Heizung und Strom) muss man in manchen Gegenden Deutschlands heute bis zu 50 Prozent seines Einkommens bezahlen. In den Stadtzentren und in den schöne-
40 ren Stadtteilen können sich viele Leute schon jetzt kaum mehr eine Wohnung leisten.

1 Lesen Sie den Text und ergänzen Sie das Diagramm zu Trend Nummer 1:

über 60 Jahre unter 60 Jahre 20 bis 60 Jahre ~~0 bis 20 Jahre~~

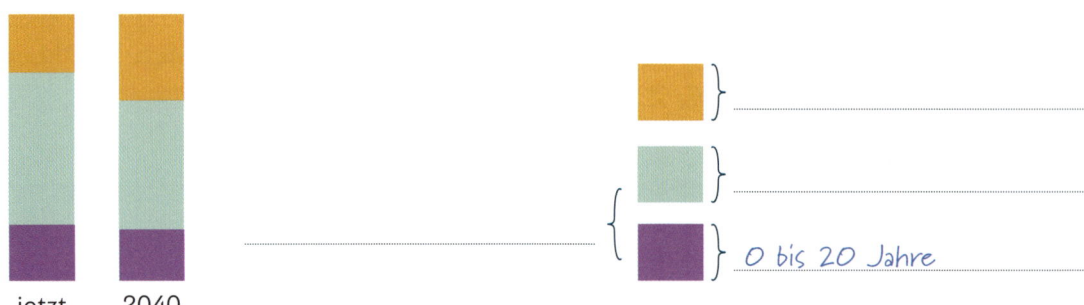

jetzt   2040

0 bis 20 Jahre

2 Lesen Sie noch einmal und markieren Sie: Welche Informationen finden Sie besonders interessant? Sprechen Sie.

> Ich finde es interessant, dass es viel zu wenige Wohnungen geben wird. Warum …

Von Tür zu Tür

Räume ohne Fenster kann man sich leicht vorstellen. Denken Sie zum Beispiel an Kinos, Keller oder Garagen. Einen Raum ohne Tür gibt es nicht, man könnte ihn ja nicht mal betreten. Türen spielen aber nicht nur in unserem Leben eine wichtige Rolle, sondern auch in unserer Sprache. Im Deutschen findet man sehr viele Sprichwörter und Redewendungen, in denen die Tür vorkommt. Hier nur mal ein paar:

1 Kehren Sie doch bitte vor Ihrer eigenen Tür!
2 Man soll nicht mit der Tür ins Haus fallen.
3 Das besprechen wir nicht zwischen Tür und Angel.
4 Ich hatte dort schon einen Fuß in der Tür.
5 Meine Tür steht immer für dich offen.
6 Dort stand ich dann vor verschlossener Tür.
7 Es gibt Dinge, die erzählt man besser hinter verschlossener Tür.
8 Damit rennst du offene Türen bei mir ein.

1 Lesen Sie den Text. Ordnen Sie dann die Redewendungen und Sprichwörter aus dem Text zu.

a ⑥ Dort war niemand. Ich kam nicht rein.
b ◯ Darüber redet man nicht einfach so ohne Vorbereitung.
c ◯ Komm rein! Das muss nicht jeder hören.
d ◯ Du kannst mit allen Problemen zu mir kommen.
e ◯ Dort hatte ich schon Kontakte geknüpft.
f ◯ Das besprechen wir in aller Ruhe und ohne Eile.
g ◯ Kümmern Sie sich um Ihre eigenen Sachen!
h ◯ Du musst mich nicht überzeugen, ich denke genau wie du.

2 Gibt es in Ihrer Sprache ähnliche Sprichwörter oder Redewendungen?
Können Sie sie ins Deutsche übersetzen?

3 Kennen Sie weitere deutsche Sprichwörter und Redewendungen? Sammeln Sie im Kurs.

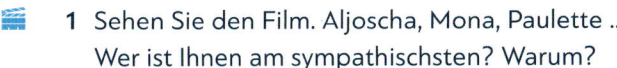

Unsere WG

1 Sehen Sie den Film. Aljoscha, Mona, Paulette …
Wer ist Ihnen am sympathischsten? Warum?

2 Haben Sie auch WG-Erfahrungen oder würden Sie gern
in einer Wohngemeinschaft wohnen? Erzählen Sie.

Arbeitsbuch

A 35 Jahre lang **spielte** Manfred Schulze Lotto.

Wieder-
holung

A1, L8

A2, L6

1 Ergänzen Sie in der richtigen Form: *sein – haben – können – wollen – müssen.*

◆ Warum _wart_ (a) ihr gestern nicht auf der Firmenfeier?
Es _____ (b) wirklich ein tolles Fest.

○ Ja, schade. Leider _____ (c) wir beide nicht
kommen. Eigentlich _____ (d) ich dich noch
anrufen und dir Bescheid geben. Aber ich _____ (e)
gestern starke Kopfschmerzen und da bin ich sofort ins
Bett gegangen. Und Peter _____ (f) bis spät
abends arbeiten. Er _____ (g) erst um 23 Uhr
Feierabend und dann _____ (h) er zu müde und
_____ (i) zu Hause bleiben. Er _____ (j)
ja heute schon wieder um fünf Uhr aufstehen.

◆ Ah ja, das verstehe ich. Trotzdem schade, dass ihr nicht kommen
_____ (k). Wir haben euch vermisst.

A2

Grammatik
entdecken

2 Der Lottogewinn

a Markieren Sie und schreiben Sie wie im Beispiel.

Manfred Sch. (53) <u>spielte</u> schon immer gern Lotto. Seit seinem 18. Lebensjahr <u>ging</u> er jede Woche zum Lotto-Geschäft. Dort <u>kreuzte</u> er immer dieselben Zahlen <u>an</u>. Er hoffte auf das große Glück. Aber das brachte nur selten etwas Geld. Eines Tages kam dann die große Überraschung – sechs Richtige. Es war verrückt. Er glaubte es zuerst gar nicht. Er dachte, alles wäre nur ein Traum. Aber es stimmte. Er gewann eine Million Euro – steuerfrei. So ein Glück! Zwar hatte er nun viel Geld, aber er wollte jetzt mehr. Im Traum sah er die Zahl 14 und hörte eine Stimme. Kurz danach besuchte er ein Spielcasino und spielte Roulette. Er setzte alles auf die 14 – und verlor sein ganzes Geld. Alles war weg. An diesem Abend musste er zu Fuß nach Hause gehen. Das Geld reichte nicht mal für ein Taxi ...

spielen
gehen, ankreuzen
_____
_____
_____
_____
_____
_____
_____

b Machen Sie eine Tabelle und ergänzen Sie die Verben aus a.

Typ „tanken"	Typ „lassen"	Typ „bringen"	werden, sein, haben	wollen, dürfen, ...
spielte kreuzte an	ging			

c Wo finden Sie die Formen aus b im (Online-)Wörterbuch? Markieren Sie.

an|kreu|zen [ˈankrɔytsn̩], kreuzt an, kreuzte an, angekreuzt ⟨tr.; hat; etw. a.⟩: (in einem Text) durch ein kleines Kreuz hervorheben: einen Namen in einer Liste ankreuzen. *Syn.:* markieren.

ge|hen [ˈgeːən], geht, ging, gegangen ⟨itr.; ist⟩: 1. *sich in aufrechter Haltung auf den Füßen bewegen:* schnell, langsam, zu Fuß gehen; geradeaus, um die Ecke, über die Straße gehen. 2. ⟨irgendwohin

brin|gen [ˈbrɪŋən], bringt, brachte, gebracht: 1. ⟨tr.; hat; jmdm.; jmdn./etw.: *an einen Ort tragen, befördern, bewegen*

A3 **3** Ergänzen Sie in der richtigen Form. Arbeiten Sie auch mit dem Wörterbuch.

> **Glück im Unglück**
> In der Nacht auf Samstag ist ein Achtjähriger aus dem Kinderzimmerfenster im
> ersten Stock gefallen. Nach Polizeiangaben _verletzte_ (verletzen) er sich aber
> kaum und _____ (gehen) noch im Schlaf zurück in die Wohnung.
> Die Eltern _____ (sitzen) im Wohnzimmer und _____ (fernsehen): Sie
> _____ (denken), dass ihr Sohn in seinem Zimmer ruhig _____ (schlafen). Gegen Mitternacht
> _____ (klingeln) es plötzlich. Die Eltern _____ (wundern) sich und _____ (öffnen)
> die Tür. Und da _____ (stehen) ihr Sohn vor dem Haus. Er _wandelte_ (wandeln) im Schlaf
> zurück in sein Zimmer im ersten Stock und _____ (steigen) in sein Bett.
> Die Eltern _____ (rufen) sofort einen Notarzt. Der _____ (bemerken) aber nur eine
> leichte Verletzung am Bein. Das Kind _____ (verbringen) die Nacht zu Hause, die
> Mutter aber _____ (kommen) mit einem leichten Schock ins Krankenhaus und _____
> (bleiben) dort bis zum nächsten Morgen.

◇ **A3** **4** _Damals ..._ Markieren Sie wie im Beispiel und schreiben Sie den Text neu.

> _Ich <u>bin</u> jetzt 16 Jahre alt und <u>besuche</u> die
> Realschule. Am Nachmittag mache ich Haus-
> aufgaben und lerne viel für die Schule. Deshalb
> habe ich unter der Woche nicht viel Freizeit.
> Aber am Wochenende treffe ich mich oft mit
> mehreren Freunden. Wir kochen dann gemein-
> sam oder gehen ins Kino. Das ist immer lustig._

_Ach, damals! Ich
war 16 Jahre alt
und besuchte die
Realschule. Am
Nachmittag ..._

❖ **A3** **5** Ricardos Geschichte. Schreiben Sie Sätze.

A  B  C  D

a nach Deutschland reisen – seine Familie und Freunde ihn zum Flughafen bringen
b einen Deutschkurs besuchen – die Sprache gut lernen wollen – neue Freunde kennenlernen
c einen Praktikumsplatz in einer Autowerkstatt bekommen – erste Berufserfahrungen sammeln –
  viel Spaß haben und viel lernen
d Praktikum mit Erfolg abschließen – Chef einen Ausbildungsplatz anbieten –
  sehr glücklich sein – Angebot annehmen

a Vor drei Jahren reiste Ricardo nach Deutschland. Seine Familie und Freunde brachten ihn ...
b In Deutschland ...
c Nach dem Sprachkurs ...
d Er ...

B Es ist vor einem Jahr passiert, **als** ...

B1

Grammatik
entdecken

6 Das ist passiert, als ...

a Verbinden Sie.

1 Als ich Kind war,
2 Als wir geheiratet haben,
3 Ich habe gestern meinen Schlüssel verloren,
4 Mein Bruder ist allein nach Österreich gezogen,
5 Ich habe ihn sofort angerufen,
6 Als mein Vater 70 Jahre geworden ist,

a haben ungefähr 300 Gäste mit uns bis tief in die Nacht gefeiert.
b haben wir für ihn eine Überraschungsparty organisiert.
c als ich seine Nachricht bekommen habe.
d haben wir unsere Häuser im Dorf nie abgesperrt.
e als ich zum Bus gelaufen bin.
f als er 18 Jahre alt war. Das war sehr mutig von ihm.

b Ergänzen Sie die Tabellen mit den Sätzen aus a.

Als	ich Kind	war,	haben wir unsere Häuser im Dorf nie abgesperrt.
Als			
Als			

Ich habe gestern meinen Schlüssel verloren,	als	ich zum Bus gelaufen	bin.
	als		
	als		

B1

7 Antonio (68) erzählt: Fußball war sein Leben.
Schreiben Sie Sätze.

a Antonio – schon – mit seinem Vater – hat – Fußball – gespielt / noch ganz klein – er – war – als
b er – in die Grundschule – ging – als / jeden Nachmittag – hat – mit seinen Freunden – er – Fußball – gespielt
c er – 15 Jahre alt – als – war / jeden Tag – trainiert – im Fußballverein – er – hat
d in der Universitätsmannschaft – Fußball – gespielt – hat – er – viele Jahre / er – Student – war – als
e er – berufstätig – war – als / er – hat – in seiner Freizeit – mit Kollegen – sich – zum Fußballspielen – getroffen

a Antonio hat schon mit seinem Vater Fußball gespielt, als er noch ganz klein war.
b ...

B2

8 Oma ist die Beste! Verbinden Sie.

a Immer wenn wir früher krank waren,
b Wenn Oma bei uns war,
c Immer wenn wir zum Arzt gehen mussten,
d Jedes Mal, wenn wir wieder gesund waren,

1 ist Oma mitgekommen.
2 war unsere Oma für uns da.
3 durften wir uns ein Essen wünschen.
4 hat sie uns beiden immer vorgelesen.

B2 **9 Was ist richtig? Kreuzen Sie an.**

a ○ Wenn ⊠ Als wir letztes Jahr in Frankreich waren, haben wir einen Sprachkurs gemacht.
b Ich habe kein Wort verstanden, ○ als ○ wenn ich das erste Mal in Deutschland war.
c Typisch Papa! Immer ○ wenn ○ als wir in die Heimat gefahren sind, hat er etwas vergessen.
d ○ Wenn ○ Als ich noch im Kindergarten war, habe ich manchmal die Sprachen verwechselt. Ich
   habe dann mit meinen deutschen Freunden Kroatisch gesprochen und mit meinen Eltern Deutsch.

B3 **10 Schreiben Sie Sätze mit *wenn – als*.**

a jedes Mal – ich – auf Deutsch – telefonieren müssen / nervös sein
b ich – gestern – im Deutschkurs sein / plötzlich – ein alter Freund aus meiner Heimat – hereinkommen
c immer – meine Schwester und ich – früher – zu unseren Großeltern fahren / viel Spaß haben
d meinen 18. Geburtstag feiern – ich – letzte Woche / zum ersten Mal – einige Freunde – betrunken sein

> a Jedes Mal, wenn ich auf Deutsch telefonieren musste,
>   war ich sehr nervös.
> b …

◇ **B3** **11 Ergänzen Sie: *wenn – als*.**

Wann sind Sie oder waren Sie so richtig glücklich?

Yussuf: _Als_ (a) ich zum ersten Mal unsere Tochter im Arm gehalten habe, war ich sehr glücklich.

Ahmad: _____ (d) ich meinen deutschen Ausweis bekam, war ich überglücklich.

Pedro: _____ (b) ich eine gute Pasta esse und einen leckeren Rotwein trinke, denke ich mir: Es gibt nichts Besseres.

Maria: Ich liebe es im Garten zu arbeiten. _____ (e) ich sehe, wie alles wächst, bin ich total zufrieden.

Leyla: Ich fand es sehr aufregend, _____ (c) ich auf meiner ersten Reise mit meinem neuen Motorroller die italienische Grenze erreicht habe.

❖ **B3** **12 Meine Kindheit. Schreiben Sie Sätze mit *wenn – als*.**

a Ich war als Kind immer sehr glücklich, _wenn ich mit meinen Hunden gespielt habe._
b Einmal habe ich mir sehr wehgetan, _als_ _____
c Ich fand es als Kind immer sehr aufregend, _____
d Meine Eltern waren oft sauer, _____
e Aber sie waren meistens sehr zufrieden, _____
f Besonders witzig war für mich einmal, _____

C Ich **hatte** so lange ... **gewartet**.

C2 **13 Nur geträumt ...**

Grammatik
entdecken

a Ordnen Sie die Bilder den Sätzen zu.

Markus wollte wie immer seinen Frühstückskaffee trinken ...

a ○ Oh nein. Auch das noch: Das Auto startete nicht.
    Markus hatte am Vortag nicht getankt. Also los, schnell zur Bushaltestelle.

b ① Aber leider hatte er am Vortag keinen Kaffee gekauft.
    Na ja, dann musste er ohne Kaffee ins Büro fahren.

c ○ Jetzt – endlich im Büro. Markus wollte nun seinen Kaffee trinken.
    Oh nein! Man hatte die Kantine schon geschlossen.

d ○ Da klingelte der Wecker. Markus hatte alles nur geträumt. Zum Glück!

e ○ Aber so ein Ärger! Der Bus war gerade abgefahren.
    Er musste 30 Minuten auf den nächsten Bus warten.

b Machen Sie eine Tabelle und schreiben Sie die Bildergeschichte.

Das ist passiert.	Das war vorher.
1 Dann musste er ohne Kaffee ins Büro fahren.	Markus hatte am Vortag keinen Kaffee gekauft.

C2 **14 Ergänzen Sie *hatte-* und *war-* in der richtigen Form.**

> ### Wiedersehen nach 20 Jahren
>
> Sie trafen sich zufällig in Berlin auf der Straße wieder.
> 20 Jahre lang _hatten_ (a) sie sich nicht gesehen. Als sie
> jung waren, _____ (b) sie viel Zeit zusammen verbracht. Er war ein paar Jahre
> älter als sie. Er _____ (c) sein Studium schon abgeschlossen, sie studierte noch.
> Er _____ (d) für sie immer der allerbeste Zuhörer gewesen, wenn sie Sorgen hatte.
> Dann _____ (e) er plötzlich eines Tages verschwunden und sie _____ (f)
> sich immer gewundert, was mit ihm passiert war. Sie _____ (g) nichts mehr von
> ihm gehört. _____ (h) er ins Ausland gereist? Oder _____ (i) ihm etwas
> passiert? Nur einmal _____ (j) sie einen Artikel über ihn gelesen. Die Polizei
> _____ (k) ihn wohl festgenommen. Sie _____ (l) lange nachgedacht:
> Was würde sie ihm bei einem Wiedersehen wohl sagen?
> Und jetzt stand er vor ihr – und vor Überraschung konnte sie gar nichts sagen. ...

C2 **15 Was war passiert? Ergänzen Sie in der richtigen Form.**

Montagmorgen. Heute war eine wichtige Besprechung mit den Kollegen und einem Kunden. Aber warum ist Dirk zu spät gekommen? Was war vorher passiert?

a Dirk _hatte_ sich gestern gut auf dieses
Treffen _vorbereitet_ (vorbereiten).

b Seinen Wecker _____ er auf 5.30 Uhr
_____ (stellen).

c Er _____ nur schnell etwas
_____ und
pünktlich aus dem Haus _____
(essen, gehen).

d Dann _____ Dirk ins Auto _____ und _____
(steigen, losfahren).

e Nach etwa 20 Minuten Fahrt bemerkte er, dass er sein Handy zu Hause _____
_____ (vergessen). Oh nein! Er musste wieder zurückfahren und sein Handy holen.

f Nun _____ Dirk viel Zeit _____ (verlieren).

g Als er endlich mit viel Verspätung in der Firma ankam, war die Besprechung schon vorbei und
der Kunde _____ schon _____ (gehen). So ein Ärger!

C2 **16 Satzmelodie**

1 🔊 1 **a** Hören Sie und markieren Sie die Satzmelodie : → oder ↘.

Phonetik

1 Als er gefrühstückt hatte →, ging er los ↘.
Er ging los _____, als er gefrühstückt hatte _____.

2 Weil er sein Handy vergessen hatte _____, musste er zurückfahren _____.
Er musste zurückfahren _____, weil er sein Handy vergessen hatte _____.

3 Als er ins Büro kam _____, war die Besprechung schon vorbei _____.
Die Besprechung war schon vorbei _____, als er ins Büro kam _____.

b Markieren Sie *als* und *weil*. Vergleichen Sie: Wann steht →, wann steht ↘?

1 🔊 1 **c** Sprechen Sie die Sätze. Achten Sie dabei auf die Satzmelodie.
Hören Sie dann noch einmal und vergleichen Sie.

C2 **17 Wie heißen die Wörter? Schreiben Sie.**

a Rubén hat heute beim Fußballspiel drei _Tore_ (erTo) _____ (schosgesen).
Der _____ (renTrai) war sehr zufrieden mit ihm.

b Nina und Ralf haben gestern geheiratet, aber nicht in der Kirche, nur auf dem
_____ (desStanamt).

c Ich esse kein Schweinefleisch. Das verbietet meine _____ (liRegion).

d ◆ Ich habe einen interessanten _____ (keltiAr) in der Zeitung gelesen. Menschen
mit einem Partner werden älter und die glücklichsten Menschen leben wohl in Dänemark.
○ Ja, diese _____ (gnudMel) habe ich heute Morgen auch im Radio gehört.

D Pech gehabt!

D2 **18 Was erzählt Victor? Schreiben Sie.**

A   B   C   D

a gerade von einem Ausflug kommen – in volle S-Bahn einsteigen – Sitzplatz suchen
b sich umdrehen – mit Rucksack gegen Frau stoßen – Frau telefonieren
c Frau erschrecken – Handy auf den Boden fallen lassen – Display kaputt – Frau sehr sauer sein
d vor einer Woche Rechnung über Reparatur bekommen – Schadenhöhe 130 Euro

> a Ich bin gerade von einem Ausflug gekommen. Ich bin in die volle S-Bahn
>   eingestiegen und habe einen Sitzplatz gesucht ...

D2 **19 Victors Schadenmeldung an die Versicherung**

a Ordnen Sie zu und ergänzen Sie in der richtigen Form.

erschrecken   umdrehen   lassen   ~~einsteigen~~   stoßen   sein   suchen   bemerken

Der Unfall ist am 21.09.20.. gegen 18 Uhr an der Station „Potsdamer Platz" passiert. Ich stieg
in die S-Bahn ein und _____ einen Sitzplatz. Ich _____ leider
nicht, dass hinter mir jemand stand. Als ich mich _____, _____
ich versehentlich mit meinem Rucksack gegen eine Dame neben mir. Sie hatte gerade
telefoniert. Sie _____ und _____ ihr Handy fallen. Das Display
_____ daraufhin kaputt. Der Name der Handybesitzerin ist Beatrice Richter.
Vor wenigen Tagen hat Frau Richter mit mir Kontakt aufgenommen und eine Rechnung über die
Display-Reparatur geschickt. Die Schadenhöhe beträgt 130 Euro.

b Markieren Sie.

Wann und wo ist der Unfall passiert?   Wie hoch ist der Schaden?
Wie ist der Unfall genau passiert?   Wer hat den Schaden?

c Ergänzen Sie das Formular mit den Informationen aus a.

Ihre Versicherungsnummer:	1 0 0 9 8 7 6 5 4 5 3 2								
Versicherungsnehmer:	Victor Koslow								
Straße, Ort:	Valentinstraße 15, 12487 Berlin								
Schadentag:									
Uhrzeit:									
Ort:									
Schadenhöhe:		Geschädigter:							

D2 20 Lösen Sie das Rätsel.

```
      A  V E R S I C H E R U N G
                 ⁴
      B        ³              ²
   C □ □ □ □ □ □ □ □ □
      ⁷       ¹
   D        ⁶
            E                ⁸
      F    ⁵              ⁹
```

a Sie machen etwas von einer anderen Person kaputt? Ihre Haftpflicht... bezahlt die Rechnung.

b Wenn Sie möchten, dass Ihre Versicherung einen Schaden bezahlt, müssen Sie eine
... schreiben. Da beschreiben Sie, was passiert ist.

c Welchen Schaden die Versicherung bezahlt, klären Sie am besten in einem persönlichen
... mit Ihrem Berater.

d Für den Schadensbericht gibt es meistens ein ... von der Versicherung.

e Dort müssen Sie alle Ihre persönlichen ... (Name, Geburtsdatum etc.) eintragen.

f Sie haben etwas ohne Absicht kaputt gemacht, es war ...

Lösung: Wer oft Dinge unabsichtlich kaputt macht, ist ein ⎡ 1 │ 2 │ 3 │ H │ 5 │ 6 │ 7 │ 8 │ 9 ⎤ .

D3 21 **Sie hören ein Gespräch. Sie hören das Gespräch zweimal.**

1 🔊 2

Prüfung

Entscheiden Sie beim Hören, ob die Aussagen 1–10
richtig (+) oder falsch (–) sind.

1 ◯ Hans-Peter Wildmoser ist ein Coach für Buchautoren.

2 ◯ Hans-Peter Wildmoser war das letzte Mal richtig glücklich,
als er auf einer längeren Reise war.

3 ◯ Viele glauben, sie brauchen einen tollen Partner und viel Geld.
Dann sind sie glücklich.

4 ◯ Viele Menschen denken, dass das Glück in der Zukunft liegt.
Sie sehen nicht das Glück im Hier und Jetzt.

5 ◯ Das kleine Glück kann ein lachendes Kind sein oder Blumen
im Frühling.

6 ◯ Man kann lernen, glücklicher zu sein.

7 ◯ Oft weiß man gar nicht, was einen glücklich macht.

8 ◯ Es macht glücklich, wenn man Neues ausprobiert.

9 ◯ Man sollte nicht zu alt sein, wenn man ein neues Hobby beginnt.

10 ◯ Wenn man anderen Menschen hilft oder ihnen Zeit schenkt,
macht man sie glücklich.

LERNTIPP Sie sind sich bei einer Antwort
nicht sicher? Markieren Sie diese
Antwort und achten Sie beim zweiten
Hören besonders auf diese Antwort.

E Glücksbringer

22 Glücksbringer aus aller Welt

Prüfung   **a** Lesen Sie und ordnen Sie zu.

 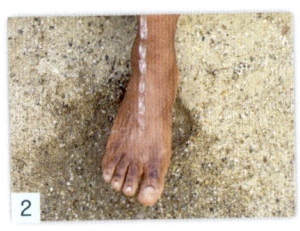 

Bild	Text
1	
2	
3	

> **Unsere Reporterin Karin war wieder unterwegs und hat Menschen aus verschiedenen Ländern interviewt zum Thema: „Was bringt in Ihren Heimatländern Glück?"**
>
> **A** Amadou K. aus dem Senegal berichtet: „Immer, wenn ich wieder nach Deutschland reise, macht meine Mutter ein Glücksritual. Ich ziehe an der Haustür einen Schuh aus und sie gießt kaltes Wasser über meinen Fuß auf den Sandboden. Den nassen Sand legt meine Mutter in ein Tuch. Das hängt sie dann im Haus auf. Das bringt Glück und bedeutet, dass ich gesund wiederkomme. An einem Dienstag oder Freitag sollte man übrigens bei uns nicht reisen, denn das sind Unglückstage."
>
> **B** „Bei uns in der Türkei ist das blaue Auge der wichtigste Glücksbringer", berichtet Filiz T. aus der Türkei. „Es beschützt die Menschen vor Unglück, einem Unfall oder Krankheit. Wenn ein Baby geboren wird, schenkt man oft das blaue Auge, man hängt es an die Wohnungstür oder ins Auto oder trägt es als Schmuck am Körper. Manche Leute malen es sogar an die Wohnzimmerwand. Ja, das blaue Auge findet man bei uns überall."
>
> **C** „Also, bei uns in Iran ist das persische Neujahr das wichtigste Fest im ganzen Jahr", erzählt Keyvan I. „Ein sehr altes Ritual gibt es bei uns in der Nacht vom letzten Dienstag des Jahres auf Mittwoch. Man sieht dann überall in der Stadt und auf dem Land viele schöne kleine und große Feuer, die die Menschen extra für Neujahr gemacht haben. Alle Menschen, auch alte Leute, springen oder steigen darüber. Das bringt Glück. Man ‚verbrennt' dabei alle Krankheiten und bekommt die Energie vom Feuer. Dieses Fest ist immer ein besonderes Erlebnis für alle."

b Lesen Sie die drei Texte noch einmal. Zu jedem Text gibt es zwei Aufgaben. Entscheiden Sie bei jedem Text, ob die Aussage richtig oder falsch ist und welche Antwort (a, b oder c) am besten passt.

1 Menschen aus dem Senegal nehmen nassen Sand und Steine mit auf eine Reise. ○ richtig ○ falsch
2 Der nasse Sand bedeutet, dass
  a ○ auf einer Reise nichts passiert.
  b ○ man seine Schuhe putzen muss.
  c ○ man nicht an einem Dienstag reisen soll.
3 Menschen in der Türkei glauben, dass das blaue Auge Glück bringt. ○ richtig ○ falsch
4 Das blaue Auge
  a ○ kann man nicht als Schmuckstück tragen.
  b ○ findet man an jeder Wohnzimmerwand.
  c ○ wird oft bei einer Geburt verschenkt.
5 In Iran beginnt das neue Jahr immer am Mittwoch. ○ richtig ○ falsch
6 Wenn die Menschen zum Neujahrsfest über ein Feuer steigen,
  a ○ feiern sie den letzten Mittwoch im Jahr.
  b ○ möchten sie Gesundheit und Energie für das neue Jahr bekommen.
  c ○ verbrennen sie sich die Kleider.

1 Markieren Sie noch drei Wörter und ergänzen Sie.

GSVERLIEBTDJDGAUFREGENDSDISLGSMUTIGSUNRAH
SELGCHBOD(STANDESAMT)DAL

a Wir haben auf dem S t a nd e s a m t und in der Kirche geheiratet.
b Sabrina hat keine Angst. Wenn ihr etwas nicht gefällt, sagt sie offen ihre Meinung.
   Das finde ich sehr ___u_____ von ihr.
c Anna sieht so glücklich aus. Vielleicht ist sie ja frisch _____rl_____?
d Den letzten *Harry-Potter*-Film habe ich nicht zu Ende gesehen. Der war viel zu
   a_____e_____ für mich.

2 Ergänzen Sie: *wen – als*.

a Richtig glücklich war ich zuletzt, _als_ mein Mann für mich zum Geburtstag eine
   Überraschungsparty organisiert hat. Ich habe mich so gefreut, _____ meine
   Freunde vor der Haustür standen.
b _____ ich klein war, hatten wir ein Feld hinter dem Haus. Immer _____
   mein Opa zu Besuch kam, bin ich dort mit ihm spazieren gegangen. Ich fand es
   wunderbar, _____ er mir dabei Geschichten erzählte.

3 Was war vorher? Schreiben Sie Sätze.

a gestern: Johannes ist sehr froh über seinen wiedergefundenen Schlüssel.
   vorher: Er verliert ihn auf der Straße.
   Johannes war sehr froh über seinen wiedergefundenen Schlüssel. Er hatte
   ihn auf der Straße verloren.

b gestern: Bolek feiert am Abend mit Freunden in einem Restaurant.
   vorher: Er besteht die B2-Prüfung.

   _____

c letzte Woche: Viktoria freut sich sehr.
   vorher: Sie findet nach langer Suche eine neue Arbeit.

   _____

4 Ordnen Sie.

◯ Die Schadenhöhe beträgt 169 Euro.
① Der Unfall ist am 18.10. abends passiert.
◯ Leider bemerkte ich nicht, dass Frau Berg Gläser mit Wein auf
   den Tisch gestellt hatte.
◯ Wir saßen im Wohnzimmer und unterhielten uns.
◯ Ich stieß versehentlich ein Glas um, dabei lief Rotwein auf den
   neuen Teppich von Frau Berg.
◯ Ich war bei meiner Bekannten, Stefanie Berg, zum Geburtstag eingeladen.
◯ Daraufhin musste Frau Berg den Teppich in die Reinigung geben.

1 Was kann man auf der Jobmesse machen? Lesen Sie das Plakat und kreuzen Sie an.

JOBMESSE DUISBURG

Die Messe für Ausbildung | Studium | Praktikum
Training | Weiterbildung | Existenzgründung

Karrierechancen bei über 60 teilnehmenden Firmen!
Service:

• Bewerbungsfoto-Service
• Bewerbungsmappen-Check
• über 120 informative Vorträge
• direkte Kontakte zu potenziellen Arbeitgebern

Altes Messegelände, Halle A–B – 17.02.20..

Hier können Sie ...

a ○ eine berufliche Weiterbildung machen.
b ○ eine neue Stelle oder einen Ausbildungsplatz finden.
c ○ Ihre eigenen Projekte präsentieren.
d ○ Ihre Bewerbungsunterlagen überprüfen lassen.
e ○ Tipps und Tricks für schöne Porträtfotos bekommen.

2 Alexej bereitet sich auf den Besuch der Messe vor und informiert sich im Internet.
Lesen Sie den Text und ordnen Sie die Überschriften zu.

A die richtige Kleidung wählen B eine Bewerbungsmappe erstellen
C Vorbereitung – Recherche D Verhaltenstipps E Gesprächstermine vereinbaren

○ Die Messe ist groß – es gibt über 60 Aussteller! Welches Unternehmen ist für Sie interessant? Sammeln Sie weitere Informationen im Internet. Mit diesem Wissen können Sie beim Gespräch am Messestand punkten!

○ Bringen Sie alle Ihre Unterlagen zur Messe mit. Ist Ihr Foto noch aktuell? Stimmt der Lebenslauf? Haben Sie Kopien Ihrer Zeugnisse dabei? Ordentliche Unterlagen machen gleich einen guten Eindruck bei Ihrem potenziellen neuen Arbeitgeber.

○ Nehmen Sie schon frühzeitig Kontakt zu Firmen auf, bei denen Sie sich vorstellen möchten und bitten Sie um einen Gesprächstermin. Beachten Sie: Am Vormittag haben die Aussteller oft mehr Zeit und Ruhe für ein Gespräch.

○ Wählen Sie für das Gespräch ein passendes Outfit. Bei einer Bank sind Sie mit Anzug richtig gekleidet, bei einem Handwerksbetrieb reicht ein frisches Hemd.

○ Mit Freundlichkeit kommt man weiter! Fragen Sie am Messestand höflich nach Ihrem Ansprechpartner. Warten Sie einen Moment, wenn die Person gerade beschäftigt ist. Sehen Sie Ihren Gesprächspartner bei der Begrüßung direkt an. Blickkontakt ist wichtig.

1 ◄)) 3 Alexej hat ein Gespräch mit Herrn Peters von der Firma *Innovativ Holz* vereinbart.
Lesen Sie die Sätze. Hören Sie dann das Gespräch und korrigieren Sie.

a Alexej ist seit ~~über~~ zwei Jahren in Deutschland. *nicht ganz*
b Er hat seine Ausbildung zum Schreiner in Deutschland gemacht. ____
c Er hat in der Ukraine schon zwei Deutschkurse besucht. ____
d Er hat als Azubi in der Abteilung Möbelbau gearbeitet. ____
e Herr Peters sagt, Alexej kann sich noch vor dem Praktikum um eine Stelle bewerben. ____
f Das Praktikum wäre im September, wenn alle Kollegen im Urlaub sind. ____
g Der Personalchef bekommt die Bewerbungsunterlagen von Alexej. ____

A ... **obwohl** du sie schon ... gesehen hast.

A1 **1 Was man macht, obwohl ...**

a Verbinden Sie.

1 Norman geht mit seiner Freundin ins Kino.	a Er gewinnt nie.
2 Kolja spielt gern Backgammon mit seiner Frau.	b Er findet Tanzen total langweilig.
3 Petra sieht keine Kochsendungen an.	c Er mag keine Filme.
4 Khadija geht mit ihrem Freund ins Stadion.	d Die Kinder sehen so gern fern.
5 Khalil geht mit Eve zum Tanzkurs.	e Sie kocht sehr gern.
6 Familie Ali kauft keinen Fernseher.	f Sie hasst Sport.

b Schreiben Sie die Sätze aus a mit *obwohl*.

1 Norman geht mit seiner Freundin ins Kino, *obwohl er keine Filme mag* .

2 Kolja spielt gern Backgammon mit seiner Frau, _____ .

3 Petra sieht keine Kochsendungen an, _____ .

4 Khadija geht mit ihrem Freund ins Stadion, _____ .

5 Khalil geht mit Eve zum Tanzkurs, _____ .

6 Familie Ali kauft keinen Fernseher, _____ .

c Schreiben Sie die Sätze aus b neu.

1 Obwohl Norman keine Filme mag, geht er mit seiner Freundin ins Kino.
2 Obwohl Kolja ...

A2 **2 Ergänzen Sie: *weil – obwohl*.**

> **E-Mail senden**
>
> Hi Samia,
> hast Du gestern auch ferngesehen? Da lief doch dieser Krimi – „Angst um Mitternacht". *Obwohl*
> er so spät anfing, habe ich ihn bis zum Schluss gesehen. Und das, _____ ich kein Blut
> sehen kann. Und eigentlich mag ich ja auch gar keine Krimis, _____ sie fast immer
> unrealistisch sind. Aber dieser Krimi war einfach richtig spannend. Ich war dann erst um halb zwei
> im Bett, _____ ich heute früh aufstehen musste. Jetzt bin ich natürlich total müde,
> _____ ich zu wenig geschlafen habe. Was machst Du am Samstag? Wollen wir uns
> zusammen einen Krimi ansehen? ☺
> Chris

A2

Wiederholung

A2, L 8, L 11

3 Schreiben Sie Sätze mit *trotzdem – deshalb*.

a Der neue Fall von *Shylock* ist frei erfunden, *trotzdem ist diese Folge sehr realistisch* . (Diese Folge ist sehr realistisch.)

b Elena will heute Nachmittag unbedingt wieder ihre Lieblingskriminalserie sehen, _____ _____. (Sie geht nicht mit uns zum Schwimmen.)

c Mein Video über Berlin ist super geworden, _____ _____. (Ich möchte es im Internet veröffentlichen.)

d In dieser Serie sind die Hauptfiguren oft die Verlierer, _____ _____. (Sie bleiben immer optimistisch.)

A

A2 **4 Was passt? Verbinden Sie. Ergänzen Sie dann:** *weil – obwohl – trotzdem – deshalb.*

a Ich sehe nur selten Quizshows an, *obwohl* ⟍
b Meine Oma sieht sich gern alte Filme an, _____
c Morgens bin ich oft sehr müde, _____
d Die Karten sind oft teuer, _____
e Wir haben keinen Fernseher, _____
f Ich gehe oft ins Kino, _____
g Die Schauspieler finde ich nicht so gut, _____
h Die Hauptfiguren in dieser Serie haben sehr viel Geld, _____

1 das nächste Kino wirklich weit weg ist.
2 sie sie an ihre Jugend erinnern.
3 finde ich den Film toll.
4 besuche ich viele Konzerte.
5 ich abends immer so lange fernsehe.
6 sie nicht arbeiten.
7 sehen wir Filme oft im Internet.
8 ich sie sehr interessant finde.

A2 **5 Lieblingsserien. Was ist richtig? Kreuzen Sie an.**

a Meryem kauft sich ihre Lieblingsserie auf DVD,
○ weil ☒ obwohl ○ trotzdem ○ deshalb
sie wenig Geld hat.

b Mahmud hat alle *Star-Trek*-Filme gesehen,
○ weil ○ obwohl ○ trotzdem ○ deshalb
er Science-Fiction eigentlich nicht mag.

c Paul kann keine Operationen sehen.
○ Weil ○ Obwohl ○ Trotzdem ○ Deshalb
sieht er regelmäßig Krankenhaus-Serien an.

d Jana und Jakob sind sauer,
○ weil ○ obwohl ○ trotzdem ○ deshalb
sie heute ihre Lieblingsserie nicht sehen dürfen.
Ihre Eltern haben es verboten.

e Kira findet die modernen Serien schlecht.
○ Weil ○ Obwohl ○ Trotzdem ○ Deshalb
sieht sie nur Serien aus den 70er-Jahren an.

A2 **6 Schreiben Sie Sätze mit** *weil – obwohl – trotzdem – deshalb.*

Ich gehe ins …, Ich habe keine Lust auf … … ich keine Zeit habe, …
… sehe ich mir immer … an, … Früher habe ich oft … …

> *Ich gehe ins Schwimmbad, obwohl ich lieber im See schwimme.*

A3 **7 Wie war der Film? Kreuzen Sie an.**

Der Film war …

a nicht so gut.	☺ ☺ ☹ ☹	f nicht so langweilig. ☺ ⊠ ☹ ☹
b total gut.	☺ ☺ ☹ ☹	g total langweilig. ☺ ☺ ☹ ☹
c überhaupt nicht gut.	☺ ☺ ☹ ☹	h überhaupt nicht langweilig. ☺ ☺ ☹ ☹
d ziemlich gut.	☺ ☺ ☹ ☹	i ziemlich langweilig. ☺ ☺ ☹ ☹
e echt gut.	☺ ☺ ☹ ☹	j echt langweilig. ☺ ☺ ☹ ☹

◇ **A3** **8 Was ist richtig? Kreuzen Sie an.**

A    B    C

a ◆ Papa, Mathe ist heute ⊠ echt ○ nicht so   schwierig. Hilfst du mir?
  ○ Ach komm. Die Aufgaben sind ○ ziemlich ○ doch nicht   schwierig.
    Ich finde sie sogar ○ nicht besonders ○ ziemlich   leicht.
b ◆ Komm doch ins Wasser. Es ist ○ nicht besonders ○ echt   kalt.
  ○ Stimmt nicht. Es ist ○ gar nicht ○ ziemlich   kalt.
c ◆ Komm, wechsel doch mal das Programm. Der Film ist ○ total ○ überhaupt nicht   langweilig.
  ○ Na ja, es geht. Aber du hast schon recht, ich finde ihn auch ○ nicht so ○ ziemlich   langweilig.

❖ **A3** **9 Was finden Sie total/ziemlich/echt/überhaupt nicht gut/lustig/…?**
Schreiben Sie Sätze.

Ich finde es überhaupt nicht gut, dass die Busse hier nur bis 23 Uhr fahren.

A3 **10 Was sieht Kristina gern? Ergänzen Sie.**

M_____ _____ L_____ heißt
„Lindenstraße". Sie w i r d in Köln g e d r e h t und spielt in
der h_____ _____ Z_____. In der Serie g_____ _____ e____
u____ den Alltag und die Probleme von verschiedenen Familien.
Sie leben alle in der Lindenstraße. O_____ _____ i_____ lustige
Geschichten e_____ _____ _____ _____ _____ lieber mag, sehe ich sie
jede Woche – seit fünf Jahren, immer sonntags beim Abendessen.
B_____ _____ _____ _____ interessant f_____ _____ i_____,
dass es um ganz aktuelle Themen geht. So, jetzt muss ich aber nach
Hause gehen, es ist Zeit für die „Lindenstraße"!

B Eine Köchin, **die** unglaublich gut kochen kann.

B1
11 Wie heißt denn nur ...?

Grammatik entdecken

a Markieren Sie wie im Beispiel und schreiben Sie die Sätze neu.

1 Wie heißt denn nur <mark>dieser Film</mark>? <mark>Er</mark> hat dir so gut gefallen.

Wie heißt denn nur dieser Film, *der dir so gut gefallen hat* ?

2 Wie heißt denn nur dieses Buch? Es ist gerade in allen Medien.

Wie heißt denn nur dieses Buch, _____ ?

3 Wo ist denn nur die DVD? Sie lag hier auf dem Tisch.

Wo ist denn nur die DVD, _____ ?

4 Wo sind denn nur die Kinokarten? Sie lagen hier neben dem Schlüssel.

Wo sind denn nur die Kinokarten, _____ ?

b Ergänzen Sie die Tabelle mit den Sätzen aus a.

Wie heißt / Wo sind denn nur ...

• dieser Film,	*der*	dir so gut gefallen	*hat* ?
• dieses Buch,		gerade in allen Medien	?
• die DVD,		hier auf dem Tisch	?
• die Kinokarten,		hier neben dem Schlüssel	?

B2
12 Ein Rap

Grammatik entdecken

a Ergänzen Sie.

Yo, ich singe für euch ...

1 einen Superhit, _____ jeder kennt. (Jeder kennt <u>ihn</u>.)

2 über ein Land, _____ ich ohne Angst kritisieren kann. (Ich kann <u>es</u> ohne Angst kritisieren.)

3 in einer Sprache, *die* jeder versteht. (Jeder versteht <u>sie</u>.)

4 völlig neue Texte, _____ ihr nicht mehr vergesst. (Ihr vergesst <u>sie</u> nicht mehr.)

b Ergänzen Sie die Tabelle mit den Sätzen aus a.

Ich singe für euch ...

• einen Superhit,		jeder	.
• über ein Land,		ich ohne Angst kritisieren	.
• in einer Sprache,	*die*	jeder	*versteht* .
• völlig neue Texte,		ihr nicht mehr	.

B2
13 Ergänzen Sie: *dem – der – denen*.

Ich habe ...

• einen Freund,	*dem*
• ein Kind,	
• eine Freundin,	
• Freunde,	

ich ein Lied geschrieben habe.

B2 **14 Und wer ist das? Was ist richtig? Kreuzen Sie an.**

a Das ist Tino, ⊠ dem ○ der ich meine alte Gitarre geschenkt habe.

b Und das hier ist meine Cousine Effi, ○ denen ○ der ich früher
immer bei den Hausaufgaben geholfen habe.

c Das hier sind meine alten Schulfreunde Klaas und Pit,
○ denen ○ dem ich sehr viele E-Mails schreibe.
Sie sind vor zwei Jahren nach Australien gegangen.

d Und hier ist meine liebe Nachbarin Julia,
○ dem ○ der ich übrigens mein altes Auto verkauft habe.

e Das hier sind die Bekannten aus dem Urlaub, ○ dem ○ denen
ein großes Haus am See gehört.

f Hier links ist mein bester Freund Diallo, ○ der ○ dem
ich unglaublich gern zuhöre – er singt toll!

B2 **15 Ergänzen Sie: *ihr – ihm – ihnen*. Schreiben Sie dann die markierten Sätze neu.**

a Nächste Woche hat mein Freund Geburtstag. <mark>Ich schenke _ihm_ eine Konzertkarte.</mark>
Ich habe einen Freund, _dem ich eine Konzertkarte schenke_ .

b Abdul kauft seiner Freundin die neue CD von „Fettes Brot". <mark>Aber Hip-Hop gefällt _____ nicht.</mark>
Abdul hat eine Freundin, _____ .

c Meine Kollegen wollen eine Party machen. <mark>Ich helfe _____ bei der Partyvorbereitung.</mark>
Das sind Kollegen, _____ .

B3 **16 Ordnen Sie zu.**

der den die dem denen ~~der~~ die dem die den der

A Wo ist der Mann, _der_ alles für mich tun würde?

B Ich suche eine Frau, _____ mir ein neues Auto kauft!

C Bist du der Mann, _____ Hausarbeit Spaß macht? Dann suche ich dich!

D Suche gute Band, _____ auf meiner Hochzeit elektronische Musik macht. Zahle gut.

E Eine Frau, _____ ohne Action sofort langweilig wird, sucht Mann, _____ es auch so geht.

F Wir sind zwei starke Jungs, _____ Liebesfilme und Popcorn mögen. Ihr auch? Meldet euch!

G Bitte melde dich, wenn du der Mann mit der roten Hose bist, _____ ich gestern im Fitnessclub gesehen habe!

H Bist du die Frau, _____ ich gestern mit ihrem schweren Koffer geholfen habe? Ruf mich an unter 0151-1234567

I Hey, wo seid ihr? Ich suche Radfahrer, _____ das Fahren auch nach 100 Kilometern noch Spaß macht.

J Ich bin der Handwerker, _____ Sie Ihrem besten Freund empfehlen würden. Helfe in Haus und Garten, günstig und unkompliziert.

B

◇ B3 **17 Ergänzen Sie.**

		du gestern getroffen hast?
a Wer ist der Mann,	*der*	dort steht?
		du dauernd Nachrichten schreibst?

		so toll singen kann?
b Wer ist die Frau,		du gestern Abend angerufen hast?
		du gerade zum Geburtstag gratuliert hast?

		die Sportsachen hier gehören?
c Wer sind die Jugendlichen,		mit dem Lehrer sprechen wollten?
		du morgen treffen willst?

❖ B3 **18 Corinnas Freunde. Schreiben Sie Sätze.**

Das sind meine Freunde: Bernd, Anna und Hanna …

a Bernd ist der Freund, der schöne Frauen liebt, …

Bernd:
schöne Frauen lieben,
ein roter Sportwagen gehören,
ich – meistens im
  Fitness-Studio treffen

A

Bruno:
teure Anzüge tragen,
nur seine Arbeit interessieren,
ich – oft Geld leihen müssen

B

Anna und Hanna:
immer moderne Kleider tragen,
ich – jedes Wochenende
  im Club sehen,
Rap und Hip-Hop gefallen

C

Olga:
ich – oft im Garten helfen,
nur Bio-Obst essen,
ich – manchmal auch in einem
  normalen Supermarkt treffen

D

B3 **19 Ordnen Sie zu.**

beschäftigt Star Gewalt Band ~~Song~~ Arbeitslosigkeit
inzwischen Hit produziert unglaublich

◆ Hey Jenny, was hörst du denn da?

○ Ich höre gerade den neuen _Song_ (a) von Sido.

◆ Sido? Ist das eine _____ (b)?

○ Du kennst Sido nicht? Er ist doch ein richtiger _____ (c).
Sein Lied *Astronaut* ist _____ (d) erfolgreich, ein richtiger
_____ (e). Willst du mal hören?

◆ Worum geht es denn?

○ Das Lied _____ (f) sich mit ganz vielen Themen, zum Beispiel:
_____, und _____ (g).
Sido hat zu dem Lied auch ein tolles Video _____ (h). Das musst
du dir unbedingt ansehen. Es ist _____ (i) auch im Internet.

◆ Interessant. Lass mal hören!

B4 **20 Wann hören Sie „ich"? Markieren Sie wie im Beispiel.**

1 ◀)) 4

Phonetik

Hören Sie dann noch einmal und sprechen Sie nach.

a wicht**ig** – ein wichtiges Gespräch
b sportlich – eine sportliche Frau
c wenig – wenige Stunden
d mutig – eine mutige Frau
e alltäglich – eine alltägliche Arbeit
f selbstständig – ein selbstständiges Kind
g unglaublich – eine unglaubliche Nachricht

B4 **21 Was hören Sie? Kreuzen Sie an.**

1 ◀)) 5

Phonetik

	„ch"	„sch"		„ch"	„sch"
a	⊠	○	e	○	○
b	○	○	f	○	○
c	○	○	g	○	○
d	○	○	h	○	○

B4 **22 Was hören Sie? Ergänzen Sie -ch oder -sch.**

1 ◀)) 6

Phonetik

a persönli_ch_   e alltägli_____
b fantasti_____   f unglaubli_____
c elektroni_____   g nigeriani_____
d optimisti_____   h erfolgrei_____

C Wie wäre es, wenn ...?

C1 **23 Mein Lieblingsfilm**

Schreib-
training

a Lesen Sie die E-Mail und markieren Sie.
Wie heißt der Film / der Hauptdarsteller? Worum geht es? Wann zum ersten Mal gesehen? Wie oft?

E-Mail senden

Liebe(r) ...,

wir wollen mit ein paar Freunden einen Filmabend bei mir machen. Es wäre schön, wenn Du auch
kommst, dann sind wir zu viert.

Indira meint, dass jeder seinen Lieblingsfilm mitbringen sollte. Das finde ich eine tolle Idee. Mein
Lieblingsfilm heißt „Cast away". Ich habe ihn vor ein paar Jahren bei einer Freundin gesehen.
Der Hauptdarsteller ist Tom Hanks. Er spielt einen erfolgreichen Geschäftsmann, der
viele Termine und wenig Zeit hat. Eines Tages stürzt sein Flugzeug ab und er wird ans
Ufer einer Insel gespült. Er ist ganz allein und hat nur ein paar Dinge, die er aus dem
Flugzeug retten konnte. Den ganzen Film über fragt man sich: Kann er die Insel wieder verlassen?
Die Geschichte ist wirklich sehr spannend – ich habe ihn schon mindestens dreimal gesehen.
Kommst Du zum Filmabend? Wenn ja: Was ist denn Dein Lieblingsfilm?
Die Filme kann ich besorgen, aber Chips wären super! ☺
Bis bald! Liane

---

b Schreiben Sie eine Antwort an Liane. Sie möchten gern zu dem Filmabend kommen und bringen
Ihren Lieblingsfilm mit. Beschreiben Sie den Film. Orientieren Sie sich an den Fragen aus a.

> Mein Lieblingsfilm heißt ...
> Der/Die Hauptdarsteller/in ist ... Er/Sie spielt ...
> Der Film handelt von ...
> Ich habe ihn in/mit/bei ... gesehen.
> Ich habe den Film schon mindestens ... gesehen.

Mein Lieblingsfilm heißt „Lola rennt". ...

C1 **24 Tatort – Vom Krimi zum Event**

a Lesen Sie den Text und ordnen Sie zu.

Fast 14 Millionen für einen *Tatort*   Eine Serie für den ganzen deutschsprachigen Raum
Nicht allein beim *Tatort*

Es ist Sonntag, 20.15 Uhr: Im Fernsehen ist *Tatort*-Zeit – und das seit über 40 Jahren.

Tatort ist eine Krimi-Serie, die in verschiedenen Großstädten spielt, zum Beispiel in Dortmund, Mannheim,
Berlin, Dresden, München, ... oder auch in Luzern oder Wien. Jede Stadt hat ihre eigenen Kommissare,
die im Jahr in zwei bis drei Folgen spielen. Insgesamt gibt es circa 35 neue Folgen pro Jahr.

Die erfolgreichste Folge hatte 13,6 Millionen Zuschauer. Sie spielte in Münster und lief am
8. November 2015. Die Serie ist so beliebt, weil sie meist von aktuellen Themen handelt.

Immer mehr Leute sehen den *Tatort* nicht mehr zu Hause an, sie sehen sich den Krimi in einem
Restaurant oder einer Kneipe mit anderen zusammen an. Hier wird dann diskutiert oder die Leute
wetten, wer der Täter ist. Damit ist der *Tatort* ein richtiges Event geworden.

---

b Was ist richtig? Lesen Sie den Text in a noch einmal und kreuzen Sie an.

1 ○ Es gibt jedes Jahr zwei bis drei neue Folgen.
2 ○ Der *Tatort*, den die meisten Leute in Deutschland gesehen haben, kam aus Münster.
3 ○ Immer mehr Leute sehen die Serie nicht mehr an, sie gehen lieber ins Restaurant oder in die Kneipe.

C2 **25 Eine Diskussion. Ergänzen Sie.**

Das ist ein guter Vorschlag   Muss das sein   ~~Habt ihr Lust auf~~
Da hast du völlig recht   Wie wäre es, wenn   Lasst uns lieber
Also, ich weiß nicht. Das hört sich nicht so interessant an

◆ _Habt ihr Lust auf_ (a) einen alten *James Bond*-Film?
○ _____? (b) Das ist doch langweilig.
_____ (c) den neuen Film von Til Schweiger ansehen.
▲ Ach, den Film über diesen alten Mann, der sich noch einen Traum erfüllen möchte?
_____. (d)
◆ _____. (e) Das möchte ich eigentlich auch nicht sehen.
▲ _____ (f) wir uns mal wieder *Star Wars* ansehen?
○ _____. (g) Einverstanden, ich bin dafür.
◆ Na dann …

C2 **26 Gemeinsam etwas planen**

Prüfung   **a** Machen Sie eine Tabelle mit den Redemitteln aus 25.

etwas vorschlagen	etwas ablehnen	einen Gegenvorschlag machen	zustimmen / sich einigen
Habt ihr Lust auf … ?			

b Welche Redemittel kennen Sie noch? Ergänzen Sie die Tabelle.

c Arbeiten Sie zu zweit. Sie möchten am nächsten Wochenende mit einigen Teilnehmern aus Ihrem Deutschkurs ins Kino gehen. Planen Sie, was Sie tun möchten. Hier sind einige Notizen:

LERNTIPP Schreiben Sie die Redemittel auf Kärtchen. Benutzen Sie in Diskussionen möglichst viele verschiedene Redemittel.

- Welcher Film? La La Land
- Wo und wann treffen?
- Wer kommt mit?
- Karten bestellen?
- Was nach dem Film machen?

D Fernsehkonsum

D1 **27 Radio, Film und Fernsehen. Lösen Sie das Rätsel.**

```
        A  G E W A L T
            B      L
          C        R
    D   U        U
    E   C   A    A
        F   O
            G        R
        H        D
      I  S
```

a In Krimis und Actionfilmen sieht man oft ...
b Man sieht es relativ häufig in Krimis und bei Operationen: ...
c Ein Film mit vielen Teilen, er kommt jeden Tag oder jede Woche: ...
d Ein anderes Wort für Radio und Fernsehen: ...
e Verschiedene Typen im Film heißen auch ...
f Die Teile einer Serie nennt man ...
g Jemand, der viel und gern lacht, hat ...
h Radio, Fernsehen, Zeitungen und Zeitschriften sind ...
i Die Titelmusik singt eine ...

Das Lösungswort ist ein spannendes Erlebnis: *ein* _____

D2 **28 Eine Radiosendung**

1 🔊 7   **a** Was ist richtig? Hören Sie den Anfang der Radiosendung und kreuzen Sie an.

  1 Die Sendung heißt ...
     ○ „Radio RW".
     ○ „Wir fragen".
  2 Die Moderatorin möchte von den Hörern wissen, ...
     ○ welche elektronischen Geräte sie im Einkaufszentrum kaufen.
     ○ wie sie sich über aktuelle Themen informieren.

1 🔊 8–10   **b** Was ist richtig? Hören Sie die Sendung weiter und kreuzen Sie an.

  1 ○ Er interessiert sich nicht sehr für Politik.
  2 ○ Bei besonderen Nachrichten liest er die Tageszeitung bei seinen Eltern.
  3 ○ Er informiert sich jeden Tag im Internet.

  4 ○ Nachrichten sind für sie sehr wichtig.
  5 ○ Im Café kann sie verschiedene Zeitungen lesen.
  6 ○ Drei Zeitungen kosten 2,80 €.

  7 ○ Er interessiert sich nur für Nachrichten aus Indien.
  8 ○ Samstagvormittags liest er indische Zeitungen in der Bibliothek.
  9 ○ Nachrichten aus Deutschland versteht er überhaupt nicht.

1 Wie heißen die Wörter? Ordnen Sie zu.

1 .... / 5 Punkte

WÖRTER

erndual   romHu   ~~lingteg~~   schäfgentibe   unlichglaub   fentverlichtöf

a ◆ Jetzt habe ich beim Kuchenbacken auch noch den Zucker vergessen.
   Heute _gelingt_ mir aber auch gar nichts!
   ○ Ach, ärgere dich nicht. Nimm es mit _____.
b ◆ Magst du Filme, die sich mit aktuellen Problemen _____?
   ○ Nein, eigentlich nicht. Ich möchte nicht _____ an die
   Probleme in der Welt erinnert werden.
c ◆ Hast du schon gehört, *Silbermond* hat ein neues Musikvideo

   _____.
   ○ Ja, ich habe es auch schon gesehen. Es ist _____ toll.

● 0–2
● 3
● 4–5

2 Schreiben Sie Sätze mit *obwohl.*

2 .... / 4 Punkte

GRAMMATIK

a _Obwohl ich alle Folgen schon kenne,_ sehe ich heute wieder *House of Cards* an.
   (Ich kenne schon alle Folgen.)
b _____
   _____ geht er mit seiner Freundin oft in Konzerte. (Paul interessiert sich nicht für Musik).
c Ich kenne unglaublich viele Filme, _____
   _____ (Ich gehe nie ins Kino.)
d Ben spielt gern Tennis gegen Kamran, _____
   _____ (Er ist meistens der Verlierer.)
e Alicia Silver hat viele CDs verkauft, _____
   _____ (Sie ist kein Star.)

3 Ergänzen Sie.

3 .... / 6 Punkte

a Ich mag Filme, _die_ witzig sind.
b Wie heißt der Sänger, _____ wir in dem Videoclip gesehen haben?
c Ich mag Stars, _____ sich verrückt anziehen.
d Das Kino, _____ bei mir um die Ecke war, hat leider zugemacht.
e Wer waren denn die Leute, _____ du gestern nach dem Konzert
   eine CD geschenkt hast?
f Ich habe einen Freund, _____ einfach alle Musikrichtungen gefallen.
g Jetzt hat sich diese Sängerin, _____ schon drei Häuser gehören, auch
   noch ein Schloss gekauft.

● 0–5
● 6–7
● 8–10

4 Ergänzen Sie.

4 .... / 4 Punkte

KOMMUNIKATION

◆ W i e w ä r e es, wenn wir heute einen Krimi ansehen?
○ M _____ das s _____ n? Es kommt nämlich ein Film mit Tom Hanks.
   Es geht um einen Flugzeugabsturz.
◆ Echt? D _____ hö _____ t sich sehr i _____ an.
○ Gut, dann _____ ss uns das _____ en.
◆ E _____ v _____ en!

● 0–2
● 3
● 4

Fokus Alltag: Über Einkaufsmöglichkeiten sprechen

1 Kaufen, kaufen, kaufen …

Was ist Ratenkauf? Lesen Sie den Text und kreuzen Sie an.

○ Man muss nicht sofort und auf einmal bezahlen, sondern man zahlt erst nach und nach. Die Ware kann man aber sofort mitnehmen.

○ Für Elektrogeräte wie Kühlschrank oder Spülmaschine gibt es ein spezielles Angebot: Man zahlt zuerst nur 50 € und kann das Gerät mitnehmen. Den Rest muss man bis zum 31.12. bezahlen.

Wünsch dir was – und kauf es dir sofort!

Erfüll dir deine Wünsche sofort: Unser Ratenkauf macht's möglich!

Endlich die neue Waschmaschine kaufen oder den neuen Kühlschrank! Oder eine Spülmaschine? Oder einfach das, was du dir schon so lange wünschst. Wie wäre es mit einem neuen schnelleren Computer oder einem Riesen-Flachbildschirm, der dir deine Stars näher bringt? Heute schon mitnehmen und morgen erst bezahlen, ganz ohne Risiko: z. B. statt 1000 € auf einmal nur jeden Monat 50 € bezahlen.

Elektro-Mars – Der Partner für deine Träume

Nullprozentfinanzierung noch bis zum 31.12.

---

2 Achmed hat bei *Elektro-Mars* eingekauft.

a Was hat Achmed gekauft? Hören Sie den Anfang eines Gesprächs und kreuzen Sie an.

○ Eine Waschmaschine.   ○ Einen Kühlschrank.   ○ Eine Spülmaschine.

b Welche Argumente hören Sie? Hören Sie das Gespräch nun ganz und kreuzen Sie an.

1 ⊠ Man muss nicht alles auf einmal bezahlen.
2 ○ Wenn man Zinsen zahlen muss, sollte man genau ausrechnen, wie viel mehr man am Ende bezahlt.
3 ○ Die kleine Summe, die man jeden Monat bezahlen muss, merkt man gar nicht.
4 ○ Die Verträge sind oft schwer zu verstehen.
5 ○ Man kauft schnell etwas und weiß am Ende nicht mehr, was man alles bezahlen muss.
6 ○ Man kauft vielleicht etwas, was man gar nicht braucht.
7 ○ Man kann mehr kaufen, weil man nur kleine Summen monatlich bezahlen muss.

c Welche Argumente sprechen für den Ratenkauf, welche dagegen?
Markieren Sie in b Argumente für den Ratenkauf und gegen den Ratenkauf.

3 Haben Sie schon einmal etwas auf Raten gekauft?

Was? Warum (nicht)? Erzählen Sie.

Ich bin froh, wenn ich nicht gleich den ganzen Betrag zahlen muss.

Ich bezahle lieber sofort. Bezahlen muss ich ja doch.

A2 **1 Besser schlafen**

a Verbinden Sie.

1	nachts	a nehmen
2	Schlafmittel	b atmen
3	auf ausreichend Bewegung	c überreden
4	tief	d haben
5	jemanden zu einer Massage	e aufwachen
6	eine entspannende Wirkung	f vereinbaren
7	einen Termin	g achten

b Ergänzen Sie die Wörter aus a in der richtigen Form.

Annikas Gesundheitsblog 🍃   Diese Woche: Besser schlafen

Sicher kennen Sie das: Sie _wachen nachts auf_ (1) oder können erst gar nicht einschlafen.

Viele _____ dann _____ (2). Das ist aber oft nicht notwendig.

🍃 Zuerst sollten Sie sich fragen, warum Sie so schlecht schlafen. Natürlich sind zu viel Fett am Abend oder ein später Kaffee nicht ideal. Aber meistens ist Stress die Ursache für Schlafmangel.

🍃 _____ Sie _____ (3). Sport entspannt und macht angenehm müde.

🍃 _____ Sie _____ (4). Oft merken wir erst dann, wie gestresst wir sind.

🍃 Vielleicht können Sie Ihre Partnerin oder Ihren Partner abends _____ (5).

🍃 Oder legen Sie sich 20 Minuten in die Badewanne. Ein heißes Bad _____ _____ (6). Und wenn Ihnen schön warm ist, schlafen Sie besser ein.

Erst wenn alles nichts hilft, _____ Sie _____ (7) beim Arzt.

A3 **2 Beim Physiotherapeuten**

Wiederholung

A2, L10

a Ordnen Sie die Bilder den Sätzen zu.

A   B   C   D

1 🅓 Eine Reinigungskraft putzt jeden Abend die Praxis.
2 ◯ Die Assistentin vereinbart täglich Termine mit den Patienten.
3 ◯ Der Physiotherapeut kontrolliert einmal pro Woche alle Übungsgeräte.
4 ◯ Mittwochs schreibt die Assistentin die Rechnungen.

b Was wird wann gemacht? Schreiben Sie die Sätze aus a neu.

1 Die Praxis _wird_ jeden Abend _geputzt_ .
2 Täglich _____ Termine mit den Patienten _____ .
3 Alle Übungsgeräte _____ einmal pro Woche _____ .
4 Mittwochs _____ die Rechnungen _____ .

A

3 Was ist richtig? Lesen Sie und kreuzen Sie an.

> ### Gesund beginnt im Mund!
>
> Regelmäßiges Zähneputzen ist die Grundlage für gesunde Zähne.
> Viele putzen nicht ausreichend und nicht richtig – das Ergebnis
> sind Zahnschmerzen.
> So können Probleme mit den Zähnen vermieden werden:
> ▸ Nach jeder Mahlzeit sollten die Zähne geputzt werden.
> ▸ Die richtige Zahnputztechnik ist wichtig und kein Zahn darf
>   vergessen werden.
> ▸ Alle sechs Wochen sollte eine neue Zahnbürste gekauft werden.
> ▸ Der regelmäßige Besuch beim Zahnarzt ist ein Muss!

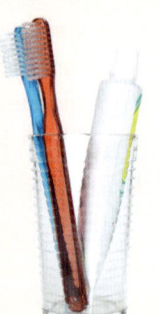

a ◯ Viele bekommen Probleme mit den Zähnen, weil sie die Zähne falsch putzen.
b ◯ Man sollte die Zähne nach jedem Essen putzen.
c ◯ Die Zähne dürfen nur mit ganz neuen Zahnbürsten geputzt werden.
d ◯ Man muss regelmäßig zum Zahnarzt gehen.

4 Ergänzen Sie die Sätze aus 3.

Grammatik entdecken

a	So	kann	man Probleme mit den Zähnen	vermeiden.
	So	*können*	*Probleme mit den Zähnen*	*vermieden werden.*
b	Nach jeder Mahlzeit	sollte	man die Zähne	putzen.
	Nach jeder Mahlzeit			
c	Man	darf	keinen Zahn	vergessen.
	Kein Zahn			
d	Alle sechs Wochen	sollte	man eine neue Zahnbürste	kaufen.
	Alle sechs Wochen			

5 Gesund leben. Ergänzen Sie in der richtigen Form.

a Durch Sport und Bewegung _kann_ Stress gut _abgebaut werden_ .
  (können – abbauen)
b Auch auf ausreichend Schlaf _____ .
  (müssen – achten)
c Kaffee _____ nur in kleinen Mengen _____ .
  (dürfen – trinken)
d So _____ bessere Ergebnisse _____ .
  (können – erzielen)
e Die täglichen Aufgaben _____ Schritt für Schritt _____ .
  (sollten – erledigen)
f Bei einem Spaziergang _____ neue Kräfte _____ .
  (können – sammeln)

◇ **A3** 6 **Schreiben Sie Sätze.**

a kann – Durch viel Trinken – verbessert – die Konzentration – werden
Durch viel Trinken kann die Konzentration verbessert werden.

b Spätabends – nicht mehr – gelesen – sollte – werden – oder ferngesehen

_____

c Mit einem Blick aus dem Fenster – die Augen – entspannt – können – werden

_____

d für Ruhe – sollte – Beim Lernen – werden – gesorgt – und gutes Licht

_____

e Pausen – nicht – vergessen – dürfen ebenfalls – werden

_____

❖ **A3** 7 **Was muss im Krankenhaus getan werden?**
Schreiben Sie Sätze mit *müssen.*

– um 6 Uhr: die Patienten wecken
– auch die Temperatur kontrollieren:
  Hat der Patient Fieber?
– die Mahlzeiten aus der Küche
  holen und auf die Wagen stellen
– den Patienten das Frühstück bringen
– die Bettwäsche wechseln

a Um 6 Uhr *müssen die Patienten geweckt werden.*

b Dabei _____

c Dann _____

_____

d Anschließend _____

e Danach _____

A4 8 **Was macht die Ärztin? Schreiben Sie.**

a Die Ärztin *nimmt Blut ab.*   b Sie _____

c Sie _____   d Sie _____

B Man holt sich den Rat **eines Fachmanns**.

B1 **9 Ein Gruppenbild. Ergänzen Sie.**

„Also, so gefällt mir das überhaupt nicht!
Sehen Sie mal:

a Die Augen <u>des Mannes</u> in der Mitte sind doch
   blau und nicht braun. (_der_ Mann)

b Die Haare <u>des Mädchens</u> hier rechts sind doch
   viel länger, oder? (_____ Mädchen)

c Und der Kopf <u>der Frau</u> da hinten links
   ist doch nicht so rund! (_____ Frau)

d Und die Füße <u>der Männer</u> – also, die sind viel zu
   klein. Nein, das geht so nicht! (_____ Männer)"

B1 **10 Formen im Wörterbuch. Markieren Sie wie im Beispiel
und machen Sie eine Tabelle.**

der Mann [man]; -[e]s, Männer ['mɛnɐ]
1. *erwachsene Person männlichen
Geschlechts* 2. *Ehemann*: Ich würde
Ihnen gern meinen Mann vorstellen:
Er heißt

das Mäd|chen ['mɛːtçən]; -s, -: *Kind oder
jüngere Person weiblichen Geschlechts*; das
kleine Mädchen suchte seine Eltern; er
hat zwei Kinder: ein Mädchen und einen
Jungen

die Frau [frau]; -, -en: 1. *erwachsene
weibliche Person*: eine junge, ältere
ledige, verheiratete Frau; Frauen
und Männer haben gleiche Rechte.
2. *Ehefrau/Ggs. Mann/*: Er hatte
seine Frau während der Ausbildung
kennen gelernt.

● der	● das	● die	● die
des Mannes eines Mannes			meiner Augen

B1 **11 Mein Porträt. Ergänzen Sie in der richtigen Form. Ergänzen Sie dann die Tabelle in 10.**

„Das soll ich sein? Das bin doch nicht ich auf dem Bild!
Sehen Sie doch mal:

a Hier, die Farbe mein_er_ Augen ist falsch!
   Meine Augen sind doch grün!

b Und sehen Sie: Die Größe mein_____
   Kopf_____ stimmt doch auch nicht.
   Der ist doch nicht so groß und rund!

c Und die Form mein_____ Nase! Ein Skandal!

d Die Finger mein_____ linken Hand sind doch
   lang und dünn, nicht kurz und dick, sehen Sie?

e Und hier, die Form mein_____ Mund_____ –
   das ist doch wirklich nicht mein Mund.

Nein, so geht das nicht! Dieses Bild kaufe ich nicht."

B2 **12 Ergänzen Sie in der richtigen Form.**

Rückenschmerzen – was dann?

Rückenschmerzen kennen viele. Aber Rückenschmerz ist nicht gleich Rückenschmerz. Der Ort _der_ (die) Schmerzen kann sehr unterschiedlich sein: unterer Rücken, Schultern, Nacken, linke oder rechte Seite. Gehen Sie bei solchen Problemen auf jeden Fall zum Arzt. Er untersucht zunächst, was die Ursache _____ (Ihre) Schmerzen sein kann. Zu wenig und falsche Bewegung ist heutzutage einer _____ (die) Hauptfaktoren. Andere Faktoren sind zum Beispiel ein zu hohes Gewicht oder eine ungünstige Position _____ (der) Bildschirms im Büro. Konflikte im Beruf oder in der Familie können ebenfalls Ursache _____ (das) Problems sein. Die gute Nachricht ist, dass man selbst viel tun kann, zum Beispiel durch Verbesserung _____ (seine) Fitness. Wenn die Schmerzen zu schlimm sind, geht es aber nicht immer ohne die Einnahme _____ (ein) Schmerzmittels. Wenn Sie dem Rat _____ (Ihr) Arztes folgen, sind die Rückenschmerzen sicher bald vorbei.

◇ **B2** **13 Ergänzen Sie.**

Ich freue mich über …

a das Lachen _von_ Kindern. (–)
b die Hilfe _____ Freundes. (mein)
c den Rat _____ Expertin. (eine)
d ein Geschenk _____ Eltern. (meine)

Ich ärgere mich über …

e die Fragen _____ Nachbarin. (meine)
f das Ende _____ Urlaubs. (mein)
g die lauten Telefongespräche _____ Leuten in der U-Bahn. (–)
h die schlechte Beratung _____ Ausländeramtes. (das)

Ich ärgere mich über …

Ich freue mich über …

❖ **B2** **14 Wählen Sie sechs Wörter und schreiben Sie.**

Fotos   Empfehlung   Einladung   Unordnung   Entspannung   ~~Besuch~~   Versprechen   Beginn
Schmerzen   Rat   Erfolg   Verspätung   Musik   Ende   die hohen/günstigen Preise   …

Ich freue mich über _den Besuch meiner Freundin, …_
_____
_____

Ich ärgere mich über _____
_____
_____

C Gesundheitssprechstunde

C2 **15 Ergänzen Sie.**

Colorado	Ich habe in letzter Zeit schlimme Magenschmerzen. Der Arzt meint, es ist alles in Ordnung. Ich weiß nicht, was ich tun soll. Was könnt ihr m i r r a t e n ?
Minja	Hallo Colorado. Du hast oft Magenschmerzen? D____ e_____ s____ ___u unbedingt was tun. Ich würde _____ D_____ r S____ ll__ Schmerztabletten nehmen. Die helfen schnell.
Josh 11	Mit Schmerztabletten ___a_____ schlechte _____f____r gemacht. Es ___ä_____ m _____, Du sprichst noch mal mit einem anderen Arzt. Es muss doch eine Ursache für die Schmerzen geben.
Tobi X	Ich vermute, dass Du extrem viel Stress hast. Das ist oft eine Ursache für Magenprobleme. Ich _____pf_____ D___ die Seite www.entspanndich.de. Dort erhältst Du Tipps von Experten. Mein persönlicher Tipp: Du solltest Dir nicht zu viele Sorgen machen. Das ist nicht gut für den Magen. ;-)

◇ C2 **16 Welche Antwort passt? Kreuzen Sie an.**

a ◆ Ich habe seit Wochen schlimme Schmerzen im Knie. Kennen Sie vielleicht ein gutes Medikament?
　　○ ○ Dagegen müssen Sie nichts tun.
　　☒ ○ An Ihrer Stelle würde ich lieber zum Arzt gehen.

b ◆ Hat jemand von Ihnen schon mal Entspannungsübungen gemacht?
　　○ ○ Es wäre am besten, Sie machen Entspannungsübungen.
　　○ ○ Nein. Aber Entspannungsübungen sollen wirklich helfen.

c ◆ Ich schlafe zurzeit sehr schlecht. Was können Sie mir raten?
　　○ ○ Ich empfehle Ihnen ein heißes Bad am Abend.
　　○ ○ Das tut mir aber wirklich leid für Sie.

d ◆ In letzter Zeit habe ich immer wieder Sehstörungen.
　　○ ○ Sie sollten unbedingt zum Augenarzt gehen.
　　○ ○ Das ist nicht so schlimm. Ich habe auch eine Brille.

❖ C2 **17 Lesen Sie und ergänzen Sie Ratschläge.**

Pomki	Hallo Leute, ich habe seit einiger Zeit schreckliche Kopfschmerzen. Das Blöde ist: Ich habe sie immer dann, wenn ich mich entspannen will, zum Beispiel am Wochenende. Ich verstehe das nicht. Was könnt ihr mir empfehlen?

a Du solltest _weniger arbeiten. / ..._____
b An deiner Stelle _____
c Ich empfehle _____
d Es wäre am besten, _____
e Mit _____

D Gesundheitsvorsorge

D1
1 ◀)) 13–16
Prüfung

18 Hören Sie und kreuzen Sie an.

Sie hören vier Ansagen. Zu jeder Ansage gibt es eine Aufgabe.
Welche Lösung (a, b oder c) passt am besten?

1 Was soll der Anrufer tun?
a ○ Noch einmal anrufen.
b ○ Sich für die Kurse im Frühjahr anmelden.
c ○ Sich beim Kursleiter persönlich anmelden.

2 Wann kann man sich zum Rückenkurs anmelden?
a ○ Donnerstags von 9 bis 10 Uhr.
b ○ Persönlich zu den Öffnungszeiten.
c ○ Montags bis freitags von 14 bis 20 Uhr.

3 Sie möchten an einem Kochkurs Ihrer
Krankenkasse teilnehmen. Was müssen Sie tun?
a ○ Die 1 wählen.
b ○ Die 3 wählen.
c ○ Mit einem Mitarbeiter sprechen.

4 Was müssen Sie für die Grippeimpfung
beachten?
a ○ Sie müssen sich zur Impfung anmelden.
b ○ Sie sollen Ihre Telefonnummer hinterlassen.
c ○ Sie müssen Ihren Impfpass mitbringen.

> **LERNTIPP** Sie sind sich nicht
> sicher? Kreuzen Sie auf
> jeden Fall eine Option an.

D2 19 Lesen Sie und ordnen Sie zu.

fast die Hälfte   fast zwei Drittel   mehr als ein Drittel   mehr als die Hälfte   nicht ganz ein Viertel
~~circa ein Viertel~~   Die meisten   nicht einmal die Hälfte

draußen sein / spazieren gehen
72%
64%

ein Buch lesen
65%
38%

faulenzen
61%
61%

Sport treiben
35%
48%

im Internet surfen
23%
38%

ein Glas Wein oder Bier trinken
22%
26%

Männer ▮   Frauen ▮

So entspannen Männer und Frauen in Deutschland am besten

Eins haben Männer und Frauen gemeinsam: _____ (a)
erholen sich am besten in der Natur, zum Beispiel bei einem
Spaziergang. Und _____ (b)
aller Frauen und Männer liebt das Faulenzen. Aber es gibt auch
Unterschiede: So lesen _____ (c)
der Frauen zur Entspannung ein Buch, bei den Männern ist es
_____ (d)
Aber _____ (e) aller Männer macht gern Sport,
bei den Frauen ist es nur ein bisschen
_____ (f). Auch im Internet surfen
Männer lieber als Frauen. Bei den Frauen ist es _____
_____ (g). Mit Alkohol baut *circa ein Viertel* (h)
der Männer und Frauen in Deutschland Stress ab.

D3 20 Was tun die Leute für ihre Gesundheit? Ergänzen Sie.

a Ich frühstücke Müsli mit Früchten und Joghurt oder *Quark*.
b Ich trinke g_____ s___tz_____ keinen Alkohol.
c Ich v____z_ch____ auf Süßigkeiten und ich t_____ viel Sport.
d Mein Leben ist ziemlich s_____ss____, aber ich achte auf ausreichend Entspannung.
e Eine Ernährung mit vielen V_____m_____n finde ich wichtig. Deshalb esse ich viel Obst.
f Ich lasse mich gegen Grippe ____pf__.

E Krankmeldung und Aufgabenverteilung

E3 **21 Pauline kommt nicht zur Arbeit in die Praxis.**

a Verbinden Sie.

1 Zuerst sollte	a für zwei Tage krankgeschrieben.
2 Wärst Du so nett	b bitte ein paar meiner Aufgaben übernehmen?
3 Es wäre toll,	c Einige Patienten müssen angerufen werden.
4 Der Arzt hat mich	d und würdest das erledigen?
5 Könntest Du	e bei Herrn Kaiser Blut abgenommen werden.
6 Das ist dringend,	f denn die Patienten warten auf die Ergebnisse des Labors.
7 Der nächste wichtige Punkt ist:	g wenn Du auch schon die Kisten mit Spritzen und Verbänden auspacken könntest.

b Lesen Sie und ordnen Sie die Sätze aus a zu.

> **E-Mail senden**
>
> Liebe Nuray,
> ich habe schreckliche Rückenschmerzen und _____
> _____ (1). _____
> _____ (2)? _____
> _____ (3). Er hat gleich um 8 Uhr einen Termin.
> _____ (4). Eine Liste mit Namen und Telefonnummern liegt auf dem Schreibtisch.
> _____ (5). Und schließlich: _____
> _____ (6). Mit meinen Rückenschmerzen schaffe ich das nicht.
> *Wärst Du so nett und würdest das erledigen?* (7)?
> Vielen Dank für Deine Hilfe.
> Pauline

E3 **22 Krankmeldung**

Schreib-
training

a Sie sind erkältet und bis Ende der Woche krankgeschrieben.
Schreiben Sie eine Nachricht an Ihre Kollegin / Ihren Kollegen und sagen Sie, was sie/er tun soll.

– Büromaterial (Kugelschreiber und Schreibblöcke) bestellen
– Rechnungen erledigen
– bitte auch die Pflanze auf dem Schreibtisch gießen
Danken Sie für die Hilfe.

> *Liebe Milena,*
> *ich habe eine Erkältung. Der Arzt hat ...*
> *Wärst Du so nett und ...*

LERNTIPP Verwenden Sie „könnte", „würde", „hätte", wenn Sie höflich um Hilfe bitten.

b Tauschen Sie die Nachricht mit Ihrer Partnerin / Ihrem Partner. Lesen Sie die Nachricht und schreiben Sie eine Antwort: Sie kümmern sich um alles und wünschen gute Besserung.

23 Wörter aus anderen Sprachen

E3

1 ◀)) 17   **a** Hören Sie und markieren Sie die Betonung: ___.

Phonetik

Vita**min** – Koffein – Problem – Produkt
Operation – Konzentration – Aktion – Position
Konferenz – Medikament – Muskulatur – Labor
⚠ Doktor – Faktor – Gymnastik – positiv

b Kennen Sie noch andere Wörter auf *-in*, *-em*, *-tion*, *-ment*, ...?
Schreiben Sie und markieren Sie den Wortakzent.

> Mo<u>ment</u>, Informa<u>tion</u>, ...

1 ◀)) 18   **c** Hören Sie und sprechen Sie nach.

kontrollieren: Wir kontrollieren jetzt Ihren Blutdruck.
reagieren: Der Chef reagiert freundlich auf die Krankmeldung.
konzentrieren: Konzentrieren Sie sich auf eine Sache.
informieren: Wir informieren Sie gern über unsere Leistungen.
probieren: Hast du es schon einmal mit Rückengymnastik probiert?

24 Lesen Sie den Text. Entscheiden Sie, ob die Aussagen richtig oder falsch sind.

E3

Prüfung

Mehr Leistung für Ihre Sicherheit –
Das Krankentagegeld der donvit-Krankenkasse

Ein paar Tage im Bett sind meistens nicht schlimm. Ihr Hausarzt verschreibt passende
Medikamente, Sie melden sich krank und müssen sich keine Sorgen machen, denn
Lohn und Gehalt werden weiter vom Arbeitgeber gezahlt. Aber nur sechs Wochen.
Was, wenn Sie länger krank sind? Dann ist es gut, dass Sie Krankengeld von Ihrer Kranken-
kasse erhalten. Die **donvit**-Krankenkasse zahlt Ihnen bis zu 70 Prozent Ihres Lohns
oder Gehalts. Aber wir von der **donvit** bieten Ihnen noch mehr: Mit der **donvit**-Kranken-
tagegeldversicherung sind Sie noch besser geschützt. Sie selbst entscheiden, wie hoch das
Krankentagegeld sein soll.

Unsere Leistungen:

• Die **donvit** zahlt das vereinbarte Krankentagegeld unbefristet.
• Auch für Sonn- und Feiertage wird Geld gezahlt.
• Freie Wahl des Leistungsbeginns: ab dem 43., ab dem 92. oder
  ab dem 183. Krankentag

a Wenn man krank ist, erhält man sechs Wochen lang sein Gehalt.   ○ richtig   ○ falsch
b Nach sechs Wochen zahlt die Krankenkasse das komplette Gehalt.   ○ richtig   ○ falsch
c Das Krankentagegeld wird ohne eine zeitliche Frist gezahlt.   ○ richtig   ○ falsch
d Das Krankentagegeld kann man nach vier Wochen Krankheit bekommen.   ○ richtig   ○ falsch

Test Lektion 3

1 Ergänzen Sie.

Wenn Sie krank sind, müssen Sie sich k r a n k m e l d e n (a). Dann sollten Sie sich vom Arzt u_____ s_____ n (b) und k_____ sch_____ b_____ (c) lassen. Der Arzt kann Ihnen passende Medikamente v_____ ei_____ n (d) und Tipps zur Vorbeugung geben. Achten Sie selbst immer auf a_____ r_____ ch_____ d (e) Entspannung und t_____ (f) Sie Sport. Eine gesunde Ernährung mit vielen V_____ n (g) ist ebenfalls wichtig.

2 Ergänzen Sie in der richtigen Form.

Was machen Sie ...

a zur Verbesserung Ihr*er* Fitness und für die Kontrolle Ihr_____ Gewichts?
b zur Kräftigung d_____ Rückens und zur Entspannung d_____ Augen?
c für das Training d_____ Bauchmuskulatur?
d zur Vermeidung _____ gesundheitlichen Problemen?

3 Schreiben Sie die Sätze neu.

a Bei Rückenschmerzen muss man untersuchen, woher die Schmerzen kommen.
Bei Rückenschmerzen *muss untersucht werden, woher die Schmerzen kommen* .

b Häufig kann man das Problem durch mehr Bewegung lösen.
Häufig _____
_____ .

c Man sollte Stress vermeiden.
Stress _____ .

d Zusätzlich kann man Schmerzmittel verwenden.
Zusätzlich _____
_____ .

e Man muss die Informationen zur Einnahme beachten.
Die Informationen zur Einnahme _____ .

4 Ordnen Sie zu und ergänzen Sie die Sätze.

~~Kennst du ein~~ du mir raten?   Dagegen musst du unbedingt
wäre es am besten   Damit habe ich gute Erfahrungen

◆ Oje, du klingst aber sehr erkältet. _____
_____ was tun. (a)

○ Ja. Aber was? Ich muss morgen fit sein. *Kennst du ein* gutes Medikament? (b)

◆ Ich würde an deiner Stelle keine Medikamente nehmen.

○ Okay. Was würdest _____ ? (c)

◆ Du solltest viel Tee und heiße Zitrone trinken. _____
_____ gemacht. (d)

○ Und wenn das nicht hilft?

◆ In dem Fall _____ , du lässt dich
krankschreiben und bleibst ein paar Tage im Bett. (e)

1 1 ◀) 19–20 **Was ist richtig? Hören Sie zwei Gespräche und kreuzen Sie an.**
Achtung: Mehrere Lösungen können richtig sein.

a Was für Schmerzen hat Farhad Mansouri?
○ Rückenschmerzen. ○ Schulterschmerzen. ○ Nackenschmerzen.
Wen fragt Farhad Mansouri um Rat?
○ Seinen Kollegen. ○ Seine Hausärztin. ○ Einen Facharzt.
b Was wird Farhad Mansouri empfohlen?
○ Entspannungsbäder. ○ Ein Wärmepflaster.  ○ Sport.

2 Farhad Mansouri informiert sich im Internet.
a Lesen Sie und ordnen Sie die Fragen zu.

1 Wie muss das Wärmepflaster aufbewahrt werden? 2 Meine Haut wird rot. Woran liegt das?
3 ~~Für welche Art von Schmerzen kann das Wärmepflaster verwendet werden?~~
4 Wie verwende ich das Wärmepflaster? 5 Wie lange soll ich das Pflaster verwenden?
6 Kann ich das Wärmepflaster auch in der Schwangerschaft benutzen?
7 Wann sollten Wärmepflaster nicht verwendet werden?
8 Darf das Wärmepflaster auch bei Kindern verwendet werden?

③ Für Muskelschmerzen, zum Beispiel im Nacken, an den Schultern oder im Rücken.

○ Verwenden Sie pro Tag nur ein Pflaster. Kleben Sie das Pflaster auf eine saubere, trockene Hautstelle. Vorsicht: Nicht auf offene Verletzungen kleben. Entfernen Sie das Pflaster vorsichtig. Nach dem Kontakt mit dem Pflaster sollten die Hände gewaschen werden.

○ Der Wirkstoff des Pflasters führt zu mehr Durchblutung und einem Wärmegefühl. Diese Reaktion ist Teil der normalen Wirkung des Arzneimittels und geht normalerweise nach Entfernen des Pflasters wieder weg.

○ Das Wärmepflaster sollte vier bis zwölf Stunden auf der Haut bleiben. Ohne den Rat eines Arztes sollten Sie Wärmepflaster nicht länger als drei Wochen verwenden.

○ Wärmepflaster bitte bei Zimmertemperatur, nicht über 25 °C, lagern und darauf achten, dass sie nicht in die Hände von Kindern kommen.

○ Wenn Sie schwanger sind, sollten Sie ein Wärmepflaster nur nach Rücksprache mit dem Arzt benutzen.

○ Wärmepflaster sollten nicht bei Kindern unter 12 Jahren oder Tieren verwendet werden.

○ Auf verletzter Haut, wenn Sie gleichzeitig andere Mittel (z. B. eine Salbe) verwenden, bei frischen Sportverletzungen, bei Entzündungen, z. B. Rheuma oder Arthrose.

b Was ist richtig? Lesen Sie noch einmal und kreuzen Sie an.

1 ○ Wenn die Haut rot wird, ist das normal.
2 ○ Ein Wärmepflaster kann bis zu drei Wochen verwendet werden.
3 ○ Wärmepflaster wirken am besten zusammen mit einer Salbe.

A Wenn ich du **wäre**, **würde** ich ...

Wieder-
holung

A2, L8

1 Evas Realität – Evas Wünsche. Ergänzen Sie: *würde – hätte – wäre.*

a Eva hat blonde Haare.   Sie _hätte_ aber gern schwarze Haare.
b Sie ist ein bisschen klein.   Sie _____ aber gern größer.
c Sie kann nicht Französisch sprechen.   Sie _____ aber gern gut Französisch sprechen.
d Sie arbeitet in einem Reisebüro.   Sie _____ aber lieber als Reiseführerin arbeiten.
e Sie hat eine sehr kleine Wohnung.   Sie _____ aber gern eine große Wohnung.

A1

2 Was denken die Personen?

a Ordnen Sie zu.

| wäre ich pünktlich im Büro | würde ich jetzt im Garten sitzen | müsste ich nicht bei Regen Fahrrad fahren |

1

Immer muss
ich arbeiten!

Wenn ich nicht arbeiten müsste,
_____
_____
_____ .

2

Warum habe
ich kein Auto?

Wenn ich ein Auto hätte,
_____
_____
_____ .

3

Der Bus hat
schon wieder
Verspätung!

Wenn der Bus keine Verspätung
hätte, _____
_____
_____ .

b Schreiben Sie die Sätze aus a neu.

1 Ich würde _jetzt im Garten sitzen, wenn ich nicht arbeiten müsste._
2 Ich müsste _____
3 Ich wäre _____

A1

3 Ordnen Sie zu.

| ~~könnte~~ | wäre | hätten | ~~würde~~ | könnte | würde | wäre | würde | würde | müsste |

a Ich _könnte_ viel leichter eine Arbeit finden, wenn ich in der Stadt leben _würde_ .
b Ich _____ einige Dinge anders machen, wenn ich Chefin in unserer Firma _____ .
c Wenn ich du _____ , _____ ich unbedingt eine Ausbildung machen.
d Wenn ich frei entscheiden _____ , _____ ich in einer kleinen Firma arbeiten.
e Wenn wir Kinder _____ , _____ ich nur halbtags arbeiten. Das wäre schön.

A2 **4 Was würde Emma machen, wenn …? Schreiben Sie Sätze mit *wenn*.**

Emma sagt:

a ich einen Freund haben – glücklich sein

Wenn ich einen Freund hätte, wäre ich glücklich.

b er immer nett zu mir sein – ich ihn heiraten

....

c wir verheiratet sein – viele Kinder bekommen

....

d wir Kinder haben – aufs Land ziehen

....

e wir auf dem Land leben – einen Garten haben

....

◇ **A2** **5 Was ist richtig? Kreuzen Sie an.**

a Wenn ich seit meiner Kindheit in Deutschland leben ☒ würde, ○ wäre, ○ bin,
○ musste ○ müsste ○ muss   ich jetzt keinen Sprachkurs machen.

b Ich ○ würde ○ wurde ○ wäre jeden Tag die neuen Wörter lernen,
wenn ich mehr Zeit zum Lernen ○ habe ○ hatte ○ hätte.

c Wenn ich Lehrer ○ wäre, ○ bin, ○ war,
○ mussten ○ müssen ○ müssten   die Schüler nicht so viele Tests schreiben.

d Wenn ich jünger ○ war, ○ würde, ○ wäre,
○ würde ○ wurde ○ wäre   ich noch eine andere Ausbildung machen.

❖ **A2** **6 Was wäre, wenn …?**

Ergänzen Sie die Sätze.

a Wenn ich Präsident in meinem Heimatland wäre, …
b Wenn die Menschen immer die Wahrheit sagen würden, …
c Das Leben könnte so schön sein, wenn …
d Ich hätte Angst, wenn …
e Die Menschen in meinem Land wären glücklicher, wenn …

a Wenn ich Präsident in meinem Heimatland wäre, müssten die Menschen nur vier Tage in der Woche arbeiten.

A4 **7 Zwei Formen – zwei Bedeutungen**

Phonetik   **a Ergänzen Sie.**

früher	*heute*	*früher*	*heute*	*früher*	*heute*
konnte –	*könnte*	wurdest –		waren –	
hatten –		musste –			

1 ◀)) 21   **b Hören Sie und sprechen Sie nach.**

A4 **8 Sprechen die Personen über früher oder heute? Hören Sie und kreuzen Sie an.**

1 ◀)) 22

Phonetik

	a	b	c	d	e	f	g	h
früher	☒	○	○	○	○	○	○	○
heute	○	○	○	○	○	○	○	○

B Ich bin wirklich in Eile **wegen** meiner Arbeit.

B1 **9** Schreiben Sie die Antworten neu mit *weil*.

a ◆ Warum freust du dich denn so? ○ Wegen meiner guten Note in der Prüfung.

b ◆ Warum ärgerst du dich denn so? ○ Wegen meiner unpünktlichen Freundin.

c ◆ Warum geht ihr am Samstag nicht wandern? ○ Wegen des schlechten Wetters.

d ◆ Warum bist du denn so in Eile? ○ Wegen eines wichtigen Termins.

> a Weil ich eine gute Note in der Prüfung habe.
> b Weil meine ...

B2 **10** Ergänzen Sie: *wegen – weshalb – weil – deswegen – denn*.

a Ich beginne bald eine Ausbildung zur Hotelfachfrau. _Deswegen_ lerne ich in den Ferien Deutsch.

b Ich verstehe ihn _____ seiner Aussprache nur schlecht.

c Irgendwann möchte ich gern in die Schweiz reisen, _____ ich möchte gern mal Schweizerdeutsch hören.

d Ich muss mein Hörverstehen verbessern, _____ sehe ich viele Filme an.

e Die Kinder von Migranten lernen meist schnell Deutsch, _____ sie im Kindergarten oder in der Schule immer mit deutschen Kindern zusammen sind.

f _____ schreibst du die Vokabeln auf Kärtchen?

g Meine Schwester spricht schon fast fließend Deutsch, _____ kann sie mir beim Deutschlernen helfen.

◇ **B2** **11** Im Sprachkurs. Ergänzen Sie: *weil – wegen – deswegen*.

a Ich möchte einen Sprachkurs machen, _deswegen_ bin ich jetzt hier.

b Die letzte Übung konnte ich nicht machen, _____ ich sie nicht verstanden habe.

c Bei der Anmeldung war niemand da. _____ bin ich wieder nach Hause gegangen.

d Ich musste _____ meiner guten Noten zum Kursbeginn keinen Test machen.

e Es gibt einen zusätzlichen Sprachkurs, _____ sich sehr viele Teilnehmer angemeldet haben.

f Ich konnte gestern _____ meiner Zahnschmerzen leider nicht in den Kurs kommen.

❖ **B2** **12** Wer findet die besten Ausreden? Wählen Sie eine Situation und schreiben Sie.

a Ihre Frau hat Sie gebeten, die Küche aufzuräumen. Sie haben aber lieber einen Film angesehen.

b Sie sind nicht zur Abschlussprüfung von Ihrem Sprachkurs gegangen.

c Sie kommen zum Essen am 80. Geburtstag Ihrer Oma zwei Stunden zu spät.

> Ich habe/bin ... Deswegen ...
> Leider habe/bin ich ..., weil/denn ...
> Wegen ...

> a Leider konnte ich die Küche nicht aufräumen, ...

B3 **13 Fremdsprachen lernen – aber wie?**

a Wer sagt was? Lesen Sie und ordnen Sie zu.

1 Ⓑ Ich möchte meine Aussprache verbessern.
2 ◯ Ich höre oft anderen Menschen zu.
3 ◯ Im Zug zur Schule lerne ich Wörter.

4 ◯ Ich möchte nach der Schule in England arbeiten.
5 ◯ Ich sehe viel deutsches Fernsehen.
6 ◯ Ich schreibe Wortkarten.

A Ich finde es total wichtig, neue Wörter zu lernen und sie immer wieder zu
  wiederholen. Ich schreibe sie auf kleine Zettel oder Karten, auf der
  einen Seite das fremdsprachige Wort und auf der anderen die Übersetzung
  in meine Muttersprache. Diese Wortkarten habe ich immer in meiner
5 Handtasche. Jeden Tag fahre ich eine Stunde mit dem Zug zur Schule. Das
  ist langweilig. Da habe ich viel Zeit und dann hole ich meine Wortkarten
  raus und wiederhole die Wörter.   *Mila, 17 Jahre*

B Ich lerne seit vier Jahren Englisch in der Schule. Mir hilft es sehr, wenn
  ich viel Englisch höre. Ich habe viele MP3s mit Übungen aus dem Englisch-
  buch und für die Aussprache auf meinem Smartphone. Außerdem habe ich
  im Internet gute kostenlose Übungen gefunden. Die höre ich, wenn ich
5 unterwegs bin. Ich möchte irgendwann nach der Schule mal ein Jahr nach
  London gehen und mir dort einen Job suchen. Darum will ich gut Englisch
  sprechen und auch meine Aussprache verbessern.   *Hakan, 19 Jahre*

C Ich bin vor drei Jahren nach Deutschland gekommen. Jetzt kann ich
  schon ganz gut Deutsch. Viel Zuhören ist für mich am allerwichtigsten.
  Deswegen habe ich im Bus, in der U-Bahn, einfach überall immer den
  Deutschen zugehört und viel deutsches Fernsehen gesehen. Einfache
5 Filme oder Serien. So habe ich viele Wörter und kleine Sätze der Alltags-
  sprache gelernt. Immer nur Grammatik und Wörter lernen, das finde
  ich langweilig.   *Danila, 16 Jahre*

b Schreiben Sie Sätze.

1 Mila möchte viele neue Wörter lernen. (neue Wörter auf Wortkarten schreiben)
  Deshalb *schreibt sie neue Wörter auf Wortkarten.*

2 Mila findet die Zugfahrten zur Schule langweilig. (mit Wortkarten neue Wörter wiederholen)
  Darum _____

3 Hakan hilft es, wenn er viel Englisch hört. (viele Ausspracheübungen auf seinem Smartphone haben)
  Aus diesem Grund _____

4 Hakan möchte nach der Schule ein Jahr in London arbeiten. (gut Englisch sprechen wollen)
  Deswegen _____

5 Danila findet Grammatik und Wörter lernen langweilig. (viel deutsches Fernsehen sehen)
  Daher _____

C Entschuldigung, könnten Sie das bitte wiederholen?

C2 **14 Ordnen Sie zu.**

Tut mir leid, das Wort habe ich   Könnten Sie bitte langsamer   Entschuldigung, habe ich das
Könnten Sie das bitte   ~~Darf ich Sie kurz~~   Was bedeutet   Können Sie mir vielleicht sagen   Wissen Sie, ob

a *Darf ich Sie kurz* etwas fragen?
b _____ der Ausdruck „in Eile sein"?
c _____ sprechen?
d _____ nicht verstanden.
e Wie bitte? _____ wiederholen?
f _____ es hier auch Integrationskurse gibt?
g _____ richtig verstanden?
h _____, wo die Mensa ist?

C2 **15 Ergänzen Sie.**

a ◆ Was ist denn das?
   ○ Das ist ein Topfenstrudel.
   ◆ Entschuldigung, Topfenstrudel kenne ich nicht.
     K ö n n e n S i e m i r s a g e n , was das ist?

b ◆ Entschuldigen Sie bitte. Wo ist hier die Mensa?
   ○ Wie bitte? Das letzte Wort h_____ i____
     n_____ v____ .
   ◆ Die Mensa, die Universitäts-Kantine.

c ◆ Also, dann treffen wir uns am 12.5. um 13.35 Uhr
     am Bahnhof.
   ○ Entschuldigen Sie, hier ist es so laut. K_____ S____
     den Termin b_____ w_____ ?

d ◆ D____ i____ S____ etwas f_____ ?
   ○ Ja gern.
   ◆ W_____ S____, o__ es in dem Zug um 14.33 Uhr
     nach Köln auch ein Bord-Restaurant gibt?

C2 **16 Bilden Sie Wörter und ordnen Sie zu.**

schrei ~~sa~~ druck ni lung ker der auf Aus ben ho me Wie cha ~~Men~~

a Ich wähle in der *Mensa* immer ein vegetarisches Gericht.
b Mein Auto ist schon wieder kaputt. Könntest du mir bitte noch mal die Telefonnummer von
   deinem guten Auto_____ geben? Diesmal will ich sie mir gleich in
   meinem Adressbuch _____, damit ich sie nicht wieder verliere.
c Was bedeutet der _____ „eine Entscheidung treffen"?
   Den habe ich noch nie gehört.
d Leider vergesse ich oft wichtige deutsche Wörter. Ich brauche mehr Zeit
   zur _____ .

17 Zwei oder drei Sprachen in einer Familie – kein Problem?

a Wer sagt was? Lesen Sie und ergänzen Sie die Namen.

1 „Kinder wollen dieselbe Sprache sprechen wie ihre Freunde." Name: _____

2 „Es ist doch gut, wenn man mehrere Sprachen sehr gut spricht." Name: _____

3 „Meine Kinder wechseln zwischen zwei Sprachen." Name: _____

Amira, 33

5 Ich denke, das ist manchmal schwierig, aber es geht. Bei uns ist das so: Ich bin Ägypterin und mein Deutsch ist noch nicht so gut, weil ich erst seit zwei Jahren in Deutschland lebe. Mein Mann ist Deutscher. Wir haben uns in Ägypten kennengelernt, weil er dort sechs Jahre für eine deutsche Firma gearbeitet hat. Jetzt leben wir seit fast zwei Jahren in Frankfurt. Unsere Kinder sprechen sehr gut Arabisch und jetzt auch schon ganz gut Deutsch. Mein Mann hat zwar in Ägypten mit ihnen Deutsch gesprochen, aber er war ja nicht so viel zu Hause und in der Familie haben wir immer Arabisch gesprochen. Darum können das die Kinder viel besser. Manchmal verwenden sie auch zwei Sprachen in einem Satz. Wenn sie ein Wort nicht auf Deutsch wissen, dann sagen sie einfach ein arabisches mitten im deutschen Satz. Aber ich finde

10 das okay. Denn bald werden sie sowieso besser Deutsch als Arabisch sprechen.

Janusz, 22

15 Ich bin Pole und als ich sechs Jahre alt war, sind wir nach Deutschland umgezogen. Meine Schwester und ich sind natürlich gleich in eine deutsche Schule gegangen und konnten nach einem Jahr fließend Deutsch sprechen. Für meine Eltern war es schwieriger, denn meine Mutter war Hausfrau und hatte nicht so viel Kontakt mit Deutschen. Nach zwei Jahren wollten meine Schwester und ich nur noch Deutsch sprechen und wir haben unseren Eltern immer auf Deutsch geantwortet. Wir wollten nicht, dass unsere Eltern oder unsere Oma mit uns Polnisch sprechen, wenn andere Kinder zu Besuch waren oder sie uns von der Schule abgeholt haben. Ich glaube, alle Kinder wollen sein wie die anderen Kinder und dazu gehört auch, dieselbe Sprache zu sprechen. Natürlich ist mein Polnisch nun nicht so gut wie mein Deutsch, aber ich verstehe alles und

20 kann auch ganz gut Alltagsgespräche führen. Das ist genug für mich und ich freue mich, dass ich mich mit unseren polnischen Verwandten unterhalten kann. Ich finde, man sollte daraus nicht so ein Problem machen.

Yara, 18

25 Ich komme aus Syrien. Ich bin mit drei Sprachen aufgewachsen, denn mein Vater hat für eine internationale Firma gearbeitet und wir haben auch einige Jahre in der Türkei und in Russland gelebt. Aus diesem Grund spreche ich sehr gut Arabisch, Türkisch und Russisch. Allerdings kann ich Arabisch am besten, weil wir in der Familie immer Arabisch gesprochen haben, egal in welchem Land wir waren. Jetzt leben wir in Deutschland und ich lerne seit zwei Jahren Deutsch. Das kann ich noch nicht so gut. Ich persönlich finde es sehr gut, dass ich mit drei Sprachen aufgewachsen bin. Denn ich habe viele Vorteile im Beruf. Ich möchte Übersetzerin werden und so muss ich die Sprachen nicht mehr lernen. Das ist doch super, oder?

b Was ist richtig? Lesen Sie noch einmal und kreuzen Sie an.

1 ○ Amiras Kinder sprechen besser Arabisch als Deutsch.

2 ○ In Amiras Familie wird nur Deutsch gesprochen.

3 ○ Janusz hat sechs Jahre Deutsch gelernt.

4 ○ Janusz und seine Schwester wollten mit ihren Eltern nicht Polnisch sprechen.

5 ○ Yara spricht drei Sprachen fließend.

6 ○ Yara lernt jetzt bald auch Deutsch.

D2 18 **Einen Forumsbeitrag schreiben**

Prüfung

Sie haben im Fernsehen eine Diskussionssendung zum Thema „Mehrsprachig aufwachsen" gesehen. Im Online-Gästebuch der Sendung finden Sie folgende Meinung:

Gästebuch

15.01. 16:55 Uhr

Sandra
(52 Jahre)

Also, ich kann den Gästen in Ihrer Sendung überhaupt nicht zustimmen. Ich finde, dass Kinder erst einmal eine Sprache richtig lernen sollen. Denn sonst können sie am Ende gar keine Sprache gut. Sie sprechen dann zwar zwei oder drei Sprachen ein bisschen, mischen sie aber und sprechen keine Sprache fließend und auch keine wirklich gut.

---

a Machen Sie Notizen.

Kennen Sie jemanden, die/der mit zwei Sprachen aufwächst/aufgewachsen ist?
Was finden Sie gut? Was könnte schwierig sein? Stimmen Sie Sandra zu?

b Schreiben Sie nun Ihre Meinung zum Thema (circa 80 Wörter).

> Ich denke, dass ...
>
> Ich finde es sehr gut/wichtig, dass ...
>
> Am allerwichtigsten ist ... Deswegen/Daher/Aus diesem Grund ...
>
> Es könnte schwierig sein, dass ...
>
> Auf der anderen Seite ...
>
> Ich stimme Sandra (nicht) zu, denn ...

LERNTIPP Sie brauchen diese Sätze, wenn Sie Ihre Meinung ausdrücken wollen. Wiederholen Sie sie möglichst oft.

D2 19 **Lösen Sie das Rätsel.**

a Unser Heimatland ist die Ukraine. Wir s... aus der Ukraine.

b Wir möchten eine Sprachenschule für unser Kind a... Können Sie eine gute empfehlen?

c Wir kommen um 16.30 Uhr oder s... um 17 Uhr.

d Das Geschenk für Papa v... wir hier im Schrank. Er darf es vor seinem Geburtstag nicht sehen.

e Welchen Kuchen möchtest du? Du darfst w...

f Die deutsche A... ist für asiatische Deutschlerner sehr schwer.

g Für Kinder ausländischer H... gibt es auch Deutsch-kurse im Kindergarten.

h Mein Vater kann fast alle Elektrogeräte reparieren. Er ist ja auch M... von Beruf.

i Was heißt „etwas cool finden"? Kennen Sie den A... ?

j Meine Kinder sprechen zwei Sprachen d... Sie mischen deutsche mit rumänischen Wörtern.

k Ich bin sehr in E... Mein Sprachkurs beginnt schon in fünf Minuten.

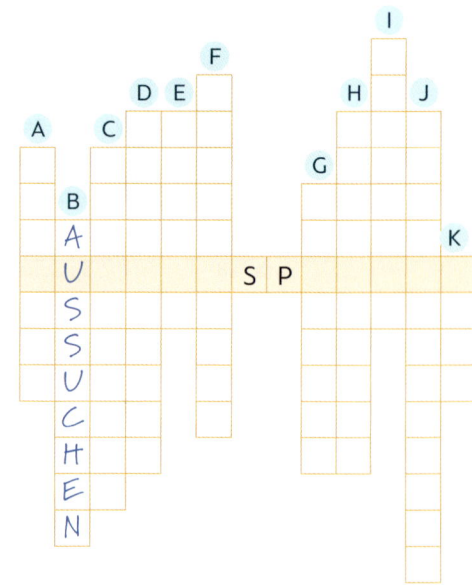

E3 **20 Mein schönstes deutsches Wort**

a Ordnen Sie zu.

● Streichholzschächtelchen ● Sternschnuppe ● Lesesessel

_____   _____   _____

b Warum findet wohl jemand genau diese Wörter am schönsten? Was meinen Sie?
Machen Sie Notizen und sprechen Sie.

Lesesessel: bequem, ...

1 ◄)) 23–25 **c** Hören Sie und vergleichen Sie.

1 ◄)) 23–25 **d** Hören Sie noch einmal und ergänzen Sie.

1 Die Frau ist Deutschlernerin. Sie findet das Wort _____
   am schönsten. Sie sagt, wenn man dieses Wort _____, dann
   kann man alle deutschen Wörter aussprechen.

2 Dem Mann gefällt das Wort _____ am besten. Er denkt da
   immer an _____. Denn der hat dort nach dem Mittagessen _____
   _____ und abends den Kindern _____.

3 Der Junge findet, dass _____ das schönste deutsche Wort
   ist. Wenn man am Himmel _____, dann hat man
   einen Wunsch frei.

E3 **21 Mein Lieblingswort**

a Welches deutsche Wort und welches Wort in Ihrer Muttersprache gefällt Ihnen? Warum? Schreiben Sie.

Wenn ich ... höre, dann denke ich an ...
Deshalb finde ich ...
Dieses Wort ist ...
Das klingt ...
Für mich ist ...
Auf Deutsch / In meiner Muttersprache ...

Wenn ich das Wort „Butterblume"
höre, dann denke ich an ...

b Präsentieren Sie Ihren Text im Kurs.

Test Lektion 4

1 Ergänzen Sie.

Ich heiße Arif und bin 16 Jahre alt. Meine Familie und ich _s t a m m e n_ (a) aus
Syrien und unsere M__t____s___c____ (b) ist Arabisch. Jetzt lerne ich seit
einem Jahr Deutsch. Die Schrift und die A____p_____e (c) finde ich schwierig, aber s__ä___s_____ (d) in einem Jahr möchte ich eine Ausbildung beginnen. Natürlich spreche ich dann noch nicht f_____e___ (e) Deutsch und verstehe noch nicht alle A___d___c__e (f), aber ich bin optimistisch.

○ 0–2
○ 3
_____ ○ 4–5

2 Schreiben Sie Sätze mit *wenn*.

a (ich nicht in Eile sein – spazieren gehen)
Wenn _ich nicht in Eile wäre, würde ich spazieren gehen._

b (ich mein Englisch besser sein – dir bei der Hausaufgabe helfen können)
Wenn _____
_____ .

c (ich euch besser verstehen – ihr nicht durcheinander sprechen)
_____ , wenn _____
_____ .

d (ich mehr Freizeit haben – nicht so viel arbeiten müssen)
_____ , wenn _____
_____ .

3 Ordnen Sie zu.

denn   Weshalb   ~~Weil~~   Wegen   Deswegen

a _____ möchte Costa Mechatroniker werden? –
Weil er sich für Autos interessiert.

b _____ seiner guten Deutschkenntnisse hat er
schnell einen Ausbildungsplatz gefunden.

c Er ist erst 17 Jahre alt. _____ wohnt er noch
bei seinen Eltern.

d Jetzt spart er Geld, _____ er möchte nach
der Ausbildung eine eigene Wohnung haben.

○ 0–5
○ 6–7
_____ ○ 8–10

4 Wie kann man auch sagen? Ergänzen Sie.

a Können Sie mir sagen, wo ...? – W_i_s_s_e_n S_i_e_, w_o_ ...?

b Ich hätte eine Frage. – D____ i__ S___e_____ f_____ ?

c Könnten Sie das bitte noch einmal sagen? – K_____t____ S_____
d__s b__t__ wi_____ h_____ ?

d Was meinen Sie mit ...? – W_____ b__ e_____ ...?

e Entschuldigung. – T____ m__ l_____ .

○ 0–2
○ 3
_____ ○ 4

1 Yusuf sucht eine neue Stelle als Friseur.

a Lesen Sie Yusufs Stellengesuch: als Zeitungsanzeige 1 und als Profiltext im Internet 2 .
Markieren Sie dann in 2 die Erklärung für die Abkürzungen in 1 und notieren Sie.

1

> Flex., motiv. und engag. jg. Friseurmeister mit fünfjähr. Berufserfahrung sucht ab sofort
> neue Herausforderung in mod., kreat. und internat. Team. Fließend in Dt., Engl. und Türk.
> Unbefr. Vollzeitstelle mit der Möglichkeit zur Fortb. erwünscht. Tel.: 0160-45 45 44

flex. — flexibel, motiv. — ...

2

friseure-im-netz.de

Persönliche Daten: **Vorname:** Yusuf   **Nachname:** Tekin

Zu meiner Person / Wer und wie bin ich?

Ich bin 24 Jahre jung und Mode und Lifestyle haben mich schon immer interessiert. Aktuelle Trends
und neueste Techniken sind mehr als nur ein Beruf für mich. Diskretion, Ehrlichkeit und
Zuverlässigkeit sind für mich selbstverständlich. Ich bin Friseur aus Leidenschaft und arbeite
erfolgreich und engagiert in einem bekannten Düsseldorfer Salon.

Fähigkeiten und Erfahrungen / Was kann ich?

Die letzten fünf Jahre habe ich als Top Stylist gearbeitet und dabei viel
Berufs_____ gesammelt. Seit einem Jahr bin ich Friseurmeister und Spezialist
im Bereich Cut&Color. Wer zu mir kommt, wird individuell und typgerecht beraten. Meine Kunden
sind international – gut, dass ich _____ Deutsch, Englisch und Türkisch spreche.

Stellenbeschreibung / Was suche ich?

Ich suche eine neue Herausforderung und möchte mich beruflich verändern. Deshalb suche ich ab
_____ eine neue Vollzeit_____ in einem modernen, kreativen und
internationalen _____. Ich bin neugierig, ==motiviert und flexibel.== Mein Wunsch ist es,
dass ich weiter regelmäßig an Fortbildungen teilnehmen kann.

Ich suche   ○ eine unbefristete Beschäftigung ○ eine befristete Beschäftigung
Arbeitszeiten   ○ Vollzeit ○ Teilzeit ○ Wochenende

b Ergänzen Sie die fehlenden Informationen in 2 mithilfe von Anzeige 1 .

2 Ein Stellengesuch im Internet aufgeben

a Sie suchen eine neue Stelle. Machen Sie eine Tabelle. Verwenden Sie auch Wörter aus 1 .

> teamfähig/selbstständig/kontaktfreudig/zuverlässig/verantwortungsbewusst / ... sein
> gut mit ... umgehen können   gute Computer-/Sprachkenntnisse/Kenntnisse in ... haben
> ... Vollzeit/Teilzeit/auf Stundenbasis arbeiten   ab sofort / ab nächstem Monat / ... suchen

Wer und wie bin ich?	Was kann ich?	Was suche ich?
flexibel, teamfähig, ...		

b Schreiben Sie einen Profiltext wie in 2 .

A Fang endlich an, Bewerbungen **zu schreiben**!

A1

1 Ich habe leider keine Zeit …

Grammatik
entdecken

a Ordnen Sie zu.

mitzuarbeiten   auzuschalten   zu erklären   mitzukommen   zu sein   ~~zu gehen~~

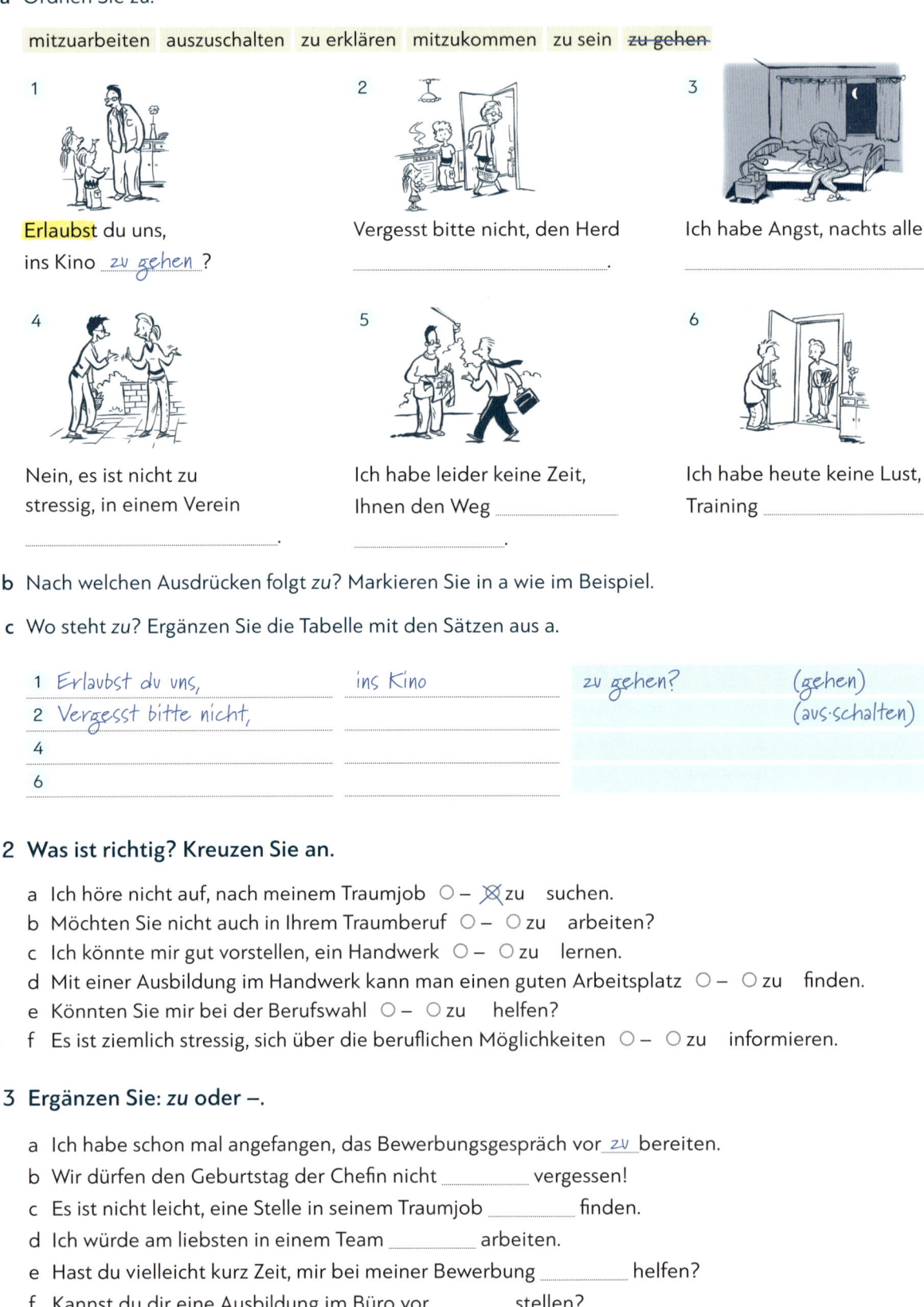

1
Erlaubst du uns,
ins Kino _zu gehen_ ?

2
Vergesst bitte nicht, den Herd
_____ .

3
Ich habe Angst, nachts allein
_____ .

4
Nein, es ist nicht zu
stressig, in einem Verein
_____ .

5
Ich habe leider keine Zeit,
Ihnen den Weg _____
_____ .

6
Ich habe heute keine Lust, ins
Training _____ .

b Nach welchen Ausdrücken folgt *zu*? Markieren Sie in a wie im Beispiel.

c Wo steht *zu*? Ergänzen Sie die Tabelle mit den Sätzen aus a.

1	Erlaubst du uns,	ins Kino	zu gehen?	(gehen)
2	Vergesst bitte nicht,			(aus·schalten)
4				
6				

A1

2 Was ist richtig? Kreuzen Sie an.

a Ich höre nicht auf, nach meinem Traumjob ○ – ☒ zu   suchen.
b Möchten Sie nicht auch in Ihrem Traumberuf ○ – ○ zu   arbeiten?
c Ich könnte mir gut vorstellen, ein Handwerk ○ – ○ zu   lernen.
d Mit einer Ausbildung im Handwerk kann man einen guten Arbeitsplatz ○ – ○ zu   finden.
e Könnten Sie mir bei der Berufswahl ○ – ○ zu   helfen?
f Es ist ziemlich stressig, sich über die beruflichen Möglichkeiten ○ – ○ zu   informieren.

◇ **A1**

3 Ergänzen Sie: *zu* oder –.

a Ich habe schon mal angefangen, das Bewerbungsgespräch vor_zu_bereiten.
b Wir dürfen den Geburtstag der Chefin nicht _____ vergessen!
c Es ist nicht leicht, eine Stelle in seinem Traumjob _____ finden.
d Ich würde am liebsten in einem Team _____ arbeiten.
e Hast du vielleicht kurz Zeit, mir bei meiner Bewerbung _____ helfen?
f Kannst du dir eine Ausbildung im Büro vor_____ stellen?

A1 **4 Schreiben Sie Sätze.**

~~(keine) Lust haben~~ ~~möchten~~ ein halbes Jahr um die Welt reisen ~~am Abend arbeiten~~
hoffen Spaß machen können (nicht) immer dasselbe machen sehr gut selbstständig arbeiten
sich vorstellen können würde ... gern mit netten Kollegen zusammenarbeiten Neues lernen
anstrengend sein ... wenig Freizeit haben

> *Ich habe keine Lust, am Abend zu arbeiten.*
> *Ich möchte in meinem Berufsleben ...*

A1 **5 Ordnen Sie zu und schreiben Sie Sätze mit *zu*.**

sich vorstellen können ~~versuchen~~ aufhören versprechen vorhaben

a Morgen will ich pünktlich sein. Vielleicht!
b Ich hole dich morgen ab. Ganz sicher.
c Einen interessanten Job finden! Das ist mein Plan.
d Einen Handwerksberuf ergreifen? Ja, warum eigentlich nicht?
e Ich arbeite als Krankenpfleger. Aber nur noch bis Ende des Monats.

> *a versuchen:*
> *Morgen versuche*
> *ich, pünktlich zu sein.*
> *b ...*

A2 **6 Markieren Sie noch neun Wörter und ordnen Sie zu.**

AUFGABENSGBESCHÄFTIGSTI(BEWERBUNG)TERWARTENZ(TÄTIGKEIT)
BEWERBUNGSUNTERLAGENZYTWHANDELUTPOÜKENNTNISSENKWAQ
UNTERSTÜTZUNGMUSJÄMTILVORAUSSETZUNGDUQYMPOXVORTEILW

A **Rotes Kreuz**

Wir suchen für 15 Stunden pro Woche

_____ für den

Patientenfahrdienst.

_____ für die

Tätigkeit ist:
+ Führerschein Klasse B
+ _____ in Erster Hilfe
+ Freude an der Arbeit mit Menschen
Es _____ Sie:
+ interessante _____
+ Weiterbildungsmöglichkeiten
+ ein angenehmes Betriebsklima
Bitte senden Sie Ihre *Bewerbung* an personal@rk.de

B **Fachverkäufer/-innen für unser kleines Modegeschäft gesucht!**
Erfahrung in _____ und
Verkauf von _____.
Informationen bei Frau Kleinert, Telefon: 809503

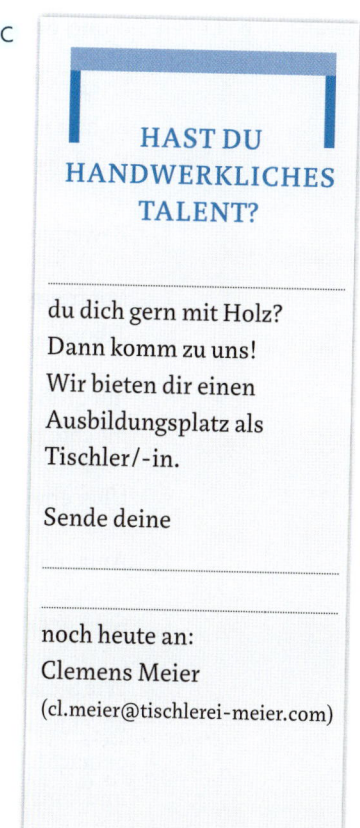

C

HAST DU HANDWERKLICHES TALENT?

_____
du dich gern mit Holz?
Dann komm zu uns!
Wir bieten dir einen
Ausbildungsplatz als
Tischler/-in.

Sende deine

_____

_____

noch heute an:
Clemens Meier
(cl.meier@tischlerei-meier.com)

A

A2 **7 Ergänzen Sie in der richtigen Form:** *brauchen – müssen.*

a Ich _brauche_ nur die neuen Wörter zu lernen, dann schaffe ich die Prüfung schon.

b Dein Zeugnis ist doch so gut. Du _____ dir wirklich keine Gedanken um einen Job zu machen.

c Wenn sie nur Teilzeit arbeitet, dann _____ sie nicht den ganzen Tag am Computer sitzen.

d Wenn wir drei Monate verreisen wollen, dann _____ wir jetzt viel Geld sparen.

A2 **8 Mein Traumjob. Schreiben Sie Sätze mit** *brauchen ... zu.*

a (nicht früh aufstehen)
In meinem Traumjob brauche ich nicht früh aufzustehen.

b (keine langweiligen Aufgaben übernehmen)
Ich _____

_____

c (keine Überstunden machen) _____

_____

d (nur arbeiten, wenn ich Lust dazu habe) _____

_____

e (nicht mit unfreundlichen Kollegen zusammenarbeiten) _____

_____

A4 **9 Ein Bewerbungsschreiben**

Schreib-
training

a Lesen Sie und ordnen Sie.

○ Es fällt mir leicht, neue Dinge zu lernen. Außerdem macht es mir Spaß, Kunden zu beraten. Deshalb wäre ich gern als Verkäufer bei Ihnen tätig.

① **Bewerbung als Verkäufer von E-Bikes**

○ Mit freundlichen Grüßen
Tibor Kelemen

○ mit großem Interesse habe ich Ihre Anzeige gelesen und möchte mich um die freie Stelle als Verkäufer von E-Bikes bewerben.

○ Über eine Einladung zu einem persönlichen Gespräch würde ich mich freuen.

○ Anlagen: Lebenslauf, Zeugnisse

○ Sehr geehrte Damen und Herren,

○ Wie Sie aus meinen Unterlagen ersehen können, habe ich nach meinem Realschulabschluss die Ausbildung zum Zweiradmechaniker bei der Firma „Fahrrad Neuchl" gemacht. Danach war ich zwei Jahre als Angestellter in einem Fahrradgeschäft tätig und konnte auch erste Erfahrungen im Verkauf sammeln.

b Ergänzen Sie das Bewerbungsschreiben. Hilfe finden Sie in a.

Bewerbung _als_ (1) Physiotherapeutin im Altenheim

Sehr _____ (2) Frau Zerlich,

_____ (3) habe ich Ihre Anzeige gelesen und bewerbe mich hiermit um die Stelle als Physiotherapeutin.

Wie Sie _____ (4) ersehen können, war ich in Polen nach meiner Ausbildung zur Physiotherapeutin vier Jahre in einem Krankenhaus in Lodz tätig. Danach habe ich zwei Jahre in der Praxis _Echtler & Leimbeck_ gearbeitet. Dort konnte ich auch _____ (5) im Bereich der Sportmedizin sammeln. _____ (6) ist Polnisch. Ich spreche aber auch sehr gut Deutsch und Englisch.

Die Stelle in einem Altenheim ist für mich etwas ganz Neues. Es _____ (7) große Freude, Neues zu lernen. Außerdem kümmere ich mich gern um andere Menschen und freue mich auf den Kontakt mit den Bewohnern.

Über eine Einladung _____ (8) würde ich mich freuen.

Mit _____ (9)

Alina Jankowska

> **LERNTIPP** Ein Bewerbungsschreiben muss fehlerfrei sein! Notieren Sie zuerst Ihre typischen Fehler. Überprüfen Sie dann Ihren Text pro Fehlertyp einmal. Lassen Sie Ihre Bewerbung am Ende noch einmal von einem Muttersprachler Korrektur lesen.

c Wählen Sie eine Stelle und schreiben Sie eine Bewerbung.

Sehr geehrter Herr Lustig, mit großem Interesse ...

3 **Wir suchen zwei Artisten**

1 **Zirkus Tortellini sucht Dompteur/-in**

Wir erwarten:
+ Ausbildung als Tierpfleger/-in
+ Erfahrung mit wilden Tieren (Tiger, ...)

Infos und Bewerbung bei Zirkusdirektor Hanno Lustig: hanno.lustig@zirkus-tortellini.com

2 **Sind Sie ein fröhlicher, positiver Mensch? Dann arbeiten Sie bei uns als Clown/-in**

Sie haben Berufserfahrung als Erzieher/-in oder als Schauspieler/-in? Sie können gut mit Kindern umgehen und haben viele lustige Ideen? Dann sind Sie die Richtige oder der Richtige für uns!
Gleich bewerben bei Zirkusdirektor Hanno Lustig: hanno.lustig@zirkus-tortellini.com

für unseren Zirkus.
Sie haben:
+ eine Ausbildung als Tänzer/-in
+ erste Berufserfahrung an einem Theater gesammelt oder schon als Artist/-in in einem Zirkus gearbeitet
Senden Sie Ihre Bewerbung an Zirkusdirektor Hanno Lustig: hanno.lustig@zirkus-tortellini.com

B Während seines letzten Schuljahres ...

B1 **10 Ergänzen Sie in der richtigen Form: während – innerhalb – außerhalb.**

a Man sollte schon *während der* (die) Schulzeit Praktika machen.

b Vielen Dank für Ihre Bewerbung. Sie erhalten _____ (wenige) Wochen unsere Antwort.

c Leider rufen Sie _____ (unsere) Geschäftszeiten an. Diese sind ...

d Sie können sich _____ (die) Wartezeit gern einen Kaffee nehmen.

e Die Firma möchte ihre Ergebnisse _____ (die) nächsten zwei Jahre um 20 % verbessern.

f _____ (die) Nebensaison braucht unser Restaurant keine Küchenhelfer.

B2 **11 Ordnen Sie zu.**

außerhalb   bei   von ... bis   nach   ~~von ... an~~   Vor   während   während

> **Anlagenmechanikerin – ein Beruf auch für Mädchen?**
> Interview mit der Auszubildenden Samira
>
> Karrierestart: Warum wirst du Anlagenmechanikerin?
>
> Samira: Technik hat mich schon immer interessiert. Schon _____ (a) meiner
> Schulzeit habe ich bei einem Elektroinstallateur gearbeitet. Gleich _____ (b)
> dem Abitur habe ich ein Praktikum bei einem großen Energieunternehmen gemacht.
> Da ist mir klar geworden: Anlagenmechanikerin, das ist es!
>
> Karrierestart: Wie lange dauert die Ausbildung?
>
> Samira: 3,5 Jahre. Aber schon _____ (c) des ersten Jahres lernt man die wichtigsten
> Dinge kennen. Ich durfte *von* Beginn *an* (d) selbstständig Probleme lösen.
> _____ (e) der Abschlussprüfung muss ich aber trotzdem noch viel lernen.
>
> Karrierestart: Wie sieht dein Arbeitstag aus?
>
> Samira: Ich bin _____ morgens _____ (f) zum Feierabend auf dem
> Gebiet unseres Unternehmens unterwegs und repariere Anlagen.
>
> Karrierestart: Welche Erfahrungen hast du als Frau _____ (g) deiner Arbeit gemacht?
>
> Samira: Nur positive! Wir Kollegen treffen uns oft abends, also _____ (h)
> der Arbeitszeit. Natürlich wird dann meist über die Arbeit gesprochen.

B2 **12 Lesen Sie den Text und schließen Sie die Lücken 1–6.**

Prüfung   Welche Lösung (a, b oder c) passt am besten?

> E-Mail senden
>
> Sehr __0__ Herr Nemati,
>
> vielen Dank __1__ Ihre Bewerbung als Kfz-Mechatroniker. Wir freuen uns über Ihr __2__ an
> unserer Firma und laden Sie hiermit zu einem Vorstellungsgespräch am 25. Mai um 11.30 Uhr ein.
> Bitte geben Sie uns __3__ der nächsten Tage Bescheid, __4__ Sie zu diesem Termin kommen
> können. Bringen Sie außerdem noch folgende __5__ mit: Abschlusszeugnis der Berufsschule im
> Original. Für Fragen und weitere Informationen __6__ wir Ihnen gern zur Verfügung.
> Mit freundlichen Grüßen
> Friederike Leinmüller – Autohaus Lehmann

0 a ☒ geehrter   2 a ○ Bewerbung   4 a ○ wenn   6 a ○ stellen
   b ○ lieber   b ○ Interesse   b ○ wann   b ○ stehen
   c ○ freundlicher   c ○ Mitarbeit   c ○ ob   c ○ haben
1 a ○ um   3 a ○ innerhalb   5 a ○ Papiere
   b ○ für   b ○ außerhalb   b ○ Sachen
   c ○ bei   c ○ bis   c ○ Unterlagen

B2 **13 Sie hören nun ein Gespräch.**

Prüfung

1 🔊 26

Sie hören das Gespräch einmal. Dazu lösen Sie sieben Aufgaben.
Wählen Sie: Sind die Aussagen richtig oder falsch?

	richtig	falsch
a Rufen Sie vor dem Vorstellungsgespräch noch einmal an oder schreiben Sie, dass Sie kommen und sich auf das Gespräch freuen.	○	○
b Fahren Sie vor dem Gespräch unbedingt schon einmal zur Firma.	○	○
c Sammeln Sie möglichst viele Informationen über die Firma.	○	○
d Geben Sie auf jede Frage des Arbeitgebers eine Antwort. Man muss dabei nicht immer die Wahrheit sagen.	○	○
e Sagen Sie dem Arbeitgeber, was Sie können und warum Sie besonders gut für die Stelle geeignet sind.	○	○
f Versuchen Sie, mit dem Arbeitgeber ein richtiges Gespräch zu führen. Dabei können Sie auch Fragen stellen.	○	○
g Ziehen Sie sich so an, wie Sie sich am wohlsten fühlen. Die Kleidung und das Aussehen sind nicht so wichtig.	○	○

B3 **14 Verbinden Sie.**

a Guten Tag, Herr Trantow.
  Setzen Sie sich doch bitte.

b Erzählen Sie doch bitte
  etwas über sich.

c Welche Aufgaben hatten Sie bei Ihrem
  letzten Arbeitgeber?

d Haben Sie noch andere Fähigkeiten?

e Haben Sie auch Computerkenntnisse?

f Haben Sie denn noch eine
  Frage an mich?

g Vielen Dank, dass Sie hier
  waren, Herr Trantow.

1 Ich war zuständig für die Pflege
  von 20 Bewohnern.

2 Ja, ich beherrsche die üblichen Programme,
  die man für die Dokumentation braucht.

3 Ja, ich würde gern wissen, wie groß die
  Pflegestation hier ist.

4 Vielen Dank auch an Sie.

5 Danke schön.

6 Ja, ich spreche drei Sprachen.

7 Also, ich bin Altenpfleger und beende
  gerade eine Weiterbildung im Bereich
  Gesundheitstraining für Senioren.

B3 **15 Das kann ich! Ergänzen Sie Informationen über sich.**

a Ich habe schon während der Schulzeit / des Studiums _____

b Ich bin/war zuständig für _____

c Ich beherrsche _____

d Ich habe auch (sehr) gute Kenntnisse in _____

e Es fällt mir leicht, _____

C Berufsberatung

C2 **16 Was ist richtig? Lesen Sie und kreuzen Sie an.**

> **Was wollt ihr werden?**
>
> **Jacqueline:** Ich gehe noch zur Schule. Nächstes Jahr mache ich Abitur. Ein Studium ist aber nichts für mich. Das dauert zu lange. Planung und Organisation sind kein Problem für mich. Deshalb möchte ich einen kaufmännischen Beruf ergreifen. Kommenden Montag habe ich einen Termin bei der Berufsberatung.
>
> **Konstantinos:** In der Schule war ich gut in Rechnen und Kunst. Für mich war immer klar, dass ich mich mit technischen Fragen beschäftigen möchte. Und ich wollte auch künstlerisch tätig sein. Aber ich wusste nicht, wie ich das zusammenbringen sollte. Deshalb bin ich zur Berufsberatung gegangen. Der Berater hat mir eine Ausbildung als Bauzeichner empfohlen. Ich hätte nicht gedacht, dass mir diese Arbeit so gut gefällt.

a ○ Jacqueline hat keine Lust zu studieren.
b ○ Sie findet es schwierig, etwas zu planen oder zu organisieren.
c ○ Nächste Woche will sie sich über kaufmännische Ausbildungen informieren.
d ○ Konstantinos hatte vor, nach der Schule im Bereich Technik zu arbeiten.
e ○ Er fand es zunächst schwierig, seine Interessensgebiete zu verbinden.
f ○ Er hat erwartet, dass ihm die Ausbildung zum Bauzeichner Spaß macht.

C2 **17 Schreiben Sie Sätze (a–e). Ordnen Sie dann den passenden Ratschlag (1–5) zu.**

a sich gut vorstellen können – im handwerklichen Bereich arbeiten
b es nicht schwer finden – früh aufstehen
c Lust haben – viel unterwegs sein
d Freude machen – für andere kochen
e Interesse haben – Neues entwickeln

1 Du könntest Busfahrer werden.
2 Dann werd doch Tischler.
3 Hm, schwierig. Vielleicht Modedesigner?
4 Wie wäre es mit einer Tätigkeit als Bäcker?
5 An deiner Stelle würde ich Köchin werden.

a Ich kann mir gut vorstellen, im handwerklichen Bereich zu arbeiten. →2

C2 **18 Wörter mit -ng**

Phonetik **a Bilden Sie Wörter mit -ung.**

1 beraten *die Beratung*
2 erfahren _____
3 verantworten _____
4 entwickeln *die Entwicklung* ⚠
5 beschäftigen _____
6 unterstützen _____

1 ◀)) 27 **b Hören Sie und sprechen Sie nach. Achten Sie auf -ng.**

1 ◀)) 28 **c Bei welchen Wörtern müssen Sie n-g getrennt sprechen? Hören Sie und markieren Sie.**

1 Manchmal ist es anstrengend, Angestellter zu sein.
2 Ich habe Angst, kein gutes Jobangebot zu bekommen.
3 Ich finde es angenehm, im Team zu arbeiten.
4 Es ist nicht leicht, Verantwortung zu übernehmen.

1 ◀)) 29 **d Hören Sie noch einmal und sprechen Sie nach.**

D2 **19** Ordnen Sie zu.

es ist total stressig · Hast du noch nie daran gedacht · muss zwei Kollegen vertreten · Noch immer so viel Arbeit · schon mehrere Bewerbungen geschrieben · suche immer noch eine Stelle · ~~Wie läuft's denn so~~

◆ Hallo, Bettina. Das ist aber schön, dich zu sehen. *Wie läuft's denn so* (a) mit der Jobsuche?

○ Schwierig. Ich _____ (b) als Übersetzerin. Ich habe _____ (c), aber nur Absagen erhalten.

◆ _____ (d), dich selbstständig zu machen? Das machen doch viele Übersetzer.

○ Ja, das stimmt. Aber _____ (e), immer nach Aufträgen zu suchen. Außerdem gibt es viel Konkurrenz. Aber wie geht es dir denn? _____ (f)?

◆ Ja, leider. Bei uns in der Firma sind momentan mehrere Leute krank. Ich _____ (g). Und das jetzt, wo wir so viele Aufträge haben!

Ist das nicht anstrengend · machst du jetzt eigentlich genau · habe kein Interesse · komme gut mit den Kunden und den Kollegen zurecht · muss jetzt leider los

○ Was _____ (h)?

◆ Ich bin als Heizungsinstallateur tätig. Ich habe die Verantwortung für zwei Baustellen und soll nebenbei die Baustellen meiner Kollegen betreuen.

○ _____ (i), immer von Baustelle zu Baustelle zu fahren?

◆ Manchmal schon, aber meistens macht mir die Arbeit Spaß. Ich _____ (j). Übrigens, meine Firma sucht gerade jemanden fürs Büro. Willst du dich nicht bewerben?

○ Na, hör mal! Ich bin Übersetzerin. Ich _____ (k) an einer Tätigkeit als Sekretärin.

◆ Warum nicht? Als Übersetzerin sitzt du doch auch am Computer, schreibst und telefonierst. Der Job ist sicher und unsere Firma zahlt nicht schlecht. Überleg es dir doch einmal.

○ Das mache ich. Danke für den Tipp. Oh, ich _____ (l).

D2 **20** Ergänzen Sie.

A In den Ferien j o b b e n – wir suchen dich als S __ r __ i __ a __ __ st __ __ t __ ! (m./f.)

B Selbstständig als Reinigungskraft arbeiten: Auf Putzfee.net können Sie Ihren Service anbieten und nach A __ f __ ä __ n suchen.

C Machen Sie eine F __ b __ g. Wir bieten interessante Seminare in den Bereichen Technik und Handel. Denn die K __ k __ e __ z schläft nicht!

D Was Ihnen die Sterne diese Woche raten: Wechseln Sie jetzt Ihren Job. Der Z __ p __ t ist günstig.

1 Ergänzen Sie.

a Die Firma *Möller & Möller* ist sehr gut und hat deshalb viele A___t__ä__e.

b Frau Paulsen hat die V__r__n__w__t__g für 200 Mitarbeiter.

c Unsere Ingenieure e_____w__ck_____n neue Produkte.

d Frau Böhn will bald a v f h ö r e n zu arbeiten und in Rente gehen.

e Mario ist als S_____v_____a__g_____r in einem Restaurant tätig.

f Peter ist z___st_____g für die Kontrolle und Reparatur der Werkzeugmaschinen.

g Die Firma *Möller & Möller* bietet ihren Mitarbeitern viele F_____b____d____g___n an.

2 Schreiben Sie die Sätze neu.

a Fortbildungen interessieren mich nicht!
Ich habe kein Interesse, *Fortbildungen zu machen.*

b Die Zusammenarbeit mit meinen Kollegen macht mir Spaß.
Es macht mir Spaß, _____
_____ .

c Ich könnte mir eine Arbeit als Krankenpfleger gut vorstellen.
Ich könnte mir gut vorstellen, _____
_____ .

d Der Berufsberater verspricht Hilfe bei der Berufswahl.
Der Berufsberater verspricht, _____
_____ .

3 Ergänzen Sie: *während – innerhalb – außerhalb* und *der – ein – ...* in der richtigen Form.

a Sehr geehrter Herr Safak, vielen Dank für Ihre Bewerbung. Wir melden uns *innerhalb* d*er* kommenden Tage bei Ihnen.

b Sehr geehrter Herr Safak, wir laden Sie zu einem Vorstellungsgespräch am 2.8. um 10 Uhr ein. _____ d_____ Gesprächs können Sie natürlich gern Fragen stellen. Bitte geben Sie _____ e_____ Woche Bescheid, ob Sie kommen. Sie erreichen mich unter 7878-90 oder _____ d_____ Bürozeiten per E-Mail.

4 Verbinden Sie.

a Wie läuft´s denn so in der Firma?

b Hast du noch nie daran gedacht, die Stelle zu wechseln?

c Was machst du jetzt eigentlich genau?

d Ist es nicht stressig, nachts zu arbeiten?

e Noch immer so viel Arbeit?

1 Nein, das kann ich mir nicht vorstellen.

2 Nein, das finde ich nicht.

3 Ja, ich muss eine Kollegin vertreten.

4 Ich beende gerade meine Ausbildung zum Maler.

5 Danke, ganz gut. Wir haben viel Arbeit.

1 Vier gute Tipps

a Wofür bekommt man hier Tipps? Überfliegen Sie den Text und kreuzen Sie an.

○ Für Gespräche mit der Bank   ○ Für Gespräche mit dem Arbeitgeber

---

So kommen Sie weiter!

Das Bewerbungsgespräch ist gut gelaufen? Glückwunsch! Sie haben es fast geschafft. Doch wenn es im Bewerbungsgespräch zum Thema Geld kommt, machen viele Bewerber Fehler: Sie fordern zu viel Geld – oder zu wenig. Unsere Tipps helfen Ihnen bei diesem schwierigen Thema.

1 Sprechen Sie das Thema Geld nicht selbst an. Den ersten Schritt sollte der Personalchef machen.

2 Nennen Sie Ihren Gehaltswunsch. Wenn Sie vorher in anderen Unternehmen gearbeitet haben, ist Ihr letztes Gehalt die Grundlage.

3 Natürlich können Sie an einem neuen Arbeitsplatz mehr Geld verlangen, aber bleiben Sie realistisch und begründen Sie Ihren Gehaltswunsch: Haben Sie mehr Verantwortung? Können Sie mit besonderen Kenntnissen und Fähigkeiten punkten? War der alte Arbeitgeber besonders zufrieden mit Ihnen?

4 Was, wenn der Personalchef Ihren Gehaltswunsch ablehnt? Dann müssen Sie flexibel sein und andere Vorschläge machen. Erklären Sie zum Beispiel, dass Sie mit weniger Geld einverstanden sind, wenn die Firma Ihnen eine Fortbildung bezahlt. Oder wenn Sie nach sechs Monaten mehr Gehalt bekommen.

---

b Was ist richtig? Lesen Sie noch einmal und kreuzen Sie an.

1 ○ Es ist Aufgabe des Personalchefs, das Thema Geld anzusprechen.
2 ○ Am neuen Arbeitsplatz bekommen Sie zunächst das gleiche Gehalt wie in der alten Firma.
3 ○ Wenn Sie mehr Gehalt haben möchten, sollten Sie gute Argumente dafür nennen.
4 ○ Wenn der Personalchef mit Ihrem Vorschlag nicht einverstanden ist, können Sie nichts weiter machen.

2 Frau Lampart hat ein Bewerbungsgespräch. Sie spricht mit dem Personalchef über das Gehalt.

1 🔊 30   **a** Was ist richtig? Hören Sie den Anfang des Gesprächs und kreuzen Sie an.

1 Frau Lampart bewirbt sich um eine ○ Teilzeitstelle. ○ Vollzeitstelle.
2 Der Personalchef bietet ○ 1800 Euro ○ 1900 Euro   an.
3 Frau Lampart ist ○ einverstanden. ○ nicht einverstanden.

1 🔊 31   **b** Was ist richtig? Hören Sie weiter und kreuzen Sie an.

1 An ihrer neuen Stelle hätte Frau Lampart ○ weniger ○ genauso viel ○ viel mehr   Verantwortung.
2 Sie hat ○ noch keine ○ zwei Jahre ○ vier Jahre   Berufserfahrung.
3 Sie hat sich ○ nie ○ einmal ○ öfter   weitergebildet.

1 🔊 32   **c** Was ist richtig? Hören Sie das Ende des Gesprächs und kreuzen Sie an.

1 ○ Frau Lampart ist im ersten Jahr mit 2000 Euro zufrieden.
2 ○ Frau Lampart möchte in einem Jahr noch mal über das Gehalt sprechen.

3 Vergleichen Sie das Gespräch mit dem Text in 1a.
Was hat Frau Lampart alles beachtet? Sprechen Sie.

A **Es** ist nicht leicht, aber **es** lohnt sich.

A2 **1 Ordnen Sie zu.**

~~geht es~~   Es war   Es gibt   lief es   es ... dunkel ist   wird es ... schwierig   schwer es mir fällt   Es ist Sommer
regnet es   hat es ... gefallen   es ist ... kalt   ist es ... ein Uhr   lohnt es sich

> **E-Mail senden**
>
> Hi Tim,
>
> wie _geht es_ Dir (a)? Bei mir ist alles prima. _____ , (b) überall sieht man Blumen
> und ich bin viel draußen. Ich liebe diese Jahreszeit! Seit ein paar Tagen _____ (c) zwar,
> aber schlechtes Wetter stört mich ja nicht. Hauptsache, _____ nicht _____ (d).
> Du, ich hatte heute Vormittag ein Vorstellungsgespräch! _____ (e) wirklich aufregend,
> aber eigentlich _____ (f) ganz gut. Die Leute sind sehr nett und die Arbeit ist
> abwechslungsreich. _____ (g) nur leider ein Problem: Ich soll morgens um 7 Uhr (!)
> anfangen zu arbeiten. Schrecklich! Du weißt doch, wie _____ (h),
> früh aufzustehen. Vor allem im Winter, wenn _____ noch _____ (i), dann
> _____ wirklich _____ (j) für mich. Mir _____ in der Firma
> zwar sehr gut _____ (k), aber ich weiß nicht, ob ich das mit dem frühen Aufstehen
> schaffe. Was rätst Du mir?
> Liebe Grüße, Anne
> P.S.: Oje, jetzt _____ schon wieder _____ (l) nachts. Vielleicht sollte ich
> einfach mal früher ins Bett gehen? Wer weiß, vielleicht _____ (m)
> und ich bin morgens plötzlich immer topfit? ☺

A2 **2 Machen Sie eine Tabelle und ergänzen Sie die Ausdrücke mit *es* aus 1.**

Grammatik entdecken

Allgemein	Tages-/Jahreszeiten	Wetter	Befinden
			Wie geht es Dir?

A2 **3 Wo fehlt *es*? Ergänzen Sie wie im Beispiel.**

> **E-Mail senden**
>
> es
> ∨ Liebe Saskia,
> ∨ ist schon ein paar Monate her, dass ich Dir das letzte Mal geschrieben habe. Ich
> hoffe, dass euch gut geht. Seit wir in Frankfurt leben, ist viel passiert. Jetzt läuft
> ganz gut, aber am Anfang gab viele Probleme. Für unsere Kinder war besonders
> schwer. Sie haben ihre Freunde schrecklich vermisst und hatten Probleme mit der
> Sprache. Aber jetzt ist schon viel besser und sie haben sich an das Leben hier gewöhnt. Sie gehen
> ja jetzt auch zur Schule und haben neue Kinder kennengelernt. Übrigens gehe ich jetzt auch
> wieder in eine Schule – in eine Sprachenschule. Ich lerne schon seit vier Monaten Deutsch und
> das macht mir viel Spaß. So, jetzt ist gleich 9 Uhr. Ich muss Schluss machen. Mein Kurs fängt in
> einer halben Stunde an.
> Bis bald, Deine Fatima

A3 **4 Was ist richtig? Kreuzen Sie an.**

In unserem Dorf gibt es seit einiger Zeit am ersten Freitag im Monat einen Stammtisch der Kulturen. Dahin kommen alle, die Interesse an einem ☒ interkulturellen ○ kulturellen (a)   Treffen mit Menschen aus aller Welt haben. Der Stammtisch ist ein großer Erfolg geworden. Das war nicht immer so. Am Anfang, als er neu ○ gefunden ○ gegründet (b)   wurde, kamen nur sehr wenige Teilnehmer. Es waren ○ mindestens ○ höchstens (c)   fünf bis zehn da. Es war einfach so, dass die Leute aus der Umgebung zuerst dachten, dass das Treffen ○ ausschließlich ○ anschließend (d)   für Migranten ist. In der Zwischenzeit kommen aber auch immer mehr Deutsche, ○ heutzutage ○ mittlerweile (e)   sind es oft sogar über 30 Leute pro Treffen.

A3 **5 Ergänzen Sie.**

a Ich bin traurig, weil ich nicht zu Hause bin. Ich habe H _____ h.

b Das Wichtigste beim Kochen von indischen Gerichten sind die richtigen G_____ r_____.

c Ich mag den Frühling und den Sommer. Aber der Winter ist für mich die schönste J a h r e s z e i t.

d Meine Großeltern hatten mehrere Geschäfte. Sie waren erfolgreiche G_____ ä_____ e.

e Unser Nachbar hört zu jeder Tageszeit laute Musik. Das stört uns alle, aber er nimmt keine R_____ c_____.

f Wenn man sich mit einem Geschäft selbstständig macht, ist das oft ein f_____ z_____ R_____.

g Mein Onkel hat viele gute Ideen. Er l_____ fast jedes Problem.

A4 **6 Buchstaben und Laute: _b – p, g – k, d – t_**

1 ◀)) 33
Phonetik a Hören Sie und achten Sie auf _b, g_ und _d_ am Wortende.

◆ Der Auftrag bringt nur halb so viel Geld.
○ Bestimmt bekommst du bald einen neuen Auftrag!
◆ Geld und Erfolg sind nicht alles im Job.
○ Jeden Tag im Büro ... Ab und zu brauchst du auch mal Urlaub!

1 ◀)) 34 b Hören Sie und sprechen Sie nach.

1 Auftrag	3 Geld	5 Erfolg	7 Job	9 ab und zu
2 halb	4 bald	6 sind	8 Tag	10 Urlaub

c Ergänzen Sie die Regel.

Am Wortende spricht man _b, d, g_ wie _____.

B Ich will bei dem Laden sein, **um** dort **zu** warten.

B1

**Grammatik
entdecken**

7 Margaretas Ziele. Ergänzen Sie.

Wozu ist Margareta nach Deutschland gekommen?

Margareta ist nach Deutschland gekommen, …

a Sie möchte ihr Deutsch verbessern.

__um__ ihr Deutsch __zu verbessern__ .

b Sie _____ eine Ausbildung _____ .

um eine Ausbildung zu machen.

c Sie möchte selbstständiger werden.

_____ selbstständiger _____

d Sie _____ Geld _____ .

um Geld zu verdienen.

e Sie möchte in der Nähe ihres Freundes sein.

_____ in der Nähe ihres Freundes _____

B1

8 Wozu machen die Leute das? Ordnen Sie zu und ergänzen Sie die Sätze mit *um … zu*.

frische Zutaten und Gewürze kaufen   als Erster im Büro sein   ~~gesund bleiben~~
einen wichtigen Kunden treffen   bessere Chancen auf dem Arbeitsmarkt haben

a Miguel geht dreimal pro Woche ins Fitnessstudio, __um gesund zu bleiben__ .

b Peter steht von Montag bis Freitag sehr früh auf, _____

c Am Wochenende gehe ich immer zum Orientmarkt, _____

_____

d Herr Aryan fährt morgen nach Berlin, _____

e Sabina macht eine berufliche Weiterbildung, _____

_____

B1

9 Wozu ist Yaroslav nach Deutschland gekommen?

a Lesen Sie den Text und ergänzen Sie die Gründe.

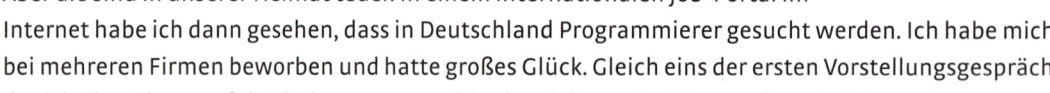

ABENTEUER AUSLAND
Wozu sind Sie nach Deutschland gekommen?

Meine Frau und ich wollten schon lange eine neue Perspektive im Leben finden.
Meine Frau wollte zum Beispiel gern in einer Großstadt im Ausland leben.
Bei mir war das anders. Ich bin IT-Spezialist und habe jahrelang als
Programmierer in einer Softwarefirma gearbeitet. In unserem Land gibt es aber
5 weniger Entwicklungsmöglichkeiten für meine Berufsbranche. Auch für unsere
Kinder wünschte ich mir, dass sie einmal eine gute Schule besuchen können.
Aber die sind in unserer Heimat teuer. In einem internationalen Job-Portal im
Internet habe ich dann gesehen, dass in Deutschland Programmierer gesucht werden. Ich habe mich
bei mehreren Firmen beworben und hatte großes Glück. Gleich eins der ersten Vorstellungsgespräche,
10 das ich über Skype geführt habe, war so positiv, dass ich von der Firma sofort ein Jobangebot erhalten
habe. Die erste Zeit habe ich noch von der Ukraine aus gearbeitet, aber nach meiner Probezeit erhielt
ich über die Firma eine offizielle Arbeitserlaubnis für Deutschland. Mein Chef wollte unbedingt, dass
das ganze Programmiererteam in München ist. So haben wir uns entschlossen, mit den Kindern nach
Deutschland zu ziehen. Es war nicht immer leicht für uns, aber jetzt sind wir einfach nur dankbar, dass
15 wir diese Chance bekommen haben.

Yaroslav Ivanenko, 38

1 Yaroslav und seine Frau können *eine neue Perspektive* finden.
2 Seine Frau kann _____ leben.
3 Seine Kinder können _____ besuchen.
4 Das ganze Programmiererteam ist _____.

b Schreiben Sie die Sätze neu mit *damit*.

> Yaroslav ist nach Deutschland gekommen, ...
> 1 damit er und seine Frau eine neue Perspektive finden können.

B1 **10 Warum steht Yaroslav früh auf?**

Grammatik entdecken

Lesen Sie und markieren Sie wie im Beispiel.
Ergänzen Sie Sätze mit *damit* und *um ... zu*, wenn möglich.

A  ==Yaroslav== steht früh auf. ==Er== will vor der Arbeit joggen.
Yaroslav steht früh auf, *damit er vor der Arbeit joggen kann* .
Yaroslav steht früh auf, *um vor der Arbeit zu joggen* .

Yaroslav steht früh auf. Er will in Ruhe seinen Kaffee trinken.
Yaroslav steht früh auf, *damit* _____.
Yaroslav steht früh auf, _____.

B  ==Yaroslav== steht früh auf. ==Seine Kinder== sollen pünktlich
aus dem Haus gehen.
Yaroslav steht früh auf, *damit seine Kinder pünktlich*
aus dem Haus gehen .

Yaroslav steht früh auf. Das Badezimmer soll dann für die Familie frei sein.
Yaroslav steht früh auf, _____.

B1 **11 Eine typische Woche von Piotr und seiner Familie**

Schreiben Sie Sätze mit *damit* und *um ... zu*, wenn möglich.

Ich gehe morgens früh zur Arbeit. Ich möchte abends nicht so spät nach Hause kommen.
Ich fahre einmal pro Woche zum Markt. Meine Frau muss die schweren Einkäufe
nicht machen.

Ich koche mittags zu Hause. Die Kinder sollen etwas Warmes zu essen haben,
wenn sie von der Schule kommen.
Ich verbessere mein Deutsch in einem Sprachkurs. Ich will im Alltag gut zurechtkommen.

Wir lernen nach der Schule viel am Nachmittag. Wir wollen gute Noten
haben und einen guten Abschluss machen.
Wir helfen im Haushalt. Mama soll nicht alles allein machen.

> a Ich gehe morgens früh zur Arbeit, damit ich abends nicht so spät nach Hause komme.
> Ich gehe morgens früh zur Arbeit, um abends nicht so spät nach Hause zu kommen.
> Ich fahre einmal pro Woche zum Markt, damit meine Frau ...

B

◇ **B1** **12 Was ist richtig? Kreuzen Sie an.**

a Frau Alt betreut ihre Enkel zu Hause, ○ um ⊠ damit ihre Tochter berufstätig sein kann.

b Jaime lernt und arbeitet viel, ○ um ○ damit sich bald selbstständig zu machen.

c Said lernt neben Deutsch auch Englisch, ○ um ○ damit bessere Chancen auf dem Arbeitsmarkt zu haben.

d Irina arbeitet jetzt Vollzeit, ○ um ○ damit ihr Mann eine teure Weiterbildung machen kann.

e Herr Reimer bezahlt viel Geld, ○ um ○ damit seine Eltern von einer privaten Krankenschwester gepflegt werden.

❖ **B1** **13 Wozu macht Piotr das?**

a Verbinden Sie.

1 Piotr geht dreimal pro Woche joggen.

2 Er ist als Erster im Büro.

3 Er lässt das Auto zu Hause stehen.

4 Er macht manchmal Überstunden.

5 Er arbeitet auch mal am Sonntag.

6 Er bringt die Kinder ins Bett.

Er
Seine Frau
Sein Team

a soll abends etwas Ruhe haben.

b kann das gemeinsame Projekt pünktlich abschließen.

c will wochentags früher gehen.

d kann tagsüber die Einkäufe mit dem Auto erledigen.

e kann ungestört seinen Arbeitstag planen.

f will fit bleiben.

b Schreiben Sie Sätze mit *damit* und *um ... zu*, wenn möglich.

> 1 Piotr geht dreimal pro Woche joggen, damit er fit bleibt. /
> Piotr geht dreimal pro Wohe joggen, um fit zu bleiben.

B3 **14 Beruf und Karriere – was ist wichtig, um Erfolg im Job zu haben?**
Markieren Sie noch fünf Wörter und ordnen Sie zu.

DLKJLDGDKJLKDLGJ**KOMPETENZEN**LLSKOMMUNIKATIVEDJG
LSKDENGAGEMENTJGKDÖLGÖGLLKGLKONFLIKTFÄHIGLÖFJA
FLAGJSTEAMFÄHIGJGSLGJSLMOTIVATIONSLGSLKGDJAFJFLA

a Personalfachleute sagen, man braucht nicht nur fachliche, sondern auch soziale _Kompetenzen_ , wenn man im Beruf erfolgreich sein will.

b Zum Beispiel ist es wichtig, dass eine Person gut im Team arbeiten kann und auch Kompromisse eingeht. Dann ist sie _____.

c Wenn sich Kollegen mal streiten, aber schließlich gemeinsam eine gute Lösung für ihr Problem finden, dann sind sie _____.

d Wer offen ist, sich gut mit Menschen unterhalten, aber auch gut zuhören kann, hat gute _____ Kompetenzen.

e Auf jeden Fall muss ein Mitarbeiter _____ und _____ zeigen, um im Beruf erfolgreich zu sein.

C1 **15** **Unzufrieden im Job**

Grammatik
entdecken

a In welchem Satz steht *nicht/kein*? Markieren Sie.

1 Ich bringe lieber meinen eigenen Laptop mit. Ich benutze <mark>nicht</mark> den alten Computer in der Firma.
Ich bringe lieber meinen eigenen Laptop mit, statt den alten Computer in der Firma zu benutzen.

2 Der Chef hat immer schlechte Laune. Er hat keinen Grund dafür.
Der Chef hat immer schlechte Laune, ohne einen Grund dafür zu haben.

b Welche Sätze sind richtig? Vergleichen Sie mit a und kreuzen Sie an.

1 Ich wechsle den Job, ○ statt mich weiter über die Arbeit zu ärgern.
  ○ statt mich nicht weiter über die Arbeit zu ärgern.
2 Ich suche eine neue Stelle, ○ ohne den Chef nicht zu informieren.
  ○ ohne den Chef zu informieren.

C1 **16** **Homeoffice. Ergänzen Sie die Sätze mit *statt ... zu*.**

a Sie können bei der Arbeit eine bequeme Trainingshose tragen
und müssen keine unbequeme Berufskleidung anziehen.
Sie können bei der Arbeit eine bequeme Trainingshose tragen,
statt unbequeme Berufskleidung anzuziehen.

b Sie haben flexible Arbeitszeiten und arbeiten nicht von 9 bis 17 Uhr.
Sie haben flexible Arbeitszeiten, _____.

c Sie haben keine Fahrtkosten und geben nicht viel Geld für Benzin aus.
Sie haben keine Fahrtkosten, _____.

d Sie räumen die Wohnung auf und arbeiten nicht.
Sie räumen die Wohnung auf, _____.

e Sie müssen viele Probleme allein lösen und besprechen sich nicht mit Kollegen.
Sie müssen viele Probleme allein lösen, _____.

C2 **17** **Meine fleißige Kollegin Olga. Schreiben Sie Sätze mit *ohne ... zu* und *statt ... zu*.**

a Sie steht jeden Tag um fünf Uhr auf. Sie beschwert sich nicht.
Sie steht jeden Tag um fünf Uhr auf, ohne sich zu beschweren.

b Sie kommt schon um 7 Uhr ins Büro. Sie fängt nicht erst um 9 Uhr an.
_____
_____

c Sie fährt immer mit dem Fahrrad zur Arbeit. Sie nimmt nicht das Auto.
_____
_____

d Sie geht in der Mittagszeit joggen. Sie isst nicht.
_____

e Sie arbeitet viele Stunden am Stück. Sie macht keine Pause.
_____

f Sie sollte sich mehr um sich selbst kümmern. Sie arbeitet so viel.
_____
_____

C

◇ C2 **18 Morgengewohnheiten. Was ist richtig? Kreuzen Sie an.**

    a Ich fahre zu jeder Jahreszeit mit dem Fahrrad zur Arbeit, ○ ohne ⊠ statt   das Auto zu nehmen.

    b Ich dusche morgens immer kalt, ○ ohne ○ statt   warm zu baden.

    c Ich trinke nie Kaffee, ○ ohne ○ statt   Zeitung zu lesen.

    d Ich gehe nie aus dem Haus, ○ ohne ○ statt   meinen Regenschirm mitzunehmen.

    e Ich bleibe morgens nach dem Aufwachen immer noch eine halbe Stunde liegen,
      ○ ohne ○ statt   sofort aufzustehen.

◆ C2 **19 Was würden Sie in Ihrem Leben gern machen? Schreiben Sie Sätze mit *ohne ... zu* und *statt ... zu*.**

~~selbstständig arbeiten~~ mehr Geld verdienen	viele Sprachkurse machen
kaputte Sachen reparieren eine Wohnung kaufen	immer zu Fuß gehen allein leben
mit meiner Familie in der Heimat telefonieren	viel Geld ausgeben sie in den Müll werfen
gut Deutsch sprechen mit dem Fahrrad fahren	Heimweh haben jeden Euro sparen müssen
mit meiner Familie zusammenwohnen ...	~~ein finanzielles Risiko eingehen~~ ...

> *Ich würde gern selbstständig arbeiten, ohne ein finanzielles Risiko einzugehen.*
> *Ich würde gern ...*

C3 **20 Unglücklich im neuen Job – Ratschläge für eine Freundin**

    a Ordnen Sie zu.

> An deiner Stelle Du könntest zum Beispiel Ich kann dir nur raten
> ~~Wie wäre es, wenn~~ Wie findest du die Idee solltest du vielleicht

    1 *Wie wäre es, wenn* du mit deinen Kollegen zusammen
       Mittagspause machst, statt allein zu essen?

    2 Wenn du Kollegen besser kennenlernen möchtest, _____
       _____ öfters am Tag
       kurz in die Kaffeeküche gehen. Da kannst du dich entspannt mit
       allen unterhalten, ohne sie bei der Arbeit zu stören.

    3 _____, an einem Tag für die Kollegen in
       deiner Abteilung Kuchen mitzubringen und deinen ersten Monat in der neuen Firma zu feiern?
       Über einen Kuchen freuen sich alle.

    4 _____ würde ich überallhin gehen, wo man Kolle-
       gen treffen kann. _____ am Firmensportprogramm
       teilnehmen. Da lernst du dann auch Leute aus anderen Abteilungen kennen.

    5 _____, offen zu sein und positiv zu denken.
       Du wirst sehen, in ein paar Wochen wird es dir schon besser gehen.

    b Schreiben Sie zwei weitere Ratschläge.

> *Ich kann dir nur raten, ...*

D3 **21 Ich hätte gern …**

a Wer sagt was? Lesen Sie und ergänzen Sie: Kundin (K), Verkäuferin (V).

1 ◯ Darf ich Ihnen … empfehlen?
2 ◯ Das muss ich mir noch überlegen.
3 ◯ Kann ich etwas für Sie tun?
4 Ⓚ Vielen Dank für Ihre Hilfe.
5 ◯ Sie wünschen?
6 ◯ Entschuldigung, ist es möglich, … ?
7 ◯ Haben Sie noch einen Wunsch?
8 ◯ Ich bin auf der Suche nach …

a ◯ Ich hätte gern …
b ◯ Wie kann ich Ihnen helfen?
c Ⓚ Vielen Dank für Ihre Mühe.
d ◯ Haben Sie einen bestimmten Wunsch?
e ◯ Darf ich Ihnen … anbieten?
f ◯ Ich kann mich noch nicht entscheiden.
g ◯ Dürfte ich Sie etwas fragen? Kann man …
h ◯ Kann ich sonst noch etwas für Sie tun?

b Wie kann man auch sagen? Verbinden Sie die Sätze in a.

D3 **22 Sie hören fünf Ansagen aus dem Radio.**

1 🔊) 35–39

Prüfung

Zu jeder Ansage gibt es eine Aufgabe.
Welche Lösung (a, b oder c) passt am besten?

1 Was hören Sie?
a ◯ Werbung.
b ◯ Den Verkehrsfunk.
c ◯ Die Nachrichten.

2 Was kann man bei *Radio Glocke* gewinnen?
a ◯ Einen Spanischkurs.
b ◯ Einen von hundert Kursen an der Volkshochschule.
c ◯ Eine Reise nach Spanien.

5 Das ist Werbung für …
a ◯ ein Modeltraining.
b ◯ einen kostenlosen Friseurbesuch.
c ◯ den Friseurberuf.

3 Wann ist die Messe geöffnet?
a ◯ Am Freitag und Samstag von 13–19 Uhr, am Sonntag von 9–19 Uhr.
b ◯ Am Freitagnachmittag von 13–19 Uhr und am Wochenende jeweils den ganzen Tag ab 9 Uhr.
c ◯ Am Freitag von 9–13 Uhr, am Samstag und Sonntag jeweils von 9–17 Uhr.

4 Was soll man tun?
a ◯ Man soll rechtzeitig losfahren.
b ◯ Man soll sich am Flughafen über die Flüge informieren.
c ◯ Man soll sich im Internet nach der aktuellen Verkehrssituation erkundigen.

LERNTIPP Lesen Sie vor dem Hören jeweils die Fragen und Antworten a–c genau durch. Markieren Sie dabei wichtige Informationen und Unterschiede.

E Reklamation

23 Ergänzen Sie.

a Ich möchte Sie jetzt zum letzten Mal a _u f f o r d e r n_, mir bis zum 31.03. zu antworten.

b Leider funktioniert die Uhr, die ich gestern gekauft habe, nicht. Bitte schicken Sie mir
einen E_____. Ich habe A____sp_____ auf eine neue Uhr.

c Als ich das Paket öffnete, musste ich leider feststellen, dass der/die ... b_____ä_____t ist.

d Ich habe Ihnen jetzt schon zweimal geschrieben, ohne eine Antwort zu erhalten.
Das ist wirklich sehr ä___g_____l_____.

e Der Pullover ist schön, j__d____h passt er meinem Mann leider nicht. Ich möchte ihn daher
gern in eine Nummer größer u_____a_____.

f Leider habe ich immer noch keine A_____o_____ erhalten.

g Bitte b____t_____g_____ Sie mir schriftlich, dass Sie meine Reklamation erhalten haben.

h Das ist wirklich ärgerlich. Ich bin von Ihrem Service sehr e_____t_____.

24 Eine schriftliche Reklamation

Schreib-
training

a Was bedeuten die Sätze? Ordnen Sie zu.

So schreibt man:

1 ◯ Am 16.2. haben Sie mir ... geliefert.
2 ⓒ Leider musste ich feststellen, dass ...
   defekt ist.
3 ◯ Ich habe Ihnen bereits zweimal eine E-Mail
   geschrieben und Sie gebeten, mir einen
   Ersatz zu schicken.
4 ◯ Leider habe ich immer noch keine Antwort
   erhalten.
5 ◯ Ich muss sagen, Ihr Service hat mich sehr
   enttäuscht.
6 ◯ Ich möchte Sie zum letzten Mal auffordern,
   mir bis zum ... einen Ersatz zu schicken.
7 ◯ Wenn ich bis zum ... nichts von Ihnen höre,
   dann nehme ich die Bestellung zurück.

So sagt man:

a Wenn ich bis zum ... nichts gehört habe,
   dann will ich den/die ... nicht mehr haben.
b Ich habe Ihnen schon zweimal geschrieben
   und gesagt, dass ich eine(n) neue(n) ... möchte.
c Schade. Der / Die ... ist kaputt.
d Ich sage es Ihnen jetzt noch ein letztes
   Mal: Bitte schicken Sie mir spätestens am
   ... eine(n) neue(n) ...
e Ich habe wirklich gedacht, dass Ihr Service
   viel besser ist.
f Ich bin enttäuscht, dass ich immer noch nichts
   von Ihnen gehört habe.
g Ich habe am 16. Februar von Ihnen ...
   bekommen.

b Wählen Sie eine Situation und schreiben Sie eine Reklamation wie in a. Die Sätze 1–7 helfen Ihnen.

1

Kopfhörer bestellt – funktioniert
nicht – schon einmal geschrieben,
aber keine Antwort erhalten –
bitte Ersatz bis zum ... schicken –
wenn wieder keine Antwort,
Bestellung zurücknehmen

2

Laptoptasche bestellt – Trageriemen nach einer
Woche gerissen – zurückschicken – umtauschen
oder Ersatz – bitte Reklamation bestätigen

Sehr geehrte Damen und Herren,
am 12.3.20..
...
Mit freundlichen Grüßen

Test Lektion 6

1 Ergänzen Sie.

/ 5 Punkte

Ich war j a h r e l a n g (a) angestellt, aber irgendwann war ich unzufrieden

und habe mich e __t__ __l__ s __n (b): Ich mache mich selbstständig und

g__d__ (c) eine Firma. Ein paar Freunde, die gute

G__ä__l__e (d) sind, helfen mir dabei. Ich glaube nicht,

dass es ein f__z__s (e) Risiko ist. Im Gegenteil, ich denke es

l__t (f) sich.

- 0–2
- 3
- 4–5

2 Schreiben Sie Sätze mit *damit* oder – wenn möglich – *um ... zu*.

2 ____ / 3 Punkte

- a Erika lernt Englisch. Sie möchte ausländische Kunden besser verstehen.
- b Tomás macht eine Weiterbildung. Er möchte seine kommunikativen Kompetenzen verbessern.
- c Frau Steiler arbeitet nur halbtags. Die Kinder sollen nicht allein sein, wenn sie aus der Schule kommen.
- d Rodolfo arbeitet diese Woche zwei Tage von zu Hause aus. Seine Frau kann eine Fortbildung machen.

> a Erika lernt Englisch, um ausländische Kunden besser zu verstehen.

3 Ergänzen Sie: *ohne ... zu* oder *statt ... zu*.

3 ____ / 4 Punkte

- a Wenn man diskutieren und streiten kann, _ohne_ alles persönlich _zu_ nehmen, dann ist man konfliktfähig.
- b Man ist kompromissfähig, wenn man sich in Streitfragen mit jemandem einigt, _____ ergebnislos _____ streiten.
- c Ein guter Chef ist jemand, der seine Mitarbeiter führt, _____ sich selbst zu wichtig _____ nehmen.
- d Wer teamfähig ist, arbeitet gern mit Kollegen zusammen, _____ immer nur alles allein _____ machen.
- e Flexibel ist jemand, der sich schnell und ohne Probleme an neue Situationen gewöhnen kann, _____ gestresst _____ sein.

- 0–3
- 4–5
- 6–7

4 Vor dem Bewerbungsgespräch. Was ist richtig? Kreuzen Sie an.

4 ____ / 4 Punkte

- a ○ Du könntest zum Beispiel ☒ An deiner Stelle würde ich heute noch ein bisschen über die Firma im Internet recherchieren.

- b ○ Wie wäre es, wenn ○ Ich kann dir nur raten, du dir ein paar Fragen überlegst, die du morgen stellen kannst?

- c ○ Was hältst du davon, ○ Du könntest zum Beispiel fragen, wie groß das Team ist oder was deine Aufgabe sein wird.

- d ○ An deiner Stelle würde ich ○ Ich kann dir nur raten, du selbst zu sein. Das ist das Allerwichtigste.

- e ○ Wie wäre es, wenn ○ Was hältst du davon, heute Abend essen zu gehen? Das bringt dich auf andere Gedanken.

- 0–2
- 3
- 4

WÖRTER · GRAMMATIK · KOMMUNIKATION

Fokus Beruf: Kundenwünsche

1 ◀)) 40–42 **1 Anna Borowski hat die Hochzeit ihrer Tochter organisiert. Nun ist etwas falsch gelaufen.**
Hören Sie drei Telefongespräche. Wer spricht mit wem? Ergänzen Sie: Kundin (K), Angestellte in der Bäckerei (A), Fahrer der Bäckerei (F).

Gespräch 1: K + ______ Gespräch 2: ______ + ______ Gespräch 3: ______ + ______

1 ◀)) 40–42 **2 Was ist wann passiert? Hören Sie noch einmal und ordnen Sie.**

- ◯ Die Bäckerei liefert eine neue Torte. Frau Borowski muss dafür nicht extra bezahlen.
- ① Frau Borowski bestellt eine Torte für die Hochzeit ihrer Tochter.
- ◯ Frau Borowski ruft die Bäckerei an und beschwert sich.
- ◯ Der Fahrer sagt, er hat keine Zeit, die Torten auszutauschen.
- ◯ Der Fahrer liefert die falsche Torte.
- ◯ Die Angestellte in der Bäckerei ruft den Fahrer an.
- ◯ Die Angestellte erklärt Frau Borowski, was passiert ist, und bietet ihr eine neue Torte mit 30 % Rabatt an.
- ◯ Der Fahrer sagt, dass er die Torten verwechselt hat.
- ◯ Frau Borowski ist nicht einverstanden.

3 Arbeiten Sie zu dritt. Wählen Sie je eine Rolle und spielen Sie drei Telefongespräche.

A
Kundin/Kunde
Sie machen heute eine Gartenparty. Sie haben beim Getränkeservice *Getränkeblitz* drei Kästen Limonade und vier Kästen Saft bestellt.

B
Angestellte/Angestellter
Sie arbeiten bei der Firma *Getränkeblitz* und bekommen einen Beschwerdeanruf von einer Kundin. Sie können nicht direkt helfen. Sie müssen erst mit dem Fahrer reden und rufen die Kundin dann zurück.

C
Fahrerin/Fahrer
Sie arbeiten als Fahrer/in für die Firma *Getränkeblitz*. Sie haben für die Gartenparty sieben Kästen Limonade geliefert.

GESPRÄCH 1: Kundin/Kunde und Angestellte/Angestellter

Ich habe bei Ihnen ... bestellt.	*Oh, das tut mir leid.*
Jetzt ist die Lieferung gekommen, aber ...	*Da ist wohl ein Fehler/ein Irrtum passiert.*
Sie haben wohl einen Fehler gemacht.	*Ich rufe sofort meine Kollegin/meinen Kollegen an.*
Ich hatte ... bestellt und nicht ...	*Bitte geben Sie mir Ihre Handynummer, ich rufe Sie gleich zurück.*

GESPRÄCH 2: Angestellte/Angestellter und Fahrerin/Fahrer

Frau/Herr ... hat angerufen.	*Oje, da habe ich wohl einen Fehler gemacht.*
Du hast ihm/ihr ... statt ... geliefert.	*Da habe ich wohl etwas verwechselt.*
Wir machen Folgendes: ...	*Was machen wir denn jetzt?*
Ich rufe an und frage nach, ob das okay ist.	*Ich könnte ...*

GESPRÄCH 3: Angestellte/Angestellter und Kundin/Kunde

Es tut mir furchtbar leid.	*Ja, damit bin ich einverstanden.*
Meine Kollegin / Mein Kollege hat einen Fehler gemacht.	*Nein, tut mir leid. Das war doch Ihr Fehler, nicht meiner.*
Wir könnten Ihnen ...	*Ich mache Ihnen einen anderen Vorschlag: ...*
Selbstverständlich geben wir Ihnen einen Preisnachlass.	

A ... **nicht nur** Lärm, **sondern auch** Schmutz.

A1 **1** Ergänzen Sie.

a Wenn zwei Personen oder Firmen einen Konflikt nicht selbst lösen
können, dann nehmen sie sich einen R__ch____a__w__l___ und
es kommt vielleicht zu einem P___z____s vor G___r_____.

b An Sonn- und Feiertagen darf man auf seinem G___u___s__ü___ nicht
den R__s___ mähen, denn das macht zu viel L___m. Diese Regel gilt
in allen B___d___ä__d__r__.

A1 **2** Ordnen Sie zu.

> sondern auch sehr lustig   aber nur, wenn ich nette Mitbewohner hätte
> oder eine neutrale Person um Hilfe bitten   ~~aber nicht, wenn er dauernd bellt~~   oder einen Single
> aber manche Probleme kann man nicht allein lösen

a Ich mag den Hund meiner Nachbarin zwar gern, *aber nicht, wenn er dauernd bellt* .

b Probleme mit Nachbarn sollte man entweder selbst lösen _____

_____ .

c Anwälte kosten zwar Geld, _____

_____ .

d Als Nachbarn hätte ich gern entweder ein älteres Ehepaar _____

e Unsere Nachbarn sind nicht nur sehr sympathisch, _____

f Ich würde zwar gern in einer Wohngemeinschaft leben, _____

_____ .

A1 **3** Klein, aber oho! Schreiben Sie Sätze.

a wir – viel Ruhe haben / eine schöne Aussicht
(nicht nur ..., sondern auch)

b unser Haus – sehr klein sein / richtig hell (zwar ..., aber)

c wir – mietfrei leben / wenig Geld für das Essen brauchen
(nicht nur ..., sondern auch)

d wir – in unserem Baumhaus leben wollen /
auf einem Bauernhof (entweder ... oder)

e wir – eine Dusche haben / eine Badewanne
(nicht nur ..., sondern auch)

f in unserem Haus – oft sehr chaotisch sein / wir gern
dort leben (zwar ..., aber)

> a Wir haben nicht nur viel Ruhe, sondern
> auch eine schöne Aussicht.

A

◇ **A1** **4 Ordnen Sie zu.**

nicht nur   entweder   aber   ~~zwar~~   auch   sondern   oder

a Ich habe _zwar_ keine Lust auf Streit mit meinen Nachbarn, _____
  wenn sie am Sonntag Rasen mähen, dann ärgert mich das sehr.

b _____ Sie machen nachts die Musik leise _____
  wir gehen zum Anwalt.

c Ich habe _____ guten Kontakt mit allen meinen Nachbarn im Haus,
  _____ bin mit einigen _____ gut befreundet.

❖ **A1** **5 Meine Traumwohnung. Schreiben Sie mindestens fünf Sätze.**

> Meine Traumwohnung sollte nicht nur ...
> Ich brauche zwar kein/e/en ...
> Ich hätte gern entweder ...

Meine Traumwohnung sollte nicht nur groß sein, sondern auch einen Balkon haben.

A3 **6 So war es bei uns – und bei euch? Ordnen Sie zu.**

war ich zuständig für   wir mussten entweder   was war bei euch üblich
Musste man   das bei euch auch so   ~~wir mussten zwar nicht~~

◆ In der Schule in meinem Heimatland mussten wir alle aufstehen, wenn die Lehrerin
  ins Klassenzimmer gekommen ist. War _____ (a), Salim?

○ Na ja, _wir mussten zwar nicht_ (b) aufstehen, aber wir mussten alle zusammen
  „Guten Morgen, Frau Lehrerin" sagen.

◆ Tarek, und _____ (c) in der Schule?

▲ Fast jeder Schüler in der Klasse hatte eine kleine Aufgabe. Zum Beispiel _____
  _____ (d) den Abfall. Ich musste jeden Tag nach dem Unterricht den Papierkorb leeren. _____ (e) das bei euch
  in der Schule nicht?

◆ Doch, _____ (f) eine Aufgabe im Klassenzimmer
  übernehmen oder nach dem Unterricht der Lehrerin helfen, zum Beispiel die Bücher
  ins Lehrerzimmer tragen.

A4 **7 Familienleben. Markieren Sie noch acht Wörter und ordnen Sie zu.**

(W U T E N D)J H D E I G E N T U M L S R C V V E R B O T T E S Z E N T R A L E R U B C R T S C H R E I T
E N T D E C K T P Q W D F T P F L I C H T E N G I E Q G R U N D S T Ü C K L Q S J M I T E I N A N D E R

a Wenn wir _____ streiten, wird meine Schwester oft sehr _wütend_ .
  Manchmal _____ sie so laut, dass unsere Mutter kommt.

b Wenn wir als Kinder in der Familie nicht unsere _____ im Haushalt
  erfüllt haben, dann bekamen wir oft Fernseh_____ .

c Meine Eltern haben ein kleines _____ in unserem Dorf in
  _____ Lage gekauft. Es ist jetzt unser _____ und
  meine Eltern wollen mit unseren Großeltern zusammen dort ein kleines Haus bauen.

d Wir haben in der Nähe unserer Wohnung einen schönen kleinen
  Stadtpark _____ .

B Hätte ich bloß nichts gesagt!

B1 **8** Was wünschen sich die Leute? Ordnen Sie zu.

> Wäre ich doch vorsichtiger Ski gefahren!   Hätte ich bloß mein Handy mitgenommen!
> Hätte ich doch einen Regenschirm mitgenommen!

A

_____

B

_____

C

_____

B1 **9** Ergänzen Sie in der richtigen Form: *wäre – hätte*.

a _Hätte_ ich doch mehr Rücksicht genommen!

b _____ ich doch aufmerksamer gewesen!

c _____ du doch nur nicht ins Ausland gegangen!

d _____ ihr bloß vorher einen Rechtsanwalt gefragt!

e _____ doch nur nettere Leute in die Nachbarwohnung gezogen!

f _____ sie den Streit nur früher beendet!

B2 **10** Was wünschen Sie sich in diesen Situationen?
Schreiben Sie die Sätze neu mit *nur – doch – (doch) bloß*.

a Ich habe meinen Wecker nicht gestellt.
   Hätte ich doch meinen Wecker gestellt!

b Ich habe den Schlüssel in der Wohnung vergessen.

_____

c Sie hat den Zug verpasst.

_____

d Wir haben nicht an den Geburtstag von Oma gedacht.

_____

e Ich habe mein Portemonnaie verloren.

_____

f Ich bin im Bus eingeschlafen.

_____

g Wir haben nicht rechtzeitig eingekauft. Jetzt sind die Geschäfte geschlossen.

_____

B

◇ B2 **11 Ergänzen Sie in der richtigen Form.**

a <u>Hätten</u> wir doch nur ein Grundstück im Grünen <u>gefunden</u>! (finden)

b _____ meine Nachbarn doch nicht diesen Prozess _____! (beginnen)

c _____ ihr doch bloß früher _____! (kommen)

d _____ er doch nur nicht diesen lauten Rasenmäher _____! (kaufen)

e _____ du nur nicht aufs Land _____! (ziehen)

❖ B2 **12 Überraschung! Sehen Sie das Bild an und schreiben Sie Sätze.**

~~zum Friseur gehen~~ Wohnung aufräumen
einkaufen sich umziehen
Geschirr spülen Wäsche aufhängen
das Bett machen früher aufstehen ...

> *Wäre ich doch nur zum Friseur gegangen!*
> *Hätte ich doch nur ...*

B2 **13 Hören Sie und sprechen Sie nach.**

1 🔊 43
Phonetik

a Hätte ich nur eine schöne, bezahlbare Wohnung gefunden!

b Ach, hätte mein Vermieter nur nicht die Miete erhöht!

c Wären die Hanfmanns doch nicht hierher gezogen!

d Wären doch bloß nettere Nachbarn eingezogen!

e Wäre ich bloß zum Rechtsanwalt gegangen!

f Hätte er sich doch nicht über uns beschwert!

B3 **14 Machen Sie eine Tabelle und ordnen Sie zu.**

~~Das tut mir schrecklich leid.~~ Tatsächlich? Ich hätte da eine Bitte. Wir hatten doch abgemacht, dass ...
Meinetwegen. Das ist ja wohl eine Frechheit! Ach wirklich? Das ist mir noch gar nicht aufgefallen.
Es wäre schön, wenn Sie da etwas Rücksicht nehmen könnten. Klar, geht in Ordnung. Das ist ja lächerlich!
Daran habe ich noch gar nicht gedacht.

höflich Kritik äußern	auf Kritik erstaunt reagieren	auf Kritik freundlich reagieren	auf Kritik verärgert reagieren
		Das tut mir schrecklich leid.	

B3 **15 Ärger mit den Nachbarn**

Schreib-
training

a Sie haben seit einiger Zeit ein Problem mit Ihrer Nachbarin / Ihrem Nachbarn. Sie haben schon mit ihr/ihm darüber gesprochen. Es hat sich aber nichts geändert.

Sehen Sie das Bild an und schreiben Sie eine E-Mail.
Erklären Sie, was Sie stört und beschweren Sie sich höflich.

> *Liebe Frau … / Lieber Herr …,*
>
> *letzte Woche habe ich Ihnen gesagt, dass es mich sehr stört, wenn …*
>
> *Ich hätte da eine Bitte: Wäre es vielleicht möglich, dass …*
>
> *Es wäre schön, wenn …*
>
> *Ich bin mir sicher, dass wir dieses Problem gemeinsam lösen können.*
>
> *Vielen Dank für Ihr Verständnis.*
>
> *Viele Grüße*
>
> *…*

Lieber Herr Müller, letzte Woche …

Prüfung

b Sie haben in Ihrer Wohnung Geburtstag gefeiert. Leider waren Ihre Gäste bis 2 Uhr morgens so laut, dass die Nachbarn sogar die Polizei gerufen haben.

Schreiben Sie eine E-Mail an Ihre Nachbarn. Entschuldigen Sie sich höflich und laden Sie Ihre Nachbarn als Entschuldigung zu einem kleinen Essen in Ihre Wohnung ein. Schreiben Sie circa 40 Wörter. Vergessen Sie nicht die Anrede und den Gruß am Schluss.

B3 **16 Wie heißen die Wörter? Ordnen Sie zu.**

herhier landdesBun lichsächtat ~~sammerkauf~~ nedFrie

a Der Sohn von meinen Nachbarn ist sehr nett und <u>aufmerksam</u>.
Er trägt mir immer meine schweren Einkaufstaschen nach oben in den 4. Stock.
b Komm, setz dich doch _____.
c Haben deine Nachbarn bei der Party _____ die Polizei gerufen? War es so laut?
d Ich möchte keinen Streit, sondern mit allen meinen Nachbarn in _____ leben.
Das ist mir wichtig.
e Ich verstehe meine neue Nachbarin schlecht. Sie ist aus einem anderen _____
in unsere Stadt gezogen und spricht einen starken Dialekt.

C Wohnungssuche

Wieder-
holung

A2, L5

17 Freundinnen im Gespräch. Ordnen Sie zu.

mit dafür ~~für~~ darauf mit Worüber für wofür

a ◆ Was ist denn los? _____ (1) ärgerst du dich denn so?
   ○ Ach, Paul nervt mich. Er interessiert sich nur *für* (2) Fußball, und
   _____ (3) interessiere ich mich überhaupt nicht! Am Wochenende
   sitzt er ständig vor dem Fernseher, im Stadion oder spielt selbst mit seiner Mannschaft!
  ◆ Und _____ (4) interessierst du dich?
   ○ Auf alle Fälle nicht _____ (5) Fußball!
b ◆ Hey, warum bist du denn so nervös? Du hörst mir ja gar nicht mehr zu!
   ○ Weißt du, ich bin heute Abend zum ersten Mal _____ (1) Simon verabredet
   und freue mich schon den ganzen Tag _____ (2)!
  ◆ Und wo triffst du dich _____ (3) ihm?

C1

18 Person oder Sache? Was ist richtig? Kreuzen Sie an.

Grammatik
entdecken

	Worum?	Um wen?
a Ich kümmere mich um meine Großeltern.	○	⊗
b Ich kümmere mich um unseren Garten.	○	○

	Worüber?	Über wen?
c Ich habe mich über den kaputten Lift beschwert.	○	○
d Ich habe mich über den Kellner beschwert.	○	○

	Worauf?	Auf wen?
e Ich freue mich auf unsere neue Wohnung mit Terrasse.	○	○
f Ich freue mich auf meine Tochter. Sie kommt morgen.	○	○

> **LERNTIPP** Lernen Sie
> Frage und Antwort
> zusammen: *Worauf*
> *freust du dich? – Auf*
> *meinen Geburtstag.*
> *Auf wen freust du dich? –*
> *Auf meine Oma.*

C1

19 Ordnen Sie zu und schreiben Sie Fragen.

~~sich interessieren~~ sich treffen sich ärgern sich kümmern sich freuen warten

a ◆ *Wofür interessierst du dich* ?   ○ Für europäische Geschichte.
b ◆ _____ ?   ○ Um meine kranke Tante.
c ◆ _____ ?   ○ Auf meinen Bus.
d ◆ _____ ?   ○ Mit meinen Freunden.
e ◆ _____ ?   ○ Über das schmutzige Zimmer.
f ◆ _____ ?   ○ Über den Besuch meiner Eltern.

C2

20 Wohnungssuche. Ergänzen Sie.

◆ *Worüber* (a) freust du dich denn so?
○ Ich freue mich _____ (b), dass mein Mann und ich
  endlich einen Kompromiss bei der Wohnungssuche gefunden haben.
◆ Ach, ihr habt eine neue Wohnung gesucht? _____ (c) hast du mir noch gar nichts erzählt.
○ Na ja, es war so: Mein Mann wollte unbedingt eine Wohnung in einer Querstraße von seinem Büro in
  der Innenstadt mieten. Aber ich träume seit Jahren _____ (d), aufs Land zu ziehen. Wir
  haben viel _____ (e) dieses Thema gesprochen und auch gestritten. Aber jetzt haben wir
  eine schöne und wesentlich günstigere Wohnung mit Terrasse am Stadtrand gefunden. Nun sind wir
  beide sehr zufrieden _____ (f) dieser Alternative.

C2 **21 Keine Angst vor Verträgen**

Prüfung **a** Ordnen Sie zu.

Kaution Mietzeit und Kündigungsfrist Hausordnung Miete Untervermietung ~~Mieträume~~

Mietvertrag   **Der (Die) Vermieter**   Hans Wanninger   **wohnhaft in** Kellerstr. 24, 47550 Kleve
und der (die) Mieter   Maher Al-Ghabi

schließen folgenden Mietvertrag:

§1   *Mieträume*
    1. Im Hause   *kellerstr. 24, 47550 kleve*
        (Straße, Haus-Nr., Ort)
    werden folgende Räume vermietet: *2* Zimmer, *1* Küche/Kochnische, *1* Bad/Dusche/WC,
                    – Speicher, – Kellerräume, – Garage/Stellplatz
    2. Die Wohnfläche beträgt *46* qm.

§2   _____
    Das Mietverhältnis beginnt am: *01.03.20..* , es läuft auf unbestimmte Zeit.
    Das Mietverhältnis kann bis zum 3. Werktag eines Monats gekündigt werden.
    Das Mietverhältnis wird dann zum Ende des übernächsten Monats aufgehoben.

§3   _____
    Die Miete beträgt monatlich: *420,00* Euro.
    Zusätzlich zur Miete bezahlt der Mieter für die Nebenkosten (für Wasserversorgung,
    Entwässerung, Müllabfuhr) eine Vorauszahlung in Höhe von *65,00* Euro monatlich.
    Der Gesamtbetrag der Miete in Höhe von monatlich *485,00* Euro ist auf das Konto
    IBAN: DE52 3224 0000 1987 6689 17 des Vermieters zu zahlen.

§4   _____
    Bei Abschluss des Mietvertrags wird dem Mieter Anlage 2 des Mietvertrags mit
    den Rechten und Pflichten der Bewohner übergeben.

§5   _____
    Die Überlassung der Wohnung an Dritte ist nur mit Erlaubnis des Vermieters möglich.

§6   _____
    Der Mieter zahlt bei Mietbeginn eine Kaution in Höhe von drei Monatsmieten,
    das sind: *1.260,00* Euro.

---

b Was bedeutet das? Verbinden Sie.

1 auf unbestimmte Zeit   a beenden
2 Gesamtbetrag   b ohne Frist
3 (ein Mietverhältnis) aufheben   c Summe

c Lesen Sie den Text noch einmal. Entscheiden Sie, ob die Aussagen 1–5 richtig oder falsch sind.

	richtig	falsch
1 Herr Al-Ghabi hat einen unbefristeten Mietvertrag.	○	○
2 Für die Nebenkosten zahlt er 65 Euro im Monat.	○	○
3 Er überweist jeden Monat 485 Euro auf das Konto des Vermieters.	○	○
4 Er darf seine Wohnung ohne zu fragen an andere Personen weitervermieten.	○	○
5 Er muss innerhalb der ersten drei Monate eine Kaution bezahlen.	○	○

D Garten im Niemandsland

D1 **22** **Das geteilte Deutschland bis 1990. Ordnen Sie zu.**

~~Ost~~ Mauer Staaten West Regierung

a Bis 1990 gab es zwei deutsche _____ :
die BRD und die DDR.

b Beide Länder hatten ihre eigene _____ .

c Die Stadt Berlin war geteilt: in _Ost_ -Berlin und
_____ -Berlin.

d Die beiden Teile der Stadt waren durch eine
_____ voneinander getrennt.

D2 **23** **Schreiben Sie Sätze mit *obwohl*.**

a Trotz der lauten Straße hier fühle ich mich in meiner neuen Wohnung wohl.
b Trotz des hohen Mietpreises haben wir uns für diese Wohnung entschieden.
c Wir mussten die Wohnung trotz der schlechten Lage nehmen.
d Trotz der schönen Sicht auf den See finde ich mein Zimmer zu teuer.
e Trotz der neuen Möbel finde ich meine Wohnung noch nicht gemütlich.

> a Obwohl die Straße hier sehr laut ist, fühle
> ich mich in meiner neuen Wohnung wohl.

D4 **24** **Bilden Sie Wörter und ordnen Sie zu.**

Ge fen Tou bäu mit mus ris Chan ~~ge~~ de ~~mi~~ Stu ~~neh~~ ~~gung~~ ce ~~Bau~~ ten

a Wenn man in Deutschland ein Haus bauen will, braucht man zuerst eine _Baugenehmigung_ .
Diese braucht man auch, wenn man ein _____ vergrößern möchte.

b Der Berliner Fernsehturm ist 368 Meter hoch und hat 986 _____ .
Wenn man in Berlin ist, sollte man die _____ nutzen und ihn besichtigen.

c In Berlin haben viele Menschen _____ in der Stadt einen kleinen Gemüsegarten.

d Der _____ ist in Berlin ein wichtiger Wirtschaftsfaktor.

D4 **25** **Eine Radiosendung**

1 ◀)) 44 a Was ist das Thema der Sendung? Hören Sie und kreuzen Sie an.

○ So kümmern sich Großeltern um ihre Enkelkinder.
○ So sieht das tägliche Leben in einem Mehrgenerationenhaus aus.

1 ◀)) 45–47 b Was ist richtig? Hören Sie weiter und kreuzen Sie an.

1 ○ Trotz ihrer 75 Jahre fühlt sich Frau Krause sehr fit.
○ Im Garten arbeiten hauptsächlich die Eltern und Kinder.

2 ○ Die Kinder von Familie Dreier haben keine Großeltern mehr.
○ Im Wohnzimmer im Dachgeschoss werden oft Feste gefeiert.

3 ○ Frau Hausmann ist schon länger in der Stadt.
○ Die Kinder interessieren sich sehr für Frau Hausmanns Job.

1 Bilden Sie Wörter und ordnen Sie zu.

ras w̶ü̶ Frech an Rechts Ter heit walt Grund se Stadt zess
Ge t̶e̶n̶d̶ rand richt Pro stück

a Konflikte: _wütend,_
b Wohnen: _____

2 Ordnen Sie zu.

sondern auch   zwar   aber   e̶n̶t̶w̶e̶d̶e̶r̶   nicht nur   oder

a Meine kleine Schwester hatte oft in der Nacht Angst. Deshalb ist sie meist
entweder zu meinen Eltern _____ zu mir ins
Bett gekommen.
b In meiner Familie war es üblich, dass jeder seine Aufgaben hatte: Ich war z. B.
_____ für das Einkaufen, _____
für das Frühstück zuständig.
c Mein Bruder war _____ der Jüngste,
_____ auch der Lauteste in der Familie.

3 Ergänzen Sie in der richtigen Form.

a _Hätte_ ich bloß besser _aufgepasst_ ! (aufpassen)
b _____ wir doch nur mehr Zeit _____ ! (haben)
c _____ er bloß früher _____ ! (kommen)
d So ein Stau! _____ wir doch mit dem Zug _____
(fahren) und _____ nicht das Auto _____ . (nehmen)

4 Ordnen Sie zu.

hätte da eine Bitte   Wir hatten doch abgemacht
Sie etwas Rücksicht nehmen könnten   i̶s̶t̶ ̶j̶a̶ ̶l̶ä̶c̶h̶e̶r̶l̶i̶c̶h̶
daran hatte ich gar nicht gedacht   tut mir schrecklich leid

a ◆ Ihre Musik ist zu laut. Es wäre schön, wenn _____
_____ . Mich stört der Lärm.
○ Das _ist ja lächerlich_ ! Die Musik ist doch nicht laut!
b ◆ Ich _____ :
Könnten Sie Ihr Auto hier wegfahren? Es steht direkt vor meiner Terrasse.
○ Oh ja, entschuldigen Sie bitte. Das _____
_____ .
c ◆ _____ , dass wir uns erst morgen treffen.
○ Stimmt, _____ .

1 Wohnungsanzeigen. Was bedeuten die Abkürzungen? Ordnen Sie zu.

Zi. max. inkl. Hzg. Tel. Whg. MM Blk. qm NK ~~EG~~ EBK Kü. su. gü.

a Erdgeschoss *EG*
b Telefon _____
c Balkon _____
d Quadratmeter _____
e Nebenkosten _____

f Einbauküche _____
g suche _____
h inklusiv(e) _____
i Monatsmiete _____
j Küche _____

k Heizung _____
l Zimmer _____
m Wohnung _____
n maximal _____
o günstig _____

1 🔊 48–50 **2 Welche Anzeigen haben die Personen aufgegeben?**
Hören Sie drei Gespräche und ordnen Sie zu.

Gespräch	1	2	3
Anzeige			

A Su. 3–4 Zi.-Whg., EG oder mit Blk., bis max. 750 € inkl. NK, Chiffre mr/370

B Frau m. Hund su. gü. 3-Zi.-Whg. m. Garten bis max. 750 € MM inkl. NK. Chiffre jr/487

C Jg. Fam. su. 3–4 Zi.-Whg. od. Haus m. Garten od. Blk. Tel.: 0176/9534165

D Fam. m. Hund su. gü. Whg. od. Haus bis max. 750 €. Tel.: 408 09 73

E Fam. su. gr. Whg. od. Haus bis max. 750 MM inkl. NK. Tel.: 5080973

F Su. gr. Haus m. Garten. Tel.: Chiffre bg/279

G Junge Fam. su. gü. 3-Zi-Whg. Chiffre ik/141

3 Ihre Traumwohnung
a Wählen Sie eine Wohnung / ein Haus und schreiben Sie eine Anzeige.

b Arbeiten Sie zu zweit. Geben Sie die Anzeige Ihrer Partnerin / Ihrem Partner.
Zu welcher Wohnung / welchem Haus passt die Anzeige?

c Warum möchten Sie in dieser Wohnung / in diesem Haus wohnen?
Sprechen Sie mit Ihrer Partnerin / Ihrem Partner.

1 Glück im Alltag

FOTO-HÖRGESCHICHTE

1 ● das Erlebnis, -se .... Manfred Schulze erzählt Ella von seinem Glückserlebnis.

● der Artikel, - .... Ellas Artikel wird pünktlich fertig.

3 weg sein (ist weg gewesen) .... So lange, bis viel Geld weg war.

4 ● die Religion, -en .... In meiner Religion ist Glücksspiel verboten.

ELLAS KOLUMNE

● die Überraschung, -en .... Dann kam die ganz große Überraschung.

verrückt .... Es war total verrückt.

● der Gewinn, -e .... Wie hoch war denn Ihr Gewinn?

● die Steuer (Sg.) .... Eine Million. Steuerfrei!

● die Stimme, -n .... Ich sah die Zahl 14 und eine Stimme fragte: ...

setzen (sich) (hat sich gesetzt) .... Dann habe ich mich an den Roulette-tisch gesetzt.

mutig .... Ganz schön mutig!

A

A2 ● die Meldung, -en .... Lesen Sie die Zeitungsmeldungen.

● die Überschrift, -en .... Ordnen Sie die Überschriften zu.

während .... Während der Mann tankte, wollte die Frau schnell Getränke kaufen.

verschwinden .... Als sie zurückkam, war ihr Mann verschwunden.

mehrer- .... Die Frau wartete mehrere Stunden vergeblich auf ihren Mann.

vergeblich .... Die Frau wartete mehrere Stunden vergeblich auf ihren Mann.

steigen (in) (ist gestiegen) .... Passend gekleidet für ... stiegen sie letzten Monat in Berlin ins Flugzeug.

wundern (sich) (hat sich gewundert) .... Sie wunderten sich zwar, als sie in Portland ... umsteigen mussten, hatten aber nicht den Mut, die Flughafenmitarbeiter darauf anzusprechen.

Lernwortschatz

zwar		Sie wunderten sich zwar, als sie ... umsteigen mussten, hatten aber nicht den Mut, die Flughafenmitarbeiter darauf anzusprechen.
• der Mut (Sg.)		..., hatten aber nicht den Mut, ... anzusprechen.
beid-		Die Überraschung war dann groß, als die beiden schließlich ihr Ziel erreichten.
erreichen (hat erreicht)		Die Überraschung war dann groß, als die beiden schließlich ihr Ziel erreichten.
tief		Sie landeten im tief verschneiten Montana.
verwechseln (hat verwechselt)		Der Vater verwechselte bei der Online-Buchung Sydney (Australien) mit Sidney (USA).
• das Mittel- (Sg.)		... waren letzte Woche auf Kreuzfahrt im Mittelmeer.
einig-		Einige Stunden später sah Tess das Kreuzfahrtschiff abfahren.
befinden (sich) (hat sich befunden)		Sie glaubte, dass ihr Mann sich an Bord befand.
nach·denken (hat nachgedacht)		Sie ... sprang ohne nachzudenken ins Wasser und schwamm dem Schiff nach.
• die Angabe, -n		Nach Polizeiangaben verbrachte die Frau zwei Stunden im Wasser und wurde dann von Fischern gerettet.
retten (hat gerettet)		Nach Polizeiangaben verbrachte die Frau zwei Stunden im Wasser und wurde dann von Fischern gerettet.
aus·reichen (hat ausgereicht)		Damit reichte sein Geld aber nicht mehr für den Lottotipp aus.
A3 • der Ärger (Sg.)		Eine Geburtstagsparty sorgte für großen Ärger.
folgen (ist gefolgt)		Über 500 Gäste folgten der Einladung.
zumindest		So dachte zumindest die 17-jährige Julia R.

	ab·sagen (hat abgesagt)	Die Feier wurde abgesagt.
	rufen (hat gerufen)	... und zwar so laut, dass Julias Eltern ... die Polizei riefen.
	ab·sperren (hat abgesperrt)	Diese sperrte die Straße ab.
	fest·nehmen, du nimmst fest, er nimmt fest (hat festgenommen)	... zwei junge Männer wurden sogar festgenommen.
A4	betrunken	Betrunkener Einbrecher vor dem Fernseher eingeschlafen
	• der Einbrecher, -	Betrunkener Einbrecher vor dem Fernseher eingeschlafen
B		
B3	aufregend	Ich fand es als Kind immer sehr aufregend, ...
	witzig	Mein Opa fand es immer sehr witzig, ...
B4	• der Motorroller, -	Ich war so glücklich, weil ich zum Geburtstag einen Motorroller bekommen habe.
C		
C2	verliebt sein	Frisch verliebt?
	brechen, du brichst, er bricht (ist/hat gebrochen)	... denn ich hatte mir einige Zeit vorher den Fuß gebrochen.
	• der Trainer, - / • die Trainerin, -nen	Und dann nahm unser Trainer unsere Nummer 1 vom Feld ...
	• das Feld, -er	Und dann nahm unser Trainer unsere Nummer 1 vom Feld ...
	aller-	In der allerletzten Spielminute, da kam er, mein Glücksmoment.
	• das Tor, -e	Und ich hatte das Tor geschossen.
	fliehen (ist geflohen)	Ich war aus Syrien geflohen ...
	best-	Letzten Sommer hat meine beste Freundin ...
C3	• das Standesamt, ¨er	Letzten Sommer hat meine Freundin auf dem Standesamt ...
	schießen (hat geschossen)	Und ich hatte das Tor geschossen.

Lernwortschatz

D2 • der Schaden, ‗ .... Wie hoch ist der Schaden?

• der Vorhang, ‗e .... Ich holte gerade eine lange Vorhangstange aus dem Umzugswagen und
wollte sie in die Wohnung tragen.

augenblicklich .... Der Blumentopf fiel augenblicklich
herunter ...

beißen (hat gebissen) .... Daraufhin biss der Hund meine
Bekannte leicht ins Bein.

erschrecken, ... Sie erschrak so, dass sie die Kartons
du erschrickst, fallen ließ.
er erschrickt
(ist erschrocken)

• der Kontakt, -e .... Wir möchten mit der Geschädigten
Kontakt aufnehmen.

• die Daten (Pl.) .... Bitte geben Sie uns ihre Daten.

• das Gespräch, -e .... hört man oft in Gesprächen.

• der Bericht, -e .... liest man oft in der Zeitung, in
Berichten, in Büchern, ...

E1 • die Mitternacht (Sg.) .... An Silvester muss man in den zwölf
Sekunden vor Mitternacht ... eine
Weintraube essen.

E2 • der Stein, -e .... Der Stein in ihrem Büro erinnert sie an
einen Wald.

E3 • der Löwe, -n .... Aber wenn ich zum Kurs laufe, komme
ich immer an einem Stein-Löwen
vorbei.

Die Zeitung

• die Meldung, -en   • das Interview, -s

• die Überschrift, -en   • die Information, -en

• der Artikel, -   • die Anzeige, -n

• der Bericht, -e

TiPP

Das Wort *als* hat mehrere Bedeutungen.
Schreiben Sie zu jeder Bedeutung einen Satz.

- Wann? Als ich drei Jahre alt war,
bekam ich mein erstes Haustier.
- Vergleich: Jan ist älter als Julian.
- Berufsbezeichnung: Er arbeitet als Arzt.

2 Unterhaltung

1 • die Serie, -n .... Wenn ich auf einer Party mit Leuten ins Gespräch kommen möchte, frage ich nach ihrer TV-Lieblingsserie.

• die Folge, -n .... Ich liebe „Game of Thrones"! Ich habe alle Folgen gesehen.

ELLAS KOLUMNE

• der Charakter, -e .... Welche Charaktere magst du besonders, welche hasst du?

obwohl .... Es ist erstaunlich, wie viel ich über meine Gesprächspartner erfahre, obwohl wir ja nur übers Fernsehen reden.

dauernd .... Mein Wunschserienheld hätte dauernd Pech.

• der Verlierer, - .... Die Leute würden sagen, er ist ein Verlierer, aber das stimmt nicht, ...

• der Typ, -en .... Er ist ein Typ, der immer optimistisch bleibt.

optimistisch .... Er ist ein Typ, der immer optimistisch bleibt.

• die Figur, -en .... Eine der Hauptfiguren wäre eine Köchin, die unglaublich gut kochen kann.

unglaublich .... Eine der Hauptfiguren wäre eine Köchin, die unglaublich gut kochen kann.

erfinden (hat erfunden) .... Ich glaube, man könnte da ziemlich lustige und verrückte Geschichten erfinden.

A ....

A2 • die Operation, -en .... Ich kann keine Operationen und kein Blut sehen.

• das Blut (Sg.) .... Ich kann keine Operationen und kein Blut sehen.

Kriminal- .... Meine Lieblingsserie ist natürlich eine Kriminalserie.

veröffentlichen (hat veröffentlicht) .... Er veröffentlicht alle Fälle im Internet.

• der Fall, ⸚e .... Er veröffentlicht alle Fälle im Internet.

Lernwortschatz

A4 heutig-

.... Die Serie spielt in der heutigen Zeit.

     handeln

     (hat gehandelt) Die Serie handelt von einer Ärztin, die ein aufregendes Privatleben hat.

● die Vergangenheit (Sg.) Claire gerät versehentlich zurück in die Vergangenheit.

B

B1 ● die Sängerin, -nen Meine Hauptfigur wäre eine Sängerin, die keinen Erfolg hat.

B2 ● die Band, -s Welche Hip-Hop-Bands kennen Sie?

     entstehen

     (ist entstanden) In den 1980er-Jahren kam die Musik, die unter Afroamerikanern in den USA entstanden war, nach Europa.

     elektronisch Hip-Hop, das sind elektronisch produzierte Beats mit einem schnell gesprochenen Text.

     produzieren

     (hat produziert) Hip-Hop, das sind elektronisch produzierte Beats mit einem schnell gesprochenen Text.

● die Großstadt, ¨e Die Texte handelten meist vom schwierigen Leben in den Großstädten der USA.

     inzwischen Die ersten deutschen Hip-Hop-Musiker rappten auf Englisch, inzwischen aber rappen die meisten auf Deutsch.

     anfangs Anfangs konnte man sich das nur schwer vorstellen: Rappen auf Deutsch? Niemals!

     sogenannt- Danach wurde der deutschsprachige Hip-Hop der sogenannten „Neuen Schule" immer beliebter.

● der Song, -s 1992 hatten die Fantastischen Vier mit dem Song „Die da" einen Hit.

● der Hit, -s 1992 hatten die Fantastischen Vier mit dem Song „Die da" einen Hit.

     völlig Die Fantastischen Vier rappten nicht nur auf Deutsch, ihre Texte waren außerdem positiv und lustig. Das war völlig neu.

● der Humor (Sg.) Sie rappen mit Wortwitz und Humor über alltägliche Dinge.

     alltäglich Sie rappen mit Wortwitz und Humor über alltägliche Dinge.

● die Gewalt (Sg.) .... In ihren Texten geht es oft um Gewalt, Geld und Kriminalität.

kritisieren (hat kritisiert) .... Manche Gangsta-Rapper sprechen in ihren Texten schlecht über Frauen oder Homosexuelle. Dafür werden sie kritisiert.

● der Star, -s .... Die Stars der Szene verdienen damit viel Geld.

● die Szene (Sg.) .... Die Stars der Szene verdienen damit viel Geld.

erfolgreich .... Der Rapper Kollegah war 2015 der erfolgreichste deutsche Musiker.

beschäftigen (sich) (hat beschäftigt) .... Viele deutsche Hip-Hop-Musiker beschäftigen sich auch mit sozialen Themen.

● die Arbeitslosigkeit (Sg.) .... In ihren Texten geht es um Arbeitslosigkeit, Rassismus, das Leben auf der Straße oder die Probleme von Migranten.

● das Lager, - .... Viele seiner Texte handeln von seinem Job als Lagerarbeiter, mit dem er den Lebensunterhalt für seine Familie und sich verdient.

● das Verhältnis, -se .... ein Arbeitsverhältnis, mit dem er seinen Lebensunterhalt verdient.

B4 gelingen (ist gelungen) .... Hast du einen Freund, dem immer alles gelingt?

● der Rat (Sg.) .... Kennst du jemanden, der dir schon einmal einen wichtigen Rat gegeben hat?

zuletzt .... Erinnerst du dich an die Person, die dir zuletzt etwas geschenkt hat?

C ....

C1 verlassen (hat verlassen) .... Die Komödie erzählt die Geschichte von Hüseyin Yilmaz und seiner Familie, die Ende der 1960er ihre Heimat Türkei verlassen und nach Deutschland auswandern.

begleiten (hat begleitet) .... Der Film begleitet die Familie auf eine gemeinsame Reise in die Türkei.

Lernwortschatz

die Kiste, -n .... Eines Tages wird eine Kiste ans Ufer
gespült.

das Ufer, - .... Eines Tages wird eine Kiste ans Ufer
gespült.

spülen (hat gespült) .... Eines Tages wird eine Kiste ans Ufer
gespült.

außen .... Außen steht „Panama" – innen riecht
sie nach Bananen.

innen .... Außen steht „Panama" – innen riecht
sie nach Bananen.

begegnen (ist begegnet) .... Auf ihrer Reise begegnen sie vielen
Tieren und erleben zahlreiche
Abenteuer.

das Abenteuer, - .... Auf ihrer Reise begegnen sie vielen
Tieren und erleben zahlreiche
Abenteuer.

erfüllen (sich) .... Sie will ihrem Großvater einen Wunsch
(hat erfüllt) erfüllen: noch einmal Venedig sehen.

C2 dafür .... Ich bin (auch) dafür. Gute Idee!

zustimmen .... zustimmen/sich einigen
(hat zugestimmt)

D

D1 die Medien (Pl.) .... Die Fernsehsender ARD und ZDF
haben rund 4000 Deutsche befragt,
wie lange sie jeden Tag die Medien
nutzen.

der Rundfunk (Sg.) .... Auch der Rundfunk bleibt für die
Deutschen mit rund drei Stunden
pro Tag weiter wichtig.

knapp .... Das Fernsehen ist mit knapp dreieinhalb Stunden ... pro Tag für die
Deutschen am wichtigsten.

doppelt .... Musik von CD oder MP3 hören die
jungen Deutschen zwischen 14 und
29 ungefähr doppelt so viel wie der
Rest der Deutschen.

relativ .... DVDs sind mit unter 10 Minuten pro
Tag für alle relativ unwichtig.

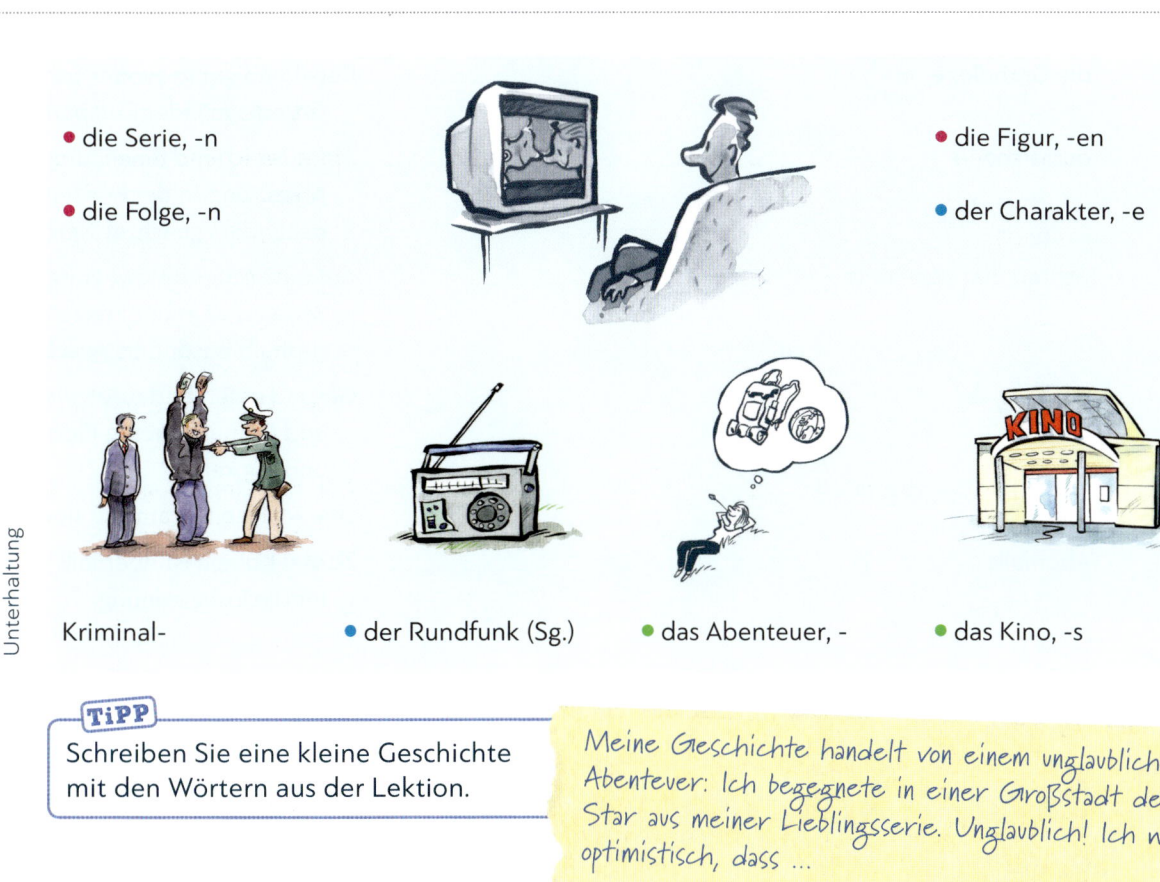

- die Serie, -n

- die Folge, -n

- die Figur, -en

- der Charakter, -e

Unterhaltung

Kriminal-   • der Rundfunk (Sg.)   • das Abenteuer, -   • das Kino, -s

TiPP

Schreiben Sie eine kleine Geschichte mit den Wörtern aus der Lektion.

Meine Geschichte handelt von einem unglaublichen Abenteuer: Ich begegnete in einer Großstadt dem Star aus meiner Lieblingsserie. Unglaublich! Ich war optimistisch, dass …

3 Gesund bleiben

FOTO-HÖRGESCHICHTE

1 • der Magen, ⸚ .... Sami hat Magenschmerzen.

2 überreden .... Ella kann Sami trotzdem zu einem
   (hat überredet)   Spaziergang überreden.

vereinbaren .... Sami erzählt, dass er nach dem
   (hat vereinbart)   Spaziergang schon viel entspannter
                                            arbeiten konnte und den Termin
                                            beim Arzt schon vereinbart hat.

ELLAS KOLUMNE

• das Mittel, - .... Sieben ganz einfache Anti-Stress-Mittel

• der Schlaf (Sg.)  .... Zu wenig Schlaf ist einer der
                                            schlimmsten Stressfaktoren.

• der Faktor, -en .... Zu wenig Schlaf ist einer der
                                            schlimmsten Stressfaktoren.

nachts .... Wer nachts gut schläft, kann den Stress
                                            des Tages viel besser aushalten.

Lernwortschatz

● die Grundlage, -n .... Regelmäßiger gesunder Schlaf ist die Grundlage jeder Entspannung.

ausreichend .... Auf ausreichend Bewegung bei der Arbeit und in der Freizeit sollte besonders geachtet werden.

achten (hat geachtet) .... Auf ausreichend Bewegung bei der Arbeit und in der Freizeit sollte deshalb besonders geachtet werden.

● das Fett, -e .... Gesund essen bedeutet: viel Obst und Gemüse, wenig Fleisch, Fett und Zucker.

ideal .... Drei Mahlzeiten am Tag sind ideal.

ebenfalls .... Zu viel Koffein ist ebenfalls nicht gut für die Entspannung.

A

A1 atmen (hat geatmet) .... Gestresste Menschen atmen schnell und flach.

flach .... Gestresste Menschen atmen schnell und flach.

● die Wirkung, -en .... Erleben Sie die positive Wirkung des richtigen Atmens!

öfter .... Wer lustig ist und öfter mal lacht, hat weniger Probleme mit der Entspannung.

● die Kraft, ̈e .... Dadurch können neue Kräfte gesammelt werden.

gleichzeitig .... Machen Sie oft mehrere Dinge gleichzeitig?

erschöpft .... Kein Wunder, dass Sie gestresst und erschöpft sind!

● das Ergebnis, -se .... So erzielen Sie bessere Ergebnisse mit weniger Stress.

um·gehen (ist umgegangen) .... Wenn wir zu wenig oder schlecht schlafen, können wir nicht gut mit Stress umgehen.

A2 auf·wachen (bist aufgewacht) .... Ich kann nur schlecht einschlafen und wache nachts dauernd auf.

● der Mangel, ̈ .... Durch den Schlafmangel bin ich tagsüber extrem müde und gestresst.

extrem .... Durch den Schlafmangel bin ich tagsüber extrem müde und gestresst.

A4	messen, du misst, er misst (hat gemessen)		Der Blutdruck muss gemessen werden.
	ab·nehmen, du nimmst ab, er nimmt ab (hat abgenommen)		Das Blut muss abgenommen werden.
	• das Gewicht (Sg.)		Das Gewicht muss geprüft werden.
	untersuchen (hat untersucht)		Der Bauch muss untersucht werden.
A5	• der Abfalleimer, -		Der Abfalleimer muss geleert werden.

B

B1	• die Verbesserung, -en		Machen Sie regelmäßig Sport zur Verbesserung der Fitness.
	• die Einnahme (Sg.)		Bei Rückenschmerzen sollten Sie regelmäßig Gymnastik machen: Das ist besser als die Einnahme eines Medikaments.
	solch-		Bei solchen Problemen holt man sich am besten den Rat eines Fachmanns.
	• der Fachmann, ⸚er		Bei solchen Problemen holt man sich am besten den Rat eines Fachmanns.
B2	• die Schulter, -n		Den Kopf zur rechten und linken Schulter neigen.
	zunächst		Wiederholen Sie alle Übungen zunächst fünfmal.

C

C1	vermuten (hat vermutet)		Welche Ursache vermutet Dr. Renner?
	• die Störung, -en		Frau Sanchez hat Kopfschmerzen und außerdem Sehstörungen.
	• das Schmerzmittel, -		Dr. Renner empfiehlt Frau Sanchez starke Schmerzmittel.
	führen (hat geführt)		Der Hausarzt führt ein Gespräch.
	verschreiben (hat verschrieben)		Der Hausarzt verschreibt Medikamente.
	erhalten (hat erhalten)		Frau Sanchez kann bei der Krankenkasse Tipps für Entspannungsübungen erhalten.

D

D1	ab·nehmen, du nimmst ab, er nimmt ab (hat abgenommen)		Sie haben Übergewicht und möchten gern abnehmen.

Lernwortschatz

stressig		Sie haben einen stressigen Beruf und können nachts oft nicht schlafen.
• das Wohl (Sg.)		Zum Wohl Ihrer Gesundheit hat die KEK zahlreiche kostenlose Kurse und Programme zur Vorbeugung von Erkrankungen und zur Gesundheits-förderung im Angebot.
umsonst		So können Sie beispielsweise umsonst an unseren Gesundheitskursen teilnehmen!
teil·nehmen, du nimmst teil, er nimmt teil (hat teilgenommen)		So können Sie beispielsweise umsonst an unseren Gesundheitskursen teil-nehmen!
• die Leistung, -en		Wir informieren Sie gern über unsere Angebote und zusätzlichen Leistungen.

D2

impfen (hat geimpft)		Lassen Sie sich impfen?
treiben (hat getrieben)		Treiben Sie regelmäßig Sport?
• die Hälfte, -n		Die Hälfte unserer Gruppe achtet meistens darauf, dass …
• das Viertel, -		Ein Viertel unseres Kurses machen
• das Drittel, -		Ein Drittel der Kursteilnehmer …
grundsätzlich		Ich trinke grundsätzlich keinen Alkohol.

D3

• die Frucht, ⸚e		Und ich esse morgens immer Mager-quark mit Früchten.
verzichten (hat verzichtet)		Ich möchte abnehmen und verzichte deshalb auf Schokolade.
• der Quark (Sg.)		Ich esse morgens immer Magerquark mit Früchten.
• das Vitamin, -e		Ich esse morgens immer Magerquark mit Früchten. Das hat Vitamine und ist gesund.

E

E1

krank·melden (hat krankgemeldet)		Sie ruft an, weil sie sich krankmelden möchte.
krank·schreiben (hat krankgeschrieben)		Frau Berger ist krankgeschrieben.
• die Konferenz, -en		Sie ruft an, weil Ihre Kollegin eine Konferenz vorbereiten soll.
• der Schreibblock, ⸚e		Frau Tokic soll Schreibblöcke und Kugelschreiber bestellen.

E3 • das Labor, -s/-e

.... Könntest Du bitte im Labor anrufen und nach den Ergebnissen fragen?

• der Verband, ⸚e

.... Jemand sollte neue Verbände und Spritzen bestellen.

• die Spritze, -n

.... Jemand sollte neue Verbände und Spritzen bestellen.

jemanden/etwas untersuchen

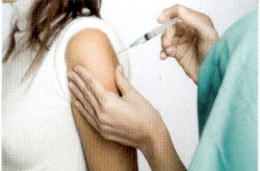

jemanden impfen

Medikamente verschreiben

jemanden krankschreiben

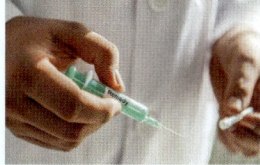

• die Spritze, -n

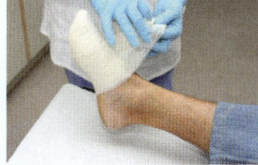

• der Verband, ⸚e

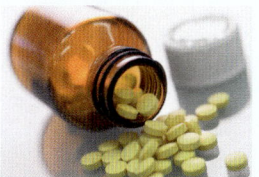

• das Schmerzmittel, -

• die Salbe, -n

• der Schmerz, -en

• der Schnupfen (Sg.)

• das Fieber (Sg.)

• der Husten (Sg.)

Beim Arzt

TiPP
Lernen Sie typische Wendungen zusammen.

den Blutdruck messen
Blut abnehmen
das Gewicht prüfen
den Bauch ...

Lernwortschatz

FOTO-HÖRGESCHICHTE

1	worüber		Worüber sprechen sie?
2	• die Eile (Sg.)		Ella muss arbeiten und ist in Eile.
	• der Keller, -		Ella möchte am Wochenende den Keller ausräumen.

ELLAS KOLUMNE

da		Da kam sofort ihr nächster Satz: …
• der Satz, ⸚e		Da kam sofort ihr nächster Satz: …
da(r)-		Darauf hatte ich nun aber gar keine Lust.
gar		Darauf hatte ich nun aber gar keine Lust.
jedenfalls		Jedenfalls sagte sie lächelnd: „Kein Problem, dann gehen wir halt nach deinem Yoga-Kurs!"
lächeln (hat gelächelt)		Jedenfalls sagte sie lächelnd: „Kein Problem, dann gehen wir halt nach deinem Yoga-Kurs!"
halt		Jedenfalls sagte sie lächelnd: „Kein Problem, dann gehen wir halt nach deinem Yoga-Kurs!"
deutlich		Da musste ich dann leider etwas deutlicher werden.

A

A1	so viel		Wenn sie nicht so viel arbeiten müsste, könnten wir jetzt was trinken gehen.
	vor·haben (hat vorgehabt)		Wenn sie am Wochenende nichts vorhätte, könnten wir uns treffen.
A2	• die Wahrheit, -en		Wenn die Menschen immer die Wahrheit sagen würden, …
	lügen (hat gelogen)		Wenn ich in dieser Situation wäre, würde ich auf keinen Fall lügen.
A3	beenden (hat beendet)		Beenden Sie Ihre E-Mail mit guten Wünschen für die Feier.
A4	• der Ausbildungsplatz, ⸚e		Sie sind 15 und dürfen sich einen Ausbildungsplatz aussuchen.
	aus·suchen (hat ausgesucht)		Sie sind 15 und dürfen sich einen Ausbildungsplatz aussuchen.

- der Präsident, -en /
  - die Präsidentin, -nen

Sie sind Präsidentin/Präsident.

- das Portemonnaie, -s

Sie finden ein Portemonnaie mit 100 Euro auf der Straße.

fließend

Sie können alle Sprachen fließend sprechen.

B

B2   deswegen

Wenn man eine Sprache oft hört, lernt man sie viel schneller. Deswegen habe ich mir oft deutsche Filme oder Serien im Fernsehen angesehen.

irgendwann

Ich habe wegen meiner Kinder Deutsch gelernt. Sie fanden es sehr wichtig und hatten irgendwann keine Lust mehr zu übersetzen.

übersetzen (hat übersetzt)

Sie fanden es sehr wichtig und hatten irgendwann keine Lust mehr zu übersetzen.

daher

Eine neue Sprache zu lernen, kann sehr anstrengend sein. Daher braucht man immer eine gute Motivation, warum man das macht.

- die Muttersprache, -n

Wegen meiner Muttersprache habe ich keine Probleme bei der Aussprache.

- die Aussprache (Sg.)

Wegen meiner Muttersprache habe ich keine Probleme bei der Aussprache.

darum

Ich möchte aber später eine Ausbildung machen. Darum muss mein Deutsch einfach sehr gut sein.

B3   auf·schreiben (hat aufgeschrieben)

Ich muss immer alles aufschreiben.

C

C1   - der Ausdruck, ⸚e

Der Kollege versteht den Ausdruck „Viertel drei" nicht.

noch mal

Sagen Sie Ihren Namen noch mal.

C2   - der Mechaniker, - /
  - die Mechanikerin, -nen

Ihr Auto ist kaputt. Sie vereinbaren einen Termin mit dem Mechaniker.

- die Wiederholung, -en

Er spricht sehr schnell und Sie bitten um Wiederholung.

Lernwortschatz

- die Mensa, Mensen

  Sie gehen mit einem Freund in die Mensa.

- der Integrationskurs, -e

  Sie möchten sich für einen Integrationskurs anmelden.

D

D1
- die Herkunft, ⸚e

  Seit 1998 gibt es in Münchner Kindergärten Sprachkurse für Kinder mit ausländischer Herkunft.

  verstecken (sich) (hat versteckt)

  Im Zaubersack sind verschiedene Dinge versteckt.

D2 cool

  Habe gestern eine Frau kennengelernt, die vier (!) verschiedene Sprachen spricht. Cool, oder?

- das Griechisch (Sg.)

  Mit meiner Familie spreche ich Griechisch und mit meinen Freunden Deutsch.

- der Grieche, -n /
  - die Griechin, -nen

  Meine Mutter ist Griechin, ich bin aber in Österreich geboren.

  durcheinander

  Manchmal sprechen wir zu Hause Deutsch und Griechisch durcheinander, aber das macht nichts!

  spätestens

  Bei uns kann man schon in der dritten Klasse Englisch lernen, und spätestens in der fünften Klasse muss man.

  wählen (hat gewählt)

  Ich habe dann noch Französisch dazu gewählt.

  stammen

  Ich musste erst mal Deutsch lernen, wir stammen nämlich aus Rumänien.

E

E2
- die Soße, -n

  In ihrem Buch „Einmal Hans mit scharfer Soße: Leben in zwei Welten" erzählt sie ...

  allmählich

  Anfangs bedankte ich mich noch für das Kompliment, aber allmählich ging mir der Satz auf die Nerven.

- der Nerv, -en

  Anfangs bedankte ich mich noch für das Kompliment, aber allmählich ging mir der Satz auf die Nerven.

  merkwürdig

  Was ist denn so merkwürdig daran, dass eine junge Frau, die seit über dreißig Jahren in Deutschland lebt, Dativ und Genitiv korrekt verwenden kann.

korrekt		Was ist denn so merkwürdig daran, dass eine junge Frau, die seit über dreißig Jahren in Deutschland lebt, Dativ und Genitiv korrekt verwenden kann.
andererseits		Andererseits leben meine Eltern ebenso lange wie ich in Deutschland, sprechen aber kaum Deutsch.
ebenso		Andererseits leben meine Eltern ebenso lange wie ich in Deutschland, sprechen aber kaum Deutsch.
● die Stirn, -en		Wenn ich meine Mutter frage, warum sie kein Deutsch gelernt hat, legt sie die Stirn in Falten und sagt unwillig: „Sechs Kinder habe ich großgezogen."
leiden (hat gelitten)		Habt ihr gefroren oder gelitten?
mischen (hat gemischt)		Wir mischen deutsche Wörter mit türkischen Sätzen.
allerdings		Solche Sprachkreationen lehnt meine Mutter allerdings strikt ab.
bestehen (auf) (hat bestanden)		Meine Mutter besteht darauf, dass in ihrem Haus nur Türkisch gesprochen wird.
● der Autor, -en / ● die Autorin, -nen		Die Autorin Hatice Akyün findet es ganz normal, dass sie sehr gut Deutsch spricht.
E3 ● die Kenntnisse (Pl.)		Helfen Ihnen Ihre Fremdsprachenkenntnisse beim Deutschlernen?
vergleichen (hat verglichen)		Was fällt Ihnen auf, wenn Sie Ihre Muttersprache mit der deutschen Sprache vergleichen?
● der Partner, - / ● die Partnerin, -nen		Welche Sprachen sprechen Sie mit Ihrer Partnerin/Ihrem Partner, Ihren Kindern, Ihren Kollegen und mit Ihren Freunden?
schimpfen (hat geschimpft)		In welcher Sprache schimpfen oder träumen Sie?
● die Schrift, -en		Serbisch hat eine andere Schrift als Deutsch.

TiPP

Im Deutschen enden viele Sprachen auf „-isch". Schreiben Sie.

Griechisch, Französisch, …

Lernwortschatz

Sprachen

- die Kenntnisse (Pl.)

- die Muttersprache, -n

- die Fremdsprache, -n

- die Sprachenschule, -n

- die Aussprache, -n

- die Schrift, -en

  fließend

  übersetzen

5 Eine Arbeit finden

ELLAS KOLUMNE

zu	Tobias L. gehört nicht zu dieser Gruppe.
Video-	In seiner Freizeit beschäftigt sich Tobias viel mit seiner Videokamera.
• das Talent, -e	Irgendwann sagt ihm jemand, dass er ein großes Talent für den Schauspielerberuf hat.
etwa	Er bewirbt sich bei der bekanntesten Schauspielschule im Land und wird genommen, obwohl es etwa achthundert Mitbewerber für die sieben freien Plätze gibt.
genügen (hat genügt)	Tja, manchmal genügt nur eine einzige Idee … und schon wird alles gut.

A

A1	auf·hören (hat aufgehört)	Ende des Monats höre ich auf, als Krankenpfleger zu arbeiten.
A2	• der Handel (Sg.)	Erfahrung in Handel und Verkauf von Vorteil
	• der Vorteil, -e	Erfahrung in Handel und Verkauf von Vorteil
	erwarten (hat erwartet)	Wir erwarten Branchenerfahrung im Bereich Photovoltaik.
	• die Voraussetzung, -en	Gute MS-Office-Kenntnisse sind Voraussetzung.

• der / • die Service-angestellte, -n		Wir suchen ab Juni befristet auf 3 Monate eine erfahrene Service-angestellte (m/w).
• die Unterlagen (Pl.)		Weitere Informationen und Bewerbungsunterlagen an: …
• die Aufgabe, -n		Ihre Aufgaben: Unterstützung im Haushalt, leichter Pflegedienst
• die Unterstützung, -en		Ihre Aufgaben: Unterstützung im Haushalt, leichter Pflegedienst
schriftlich		Sie brauchen uns keine schriftliche Bewerbung zu schicken.
A3 fest·stellen (hat festgestellt)		Dort konnte ich … feststellen, dass ich gern auf Reisen bin.
gewohnt		Außerdem bin ich es gewohnt, meine Aufgaben schnell und zuverlässig zu erledigen.
üblich		Ich beherrsche auch die üblichen PC-Programme.
• die Anlage, -n		Anlagen: Lebenslauf, Zeugnisse
• der Lebenslauf, ⸚e		Anlage: Lebenslauf, Zeugnisse
A4 entwickeln (hat entwickelt)		Das ist ein großes Unternehmen, das … entwickelt.
her·stellen (hat hergestellt)		Das ist eine große Firma, die … herstellt.
• die Tätigkeit, -en		Zu meinen Tätigkeiten gehörte auch …
B		
B1 außerhalb		Außerhalb des Unterrichts macht Tobias witzige Clips für das Internet.
innerhalb		Innerhalb weniger Wochen hat er einen Platz an der Schauspielschule bekommen.
B2 • der Zeitpunkt, -e		Beginnen Sie schon vom Zeitpunkt der Bewerbung an.
rechnen (hat gerechnet)		Rechnen Sie für Ihre Anfahrt einen zeitlichen Puffer ein.
• der Spiegel, -		Spielen Sie Gespräche vor dem Spiegel.
beruhigen (sich) (hat beruhigt)		Das beruhigt und so können Sie vermeiden, noch zusätzlich nervös zu werden.

Lernwortschatz

B3 technisch .... Ja, ich habe gute technische Kenntnisse.

zuständig .... Ich war für die Pflege von 20 Bewohnern zuständig.

C ....

C1 zusammen- .... Wir Berufsberater sind Experten für alle Fragen, die mit Ihren beruflichen Wünschen zusammenhängen.

C2 • die Verantwortung (Sg.) .... Möchten Sie Verantwortung übernehmen?

• der Maler, - / .... Vielleicht Gärtner? Oder Maler?
   • die Malerin, -nen

D ....

D1 • der Auftrag, ⸚e .... Unsere Firma hat zurzeit zu wenig Aufträge.

D2 • der Übersetzer, - / .... Als Übersetzerin sitzt du doch auch am Computer, schreibst und telefonierst.
   • die Übersetzerin, -nen

überlegen (sich) .... Kasimir überlegt, eine Weiterbildung zu machen.
(hat überlegt)

• die Konkurrenz (Sg.) .... Es gibt viel Konkurrenz und ich habe zu wenig Aufträge.

nebenbei .... Ich muss nebenbei als Reinigungskraft jobben.

jobben (hat gejobbt) .... Ich muss nebenbei als Reinigungskraft jobben.

zurecht·kommen (ist .... Leider komme ich dort mit dem Chef zurechtgekommen) nicht zurecht.

• der Tierpark, -s .... Leider gibt es zurzeit kaum Stellen als Tierpfleger im Tierpark.

• die Fortbildung, -en .... Ich habe eine gute Fortbildung bei der Arbeitsagentur besucht.

vertreten, du vertrittst, er .... Ich muss eine Kollegin vertreten.
vertritt (hat vertreten)

- der / • die Service-
angestellte, -n

- der Maler, - /
- die Malerin, -nen

- der Übersetzer, - /
- die Übersetzerin, -nen

- der Lehrer, - /
- die Lehrerin, -nen

- der Hausmeister, - /
- die Hausmeisterin, -nen

- der Arzt, ⸚e /
- die Ärztin, -nen

- der Architekt, -en / • die
Architektin, -nen

- der Friseur, -e /
- die Friseurin, -nen

- der Journalist, -en /
- die Journalistin, -nen

- der Krankenpfleger, - /
- die Krankenschwester, -n

- der Polizist, -en /
- die Polizistin, -nen

- der Verkäufer, - /
- die Verkäuferin, -nen

Berufe

TiPP

Notieren Sie einen Beruf. Bilden Sie
mit seinen Buchstaben einen Satz.

Maler
Mein Arzt liest einen Reiseführer.

Lernwortschatz

6 Dienstleistung

FOTO-HÖRGESCHICHTE

1 statt .... Ich habe einen Job gesucht, bei dem man viel rumkommt, statt nur im Büro zu sitzen.

erst- .... Ich will als Erster bei dem Laden sein, um dort zu warten, bis er öffnet.

• die Produktion, -en .... Ich kenne da einen Typen bei einer Produktionsfirma.

• der Ersatz (Sg.) .... Bis wann müssen Sie die Ersatztasse haben?

2 bestimmt .... Sein Service ist für Menschen, die keine Lust oder keine Zeit haben, bestimmte Dinge selbst zu erledigen.

lösen (Problem) (hat gelöst) .... Leon löst fast jedes Problem für seine Kunden.

• das Geheimnis, -se .... Das ist sein Geheimnis.

3 • das Risiko, Risiken .... Die meisten Menschen möchten kein Risiko eingehen und lassen lieber alles so, wie es ist.

ELLAS KOLUMNE

• die Änderung, -en .... Änderungen sollte man sich sehr gut überlegen, damit man keine Fehler macht.

• der Sinn (Sg.) .... Man kann nichts Neues lernen, ohne Fehler zu riskieren. In diesem Sinn: Versuchen wir es, probieren wir das Neue …

A

A1 lohnen (sich) (hat gelohnt) .... Es ist nicht leicht, aber es lohnt sich.

A2 • die Jahreszeit, -en .... Aber der Winter ist für mich die schönste Jahreszeit.

A3 besitzen (hat besessen) .... Victor Krumm besitzt ein Lebensmittelgeschäft.

geboren werden, du wirst geboren, er wird geboren (ist geboren worden) .... Als ich geboren wurde, entschloss er sich, nach Vietnam zurückzugehen.

entschließen (sich) (hat entschlossen) .... Als ich geboren wurde, entschloss er sich, nach Vietnam zurückzugehen.

● das Heimweh (Sg.)	Anfangs hatte ich manchmal ein bisschen Heimweh, aber dann habe ich meine Frau kennengelernt und bin geblieben.
● der Wettbewerb, -e	Der Wettbewerb ist sehr groß.
● das Gewürz, -e	Das ist eine Art belegtes Brötchen mit Fleisch oder Ei, dazu Gemüse, Kräuter, Gewürze und eine besondere Soße.
mittlerweile	Mittlerweile verkaufe ich Banh Mi auch auf Märkten.
● die Rücksicht, -en	Darauf sollte man bei der Pflege Rücksicht nehmen.
interkulturell	Vor fünf Jahren habe ich einen interkulturellen Pflegedienst gegründet, um diese Menschen richtig zu betreuen.
gründen (hat gegründet)	Vor fünf Jahren habe ich einen interkulturellen Pflegedienst gegründet, um diese Menschen richtig zu betreuen.
betreuen (hat betreut)	Vor fünf Jahren habe ich einen interkulturellen Pflegedienst gegründet, um diese Menschen richtig zu betreuen.
gewöhnen (sich) (hat gewöhnt)	Denn Türken sind es nicht gewohnt, alte Menschen von Pflegediensten betreuen zu lassen.
pflegen (hat gepflegt)	Viele wollen ihre Eltern selbst pflegen.
jahrelang	Schon in meiner Heimat Russland habe ich jahrelang ein Geschäft geleitet.
● der Kaufmann, ⸚er / ● die Kauffrau, -en	Ich bin Kaufmann von Beruf und habe lange in einer Drogerie gearbeitet.
● das Experiment, -e	Es war ein Experiment und natürlich auch ein finanzielles Risiko, aber es hat geklappt.
finanziell	Es war ein Experiment und natürlich auch ein finanzielles Risiko, aber es hat geklappt.
● die Geschäftsleute (Pl.)	Ich glaube, wir sind die geborenen Geschäftsleute und immer froh darüber, unsere Kunden glücklich zu sehen.

Lernwortschatz

ausschließlich	....	Wir verkaufen ausschließlich russische Produkte und somit auch ein bisschen Heimatgefühl.
• die Zutat, -en	....	Bei uns gibt es alle Zutaten, die man für die russische Küche braucht.
höchstens	....	Ich hatte damals nur wenig Ware, höchstens 30 Artikel.
A4 • das Studio, -s	....	Mein Traum wäre ein eigenes Kosmetikstudio.

B ....

B1 um ... zu	....	Leon will als Erster bei dem Laden sein, um dort Schuhe für einen Kunden zu kaufen.
B2 möglichst	....	Er möchte möglichst viele verschiedene Menschen kennenlernen.
B3 • die Rede, -n	....	Da ist überall die Rede von Teamfähigkeit und Konfliktfähigkeit.
• der Kompromiss, -e	....	Das bedeutet, man kann gut im Team arbeiten und auch mal Kompromisse eingehen.
B4 • die Klimaanlage, -n	....	Wozu braucht man eine Klimaanlage?

C ....

C2 • die Software, -s	....	Ich (Frau, 26) bin Informatikerin und habe seit zwei Jahren eine Stelle bei einer Softwarefirma.

D ....

D1 wieder·kommen (ist wiedergekommen)	....	Der Kunde kann sich nicht entscheiden und möchte wiederkommen.
D2 • die Mühe, -n	....	Vielen Dank für Ihre Mühe.
D3 • die Zahncreme, -s	....	Sie brauchen Zahncreme, Waschmittel und eine neue Bürste.
• das Waschmittel, -	....	Sie brauchen Zahncreme, Waschmittel und eine neue Bürste.
• die Bürste, -n	....	Sie brauchen Zahncreme, Waschmittel und eine neue Bürste.
begrüßen (hat begrüßt)	....	Sie begrüßen den Kunden und bieten Hilfe an.
verabschieden (sich) (hat verabschiedet)	....	Sie verabschieden sich.

E

E1 • die Rolle, -n
_____
Ich möchte Sie bitten, dass Sie die Rolle so schnell wie möglich reparieren oder mir einen Ersatz schicken.

• der Anspruch, ⸚e
_____
Denn ich habe Anspruch auf einen neuen Koffer.

bestätigen (hat bestätigt)
_____
Bitte bestätigen Sie mir schriftlich bis spätestens zum 30.06.20.., dass Sie meine Reklamation erhalten haben.

• die Kopie, -n
_____
Anbei erhalten Sie eine Kopie der Rechnung.

beschädigen (hat beschädigt)
_____
Leider musste ich feststellen, dass eine Rolle des Koffers beschädigt ist.

ärgerlich
_____
Das ist sehr ärgerlich.

E2 • die Bedienungsanleitung, -en
_____
Er funktioniert nicht, obwohl Sie alles so gemacht haben, wie es in der Bedienungsanleitung steht.

um·tauschen (hat umgetauscht)
_____
Sie möchten das Gerät umtauschen.

jedoch
_____
Sie haben einen neuen Bürostuhl bestellt, jedoch ein anderes Modell als das gelieferte.

bereits
_____
Sie sind ärgerlich, weil Sie bereits acht Wochen auf den Stuhl warten mussten.

fordern (hat gefordert)
_____
Jetzt fordern Sie Ihr Geld zurück.

enttäuschen (hat enttäuscht)
_____
Ihr Service hat mich sehr enttäuscht.

auf·fordern (hat aufgefordert)
_____
Ich möchte Sie auffordern, dass Sie ...

Die Industrie

• der Betrieb, -e

• die Firma, Firmen

• die Produktion, -en

• der Handel (Sg.)

• das (finanzielle) Risiko, Risiken

• die Geschäftsleute (Pl.)

• der Kaufmann, ⸚er / • die Kauffrau, -en

gründen (hat gegründet)

TiPP
Bilden Sie mit den Buchstaben von einem langen Wort neue Wörter.

Bedienungsanleitung: laut, Dienstag, Tal, ...

Lernwortschatz

7 Rund ums Wohnen

FOTO-HÖRGESCHICHTE

2 • das Gericht, -e

Die Hanfmanns hatten mit einem Nachbarn in den letzten drei Jahren fünf Gerichtsprozesse.

• der Prozess, -e

Die Hanfmanns hatten mit einem Nachbarn in den letzten drei Jahren fünf Gerichtsprozesse.

brennen (hat gebrannt)

Herr Hanfmann sägt sehr oft Brennholz neben dem Wohnzimmerfenster von Herrn Bremer.

• der Lärm (Sg.)

Herr Bremer findet, dass das Lärm und Schmutz macht.

• der Rechtsanwalt, ⸚e /
  • die Rechtsanwältin, -nen

Herr Bremer ... beauftragte einen Rechtsanwalt.

• das Grundstück, -e

Die Hanfmanns beschweren sich ... über Müll auf dem Grundstück.

verdächtigen (hat verdächtigt)

Sie verdächtigen Herrn Bremer.

ELLAS KOLUMNE

• der Frieden, -

Die Vögel singen, alles ist friedlich.

• die Wirklichkeit, -en

Die Wirklichkeit sieht oft ganz anders aus.

• der Rasen, -

Der Rasen wird zu oft gemäht.

• das Bundesland, ⸚er

In einer aktuellen Umfrage wurde festgestellt, dass im Bundesland Baden-Württemberg vier von zehn Befragte schon mal Ärger mit dem Nachbarn hatten.

-einander

Gibt es trotzdem ein Problem, lösen wir es höflich und mit Respekt voreinander.

A

A1 • der Anwalt, ⸚e / • die Anwältin, -nen

Der Anwalt hat geschrieben, dass wir entweder eine leisere Säge verwenden sollen oder ...

entweder ... oder

Der Anwalt hat geschrieben, dass wir entweder eine leisere Säge verwenden sollen oder die Sache vor Gericht geht.

A2	zentral	....	Die Wohnung ist nicht nur schön, sondern sie liegt auch zentral.
A3	• die Pflicht, -en	....	Wir hatten als Kinder Aufgaben und Pflichten im Haushalt.
	• das Eigentum, -e	....	Meine Eltern haben ein kleines Grundstück … gekauft. Es ist jetzt unser Eigentum.
	schreien (hat geschrien)	....	Wir sind freundlich und schreien uns nicht an.
	miteinander	....	Wir lachen viel miteinander und sind füreinander da.
	• der Radiergummi, -s	....	Elena braucht einen Radiergummi, … für ihre Hausaufgaben.
	• der Bleistift, -e	....	Elena braucht … einen Bleistift …
	• der Farbstift, -e	....	Elena braucht … und Farbstifte …
	entdecken (hat entdeckt)	....	Felix entdeckt, dass Elena mit seinem Handy gespielt hat.
	wütend	....	Er ist wütend und schreit sie an.
	• das Puzzle, -s	....	Die Kinder setzen sich mit einem Puzzle in die Küche.
A4	• das Verbot, -e	....	Wenn wir als Kinder in der Familie nicht unsere Pflichten im Haushalt erfüllt haben, dann bekamen wir z. B. Fernsehverbot.
	B	....	
B1	bloß	....	Hätte ich bloß nichts gesagt!
	hierher	....	Die Hanfmanns sind hierher gezogen.
B2	aufmerksam	....	Wäre ich doch nur aufmerksamer gewesen.
B3	ab·machen (hat abgemacht)	....	Wir hatten doch abgemacht, dass …
	tatsächlich	....	Wir hatten doch abgemacht, dass wir uns um 15 Uhr treffen. – Tatsächlich? Daran kann ich mich nicht erinnern.
	• die Frechheit, -en	....	Das ist ja wohl eine Frechheit.
	meinetwegen	....	Kann ich den Sitzplatz am Fenster haben? – Meinetwegen.
	an·gehen (ist angegangen)	....	Das geht Sie wirklich gar nichts an.

Lernwortschatz

C

C1 • der Lift, -e — Auf Luxus wie Balkon, Lift oder Terrasse kann ich gut verzichten, aber ...

• die Terrasse, -n — Auf Luxus wie Balkon, Lift oder Terrasse kann ich gut verzichten, aber ...

irgend- — Weiß irgendjemand von einer freien Wohnung ...?

• die Innenstadt, ̈e — Die Innenstadt ist besonders teuer!

• die Querstraße, -n — Ein paar Querstraßen weiter in Stellingen oder Lokstedt sind die Wohnungen manchmal wesentlich preiswerter.

wesentlich — Ein paar Querstraßen weiter in Stellingen oder Lokstedt sind die Wohnungen manchmal wesentlich preiswerter.

• die Alternative, -n — Wir haben uns nach langer, vergeblicher Suche für die Alternative am Stadtrand entschieden.

• der Rand, ̈er — Wir haben uns nach langer, vergeblicher Suche für die Alternative am Stadtrand in einem Vorort entschieden.

• der Link, -s — Ich denke beim nächsten Mal an dich und stelle den Link hier ins Forum.

wo(r)- — Hast du schon mal an eine WG gedacht? – Woran?

C2 fehlen (hat gefehlt) — Am meisten fehlt mir ein Balkon zum Innenhof.

D

D1 • der Staat, -en — Es gab zwei deutsche Staaten.

Ost- — Der Ostteil gehörte zur DDR, der Westteil zur BRD.

West- — Der Ostteil gehörte zur DDR, der Westteil zur BRD.

• die Mauer, -n — Die beiden deutschen Staaten wurden wieder ein Land und die Mauer fiel.

• die Regierung, -en — Die DDR-Regierung baute eine Mauer durch Berlin.

D2	herrschen (hat geherrscht)	....	In Deutschland herrscht Ordnung.
	• die Stufe, -n	....	Treppenstufen (müssen) mindestens so und so hoch (sein).
	mitten	....	Warum es das Haus trotzdem gibt und das auch noch mitten in Berlin, erfahren Sie ...
	eckig	....	Zum Beispiel das kleine, dreieckige Stück Land nördlich der Thomaskirche im Stadtteil Kreuzberg.
	nördlich	....	Zum Beispiel das kleine, dreieckige Stück Land nördlich der Thomaskirche im Stadtteil Kreuzberg.
	• die Erde, -n	....	Fleißig schafft er den Müll weg, baut einen Zaun, holt Erde und legt einen eigenen Obst- und Gemüsegarten an.
	• die Chance, -n	....	Osman Kalin nutzt die Chance.
	vergrößern (sich) (hat vergrößert)	....	Er vergrößert seinen Garten nicht nur, sondern baut aus altem Holz auch noch ein zweistöckiges Häuschen hinein.
	längst	....	Bis endlich klar ist, zu welchem Berliner Stadtteil das Grundstück gehört, sind Kalin und seine „Sommerresidenz" längst zu einer Touristenattraktion geworden.
	trotz	....	Trotz der fehlenden Baugenehmigung drücken sie ein Auge zu.
	• der Bau, -ten	....	Trotz der fehlenden Baugenehmigung drücken sie ein Auge zu.
	• die Genehmigung, -en	....	Trotz der fehlenden Baugenehmigung drücken sie ein Auge zu.
D4	• der Tourismus (Sg.)	....	Der Tourismus: Das Haus ist eine wichtige Sehenswürdigkeit.
	gleich-	....	Gleiches Recht für alle.
	• das Gebäude, -	....	Kein Gebäude ohne Baugenehmigung.

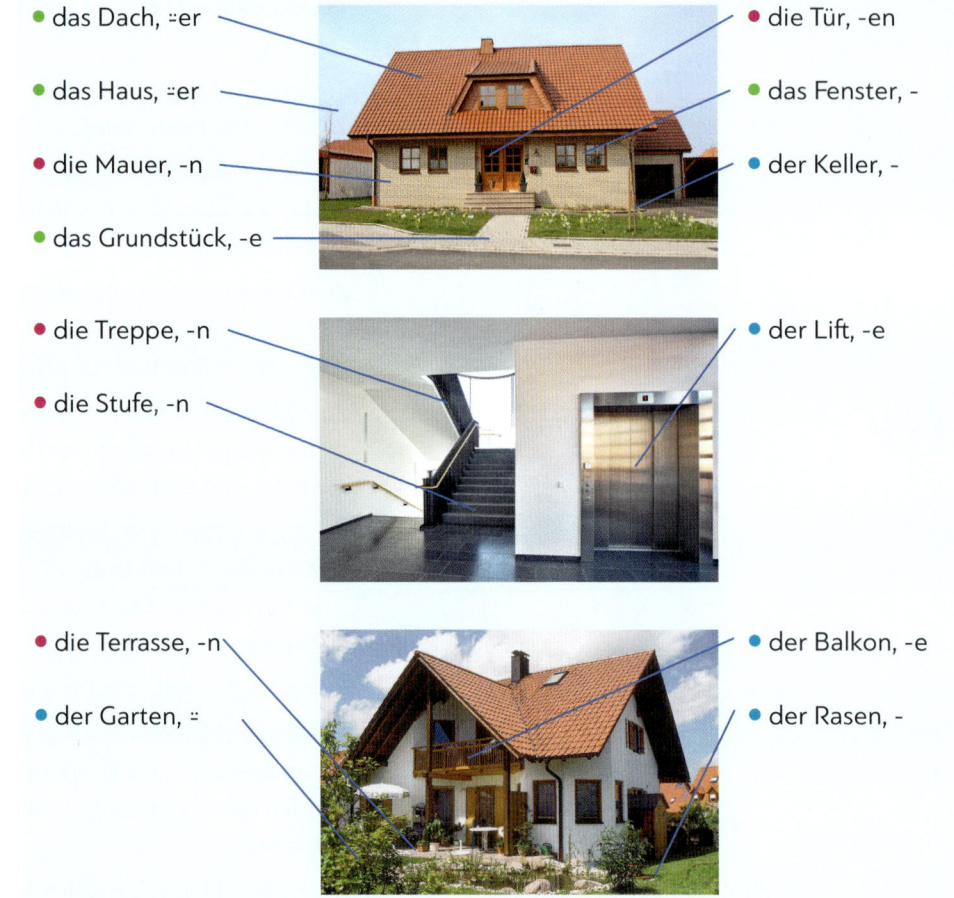

Lernwortschatz

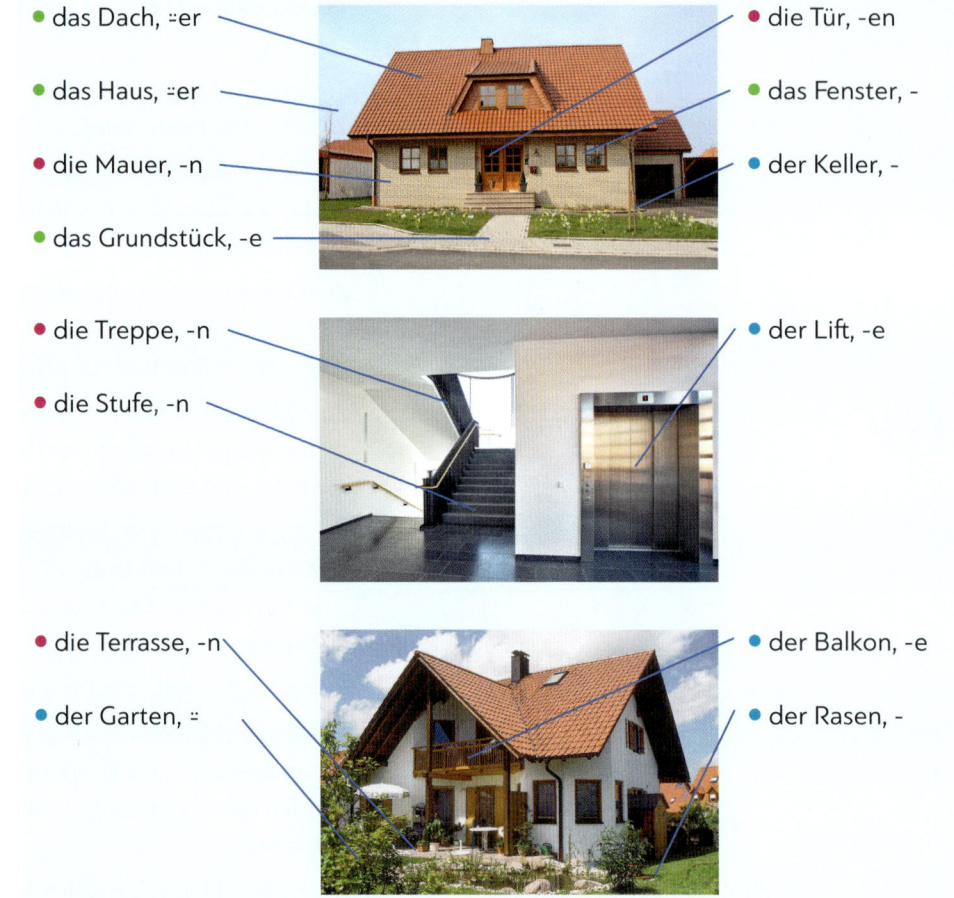

● das Dach, ⸚er

● das Haus, ⸚er

● die Mauer, -n

● das Grundstück, -e

● die Tür, -en

● das Fenster, -

● der Keller, -

● die Treppe, -n

● die Stufe, -n

● der Lift, -e

● die Terrasse, -n

● der Garten, ⸚

● der Balkon, -e

● der Rasen, -

Das Gebäude

> **TiPP**
> Leiten Sie unbekannte Wörter
> von bekannten Wörtern ab.

unaufmerksam = nicht aufmerksam

7

Grammatikübersicht

Artikelwörter und Pronomen

Genitiv   Lektion 3

Genitiv	
definiter Artikel	indefiniter Artikel
• des Rückens	eines / meines Fachmanns
• des Trainings	eines / meines Medikaments
• der Fitness	einer / meiner Spezialistin
• der Beine	⚠ von Medikamenten / meiner Medikamente

auch so: dein-, sein-, ihr-, unser-, euer-, kein-, …

ÜG 1.03, 2.01, 2.04

Verben

Präteritum: Konjugation   Lektion 1

	Typ „tanken"	Typ „lassen"	Typ „bringen"
ich	tankte	ließ	brachte
du	tanktest	ließest	brachtest
er/es/sie	tankte	ließ	brachte
wir	tankten	ließen	brachten
ihr	tanktet	ließt	brachtet
sie/Sie	tankten	ließen	brachten

⚠ -d/-t landen – landete

heute	früher / gestern / letztes Jahr / …
er spielt	er hat gespielt / er spielte
er gewinnt	er hat gewonnen / er gewann
er kommt	er ist gekommen / er kam

ich habe geholfen, …	ich half, …
ich habe geholt, …	ich holte, …
ich war/hatte/wollte/…	ich war/hatte/wollte/…
– hört man oft in Gesprächen	– hört man oft in den Nachrichten
– liest man oft in persönlichen Briefen/Mails/…	– liest man oft in der Zeitung, in Berichten, in Büchern, …

ÜG 5.06

Plusquamperfekt   Lektion 1

ich	hatte		ich	war	
du	hattest		du	warst	
er/es/sie	hatte	trainiert	er/es/sie	war	geflohen
wir	hatten		wir	waren	
ihr	hattet		ihr	wart	
sie/Sie	hatten		sie/Sie	waren	

Ich musste auf der Bank sitzen und zusehen, denn ich hatte mir den Fuß gebrochen.

ÜG 5.07

Grammatikübersicht

Passiv Präsens mit Modalverben   Lektion 3

	Position 2		
Auf ausreichend Bewegung	sollte	besonders	geachtet werden.
Dadurch	können	neue Kräfte	gesammelt werden.

auch so: dürfen, müssen, wollen ...

ÜG 5.14

Konjunktiv II: Irreale Bedingungen   Lektion 4

Nebensatz		Hauptsatz		
Wenn ich ihn richtig toll	finden würde,	(dann) hätte	ich ... für ihn.	
Wenn sie am Wochenende nichts	vorhätte,	(dann) könnten	wir uns	treffen.
Wenn sie nicht so viel	arbeiten müsste,	(dann) könnten	wir ... trinken	gehen.
Wenn er nicht so anstrengend	wäre,	(dann) würde	ich mich ...	freuen.

ÜG 5.18

Verben und Ausdrücke mit *es*   Lektion 6

allgemein:	Es ist (nicht) leicht/schön/schwierig/möglich ...
	Es gibt ... Es lohnt sich.
Tages- und Jahreszeiten:	Es ist jetzt vier Uhr/Sommer/Nacht/...
Wetter:	Es regnet/ist heiß/sind dreißig Grad /...
Befinden:	Wie geht es Ihnen? Wie geht's?

ÜG 5.25

Konjunktiv II Vergangenheit: Konjugation   Lektion 7

ich	hätte		wäre	
du	hättest		wärst	
er/es/sie	hätte	gesagt	wäre	gegangen
wir	hätten		wären	
ihr	hättet		wärt	
sie/Sie	hätten		wären	

ÜG 5.18

Konjunktiv II Vergangenheit: Irreale Wünsche   Lektion 7

Hätte	ich bloß nichts	gesagt!
Wäre	ich bloß nicht zum Rechtsanwalt	gegangen!

ÜG 5.18

Verben mit Präpositionen   Lektion 7

Verb + Präposition	Präpositional-adverb	Präposition + Personalpronomen	Fragewort	
	Sachen	Personen	Sachen	Personen
denken an	daran	an ihn/-/sie	Woran?	An wen?

ÜG 5.23

Grammatikübersicht

Präpositionen

Präposition: *wegen* + Genitiv   Lektion 4

wegen	• mein**es** Berufs • mein**es** Praktikums • mein**er** Arbeit • mein**er** Interviews	Warum haben Sie Deutsch gelernt? Wegen meiner Kinder.

ÜG 6.04

Temporale Präposition: *während* + Genitiv   Lektion 5

während	• des/ein**es** Kurses • des/ein**es** Schuljahres • der/ein**er** Beratung • der Öffnungszeiten	*auch so:* innerhalb, außerhalb Leider rufen Sie außerhalb unserer Öffnungszeiten an. Wir werden uns innerhalb einer Woche bei Ihnen melden.

ÜG 6.01

Präposition: *trotz* + Genitiv   Lektion 7

Trotz	der fehlenden Baugenehmigung drücken die Behörden ein Auge zu.

trotz der fehlenden Baugenehmigung = obwohl die Baugenehmigung fehlt

ÜG 6.04

Adverbien

Gradpartikeln   Lektion 2

++	+	–	– –
echt	ziemlich	nicht so	gar nicht
total	wirklich	nicht besonders	überhaupt nicht
besonders			

ÜG 7.03

Konjunktionen

Konjunktion: *als*   Lektion 1

Es ist vor einem Jahr passiert,	als ich noch Lotto gespielt habe.
Das ist einmal passiert. als ...	Das ist mehr als einmal passiert. (immer / jedes Mal) wenn ...

ÜG 10.08

Konjunktion: *obwohl*   Lektion 2

Max sieht die Serie an,	obwohl er sie schon dreimal gesehen hat.

ÜG 10.09

Konjunktionen: *um ... zu* + Infinitiv und *damit*   Lektion 6

			Ende
Leon will als Erster bei dem Laden sein,	um	dort Schuhe für einen Kunden	zu kaufen.
Leon will als Erster bei dem Laden sein,	damit	er dort Schuhe für einen Kunden	kaufen kann.
Leon kauft diese Schuhe,	damit	sein Kunde	ausschlafen kann.

ÜG 10.10

Grammatikübersicht

Konjunktionen: *statt/ohne ... zu* + Infinitiv   Lektion 6

			Ende
Man sollte etwas tun,	statt	nur	zu träumen.
Man kann nichts Neues lernen,	ohne	Fehler	zu machen.

ÜG 10.12

Zweiteilige Konjunktionen   Lektion 7

Das macht ja	nicht nur	Lärm,	sondern auch	Schmutz.
Ich habe	zwar	Lösungsvorschläge gemacht,	aber	sie haben sich nicht dafür interessiert.
Wir sollen	entweder	eine leisere Säge verwenden,	oder	die Sache geht vor Gericht.

nicht nur ..., sondern auch ...	= und
zwar ..., aber ...	= trotzdem
entweder ..., oder ...	= oder

ÜG 10.13

Sätze

Relativpronomen und Relativsatz   Lektion 2

Nominativ		
ein Mann,	• der	
ein Ehepaar,	• das	unglaublich gut kochen kann/können.
eine Köchin,	• die	
Musiker,	• die	

Akkusativ		
der Berliner,	• den	
das Kind,	• das	man unter dem Namen ... kennt.
die Berlinerin,	• die	
die Berliner,	• die	

Dativ		
ein Job, mit	• dem	
ein Arbeitsverhältnis, mit	• dem	er seinen
eine Arbeit, mit	• der	Lebensunterhalt verdient.
Jobs, mit	• denen	

ÜG 10.14

Infinitiv mit *zu*   Lektion 5

Fang endlich an, Bewerbungen zu schreiben!	*auch so:* aufhören, vergessen, versuchen, sich (nicht) vorstellen können, ...
Es ist toll, Kunden zu beraten.	*auch so:* Es ist (nicht) anstrengend/ interessant/leicht/stressig/ ...
Hättest du Lust, als Verkäufer zu arbeiten?	*auch so:* (kein/keine/keinen) Angst/ Freude/Interesse/Spaß/Zeit ... haben

ÜG 10.07

Lösungen zu den Tests

Lektion 1

1 **b** mutig **c** verliebt **d** aufregend
2 **a** als **b** Als, wenn, wenn
3 **b** Bolek feierte am Abend mit Freunden in einem Restaurant. Er hatte die B2-Prüfung bestanden. **c** Viktoria freute sich sehr. Sie hatte nach langer Suche eine neue Arbeit gefunden.
4 2 Ich war bei meiner Bekannten, Stefanie Berg, zum Geburtstag eingeladen. 3 Wir saßen im Wohnzimmer und unterhielten uns. 4 Leider bemerkte ich nicht, dass Frau Berg Gläser mit Wein auf den Tisch gestellt hatte. 5 Ich stieß versehentlich ein Glas um, dabei lief Rotwein auf den neuen Teppich von Frau Berg. 6 Daraufhin musste Frau Berg den Teppich in die Reinigung geben. 7 Die Schadenhöhe beträgt 169 Euro.

Lektion 2

1 **a** Humor **b** beschäftigen, dauernd **c** veröffentlicht, unglaublich
2 **b** Obwohl sich Paul nicht für Musik interessiert, … **c** obwohl ich nie ins Kino gehe. **d** obwohl er meistens der Verlierer ist. **e** obwohl sie kein Star ist.
3 **b** den **c** die **d** das **e** denen **f** dem **g** der
4 **Muss** das **sein**, **Das hört** sich sehr **interessant** an, **lass** uns das **machen**, **Einverstanden**

Lektion 3

1 **b** untersuchen **c** krankschreiben **d** verschreiben **e** ausreichend **f** treiben **g** Vitaminen
2 **a** Ihres **b** des, der **c** der **d** von
3 **b** Häufig kann das Problem durch mehr Bewegung gelöst werden. **c** Stress sollte vermieden werden. **d** Zusätzlich können Schmerzmittel verwendet werden. **e** Die Informationen zur Einnahme müssen beachtet werden.
4 **a** Dagegen musst du unbedingt **c** du mir raten? **d** Damit habe ich gute Erfahrungen **e** wäre es am besten

Lektion 4

1 **b** Muttersprache **c** Aussprache **d** spätestens **e** fließend **f** Ausdrücke
2 **b** Wenn mein Englisch besser wäre, könnte ich dir bei der Hausaufgabe helfen. **c** Ich würde euch besser verstehen, wenn ihr nicht durcheinander sprechen würdet. **d** Ich hätte mehr Freizeit, wenn ich nicht so viel arbeiten müsste.
3 **a** Weshalb **b** Wegen **c** Deswegen **d** denn
4 **b** Darf ich Sie etwas fragen **c** Könnten Sie das bitte wiederholen **d** Was bedeutet **e** Tut mir leid

Lektion 5

1 **a** Aufträge **b** Verantwortung **c** entwickeln **e** Serviceangestellter **f** zuständig **g** Fortbildungen
2 **b** mit meinen Kollegen zusammenzuarbeiten **c** als Krankenpfleger zu arbeiten **d** bei der Berufswahl zu helfen
3 **b** Während des, innerhalb einer, außerhalb der
4 **b** 1 **c** 4 **d** 2 **e** 3

Lektion 6

1 **b** entschlossen **c** gründe **d** Geschäftsleute **e** finanzielles **f** lohnt
2 **b** Tomás macht eine Weiterbildung, um seine kommunikativen Kompetenzen zu verbessern. **c** Frau Steiler arbeitet nur halbtags, damit die Kinder nicht alleine sind, wenn sie aus der Schule kommen. **d** Rodolfo arbeitet diese Woche zwei Tage von zu Hause aus, damit seine Frau eine Fortbildung machen kann.
3 **b** statt … zu **c** ohne … zu **d** statt … zu **e** ohne … zu
4 **b** Wie wäre es, wenn **c** Du könntest zum Beispiel **d** Ich kann dir nur raten, **e** Was hältst du davon,

Lektion 7

1 **a** Frechheit, Rechtsanwalt, Gericht, Prozess **b** Terrasse, Grundstück, Stadtrand
2 **a** oder **b** nicht nur … sondern auch **c** zwar … aber
3 **b** Hätten … gehabt **c** Wäre … gekommen **d** Wären … gefahren, hätten … genommen
4 **a** Sie etwas Rücksicht nehmen könnten **b** hätte da eine Bitte, tut mir schrecklich leid **c** Wir hatten doch abgemacht, daran hatte ich gar nicht gedacht

Quellenverzeichnis

Kursbuch

Cover: Bernhard Haselbeck, München   U2: Digital Wisdom   S. 9: Figur © Thinkstock/iStock/phodo; Würfel © iStock/hocus-focus   S. 11: Lotto © fotolia/Ralf Geithe; Roulette © Thinkstock/iStock/nazarov-sergey   S. 13: A4: C © Thinkstock/iStock/vicnt; D © Thinkstock/Photodisc/Photo and Co   S. 14: B2: Franz Specht, Weßling   S. 15: C2: 1 © iStock/andresr; 2 © Thinkstock/iStock/ajr_images   S. 17: E2: A © Thinkstock/iStock/MinnaRossi; B, C © Hueber Verlag/Iciar Caso   S. 20: Hören: © Thinkstock/moodboard S. 21: Gedicht © Thinkstock/iStock/JackF   S. 23: Diana © Thinkstock/iStock/m-imagephotography; Slavoj © Thinkstock/iStock/yannp   S. 24: A2a: A © Thinkstock/TongRo Images; B © Thinkstock/iStock/dejankrsmanovic; C © Thinkstock/iStock/ar-chi; b: Jonas, Sarah © Thinkstock/iStock/m-imagephotography; Julia © Thinkstock/iStock/Poike   S. 25: A3 © Thinkstock/iStock/monkeybusinessimages; A4 © ddp images/Capital Pictures   S. 26: Kopfzeile © Thinkstock/iStock/yannp; B2: 10 © ddp images/Christian Langbehn; 20 © action press/Michael Reimers/Future Image   S. 27: B3 © action press/BINDL, DOMINIK S. 28: C1: A © ddp images/United Archives; B © Tele München Gruppe/Roxy Film; C © Anne Wilk/barefoot films GmbH/Warner Bros. Entertainment GmbH   S. 29: D1 © Hueber Verlag   S. 32: links © Classic Picture Library/Alamy Stock Foto, mitte © PHOTO MEDIA/ClassicStock/Alamy Stock Foto, rechts © Getty Images/iStock/Hero Images   S. 33: Lied © Thinkstock/iStockphoto   S. 35: Hund © Thinkstock/iStockphoto; Zettel © Thinkstock/iStock/Peshkova   S. 36: Hund © Thinkstock/iStockphoto   S. 37: A3: Poster Hintergrund links © Thinkstock/iStock/vectortatu; rechts © Thinkstock/iStock/DigtialStorm; A4: A © fotolia/Photographee.eu; B © Thinkstock/iStock/saritwuttisan; C © Thinkstock/iStock/AndreyPopov; D © Thinkstock/DigitalVision/Ryan McVay   S. 38: B1: A © Thinkstock/iStock/FotoDuets; B Poster Hintergrund links © Thinkstock/iStock/vectortatu; rechts © Thinkstock/iStock/DigtialStorm; C © iStock/Kemter   S. 39: C1 © Thinkstock/Blend Images/Dave & Les Jacobs   S. 41: E1 © Thinkstock/iStock/eurobanks   S. 43: Frau © Thinkstock/DigitalVision/RL Productions   S. 44: Lesen: oben links © Thinkstock/iStock/Julijah; rechts © Getty Images/E+/Juanmonino; unten links © Thinkstock/Purestock; rechts © Thinkstock/Photodisc, Film: Matthias Kraus, München   S. 47: Blume © MEV   S. 49: B2: 1 © Thinkstock/iStock/photoshkolnik; 2 © PantherMedia/BefishImages; 3 © fotolia/ajr_images; 4 © fotolia/Vladimir Wrangel   S. 50: C1 © Thinkstock/iStock/kieferpix S. 51: D2: BigFeet © Thinkstock/iStock/Veremeev; Juli_star © Thinkstock/iStock/valio84sl   S. 52: Bild © dpa Picture-Alliance/Karlheinz Schindler; Text aus: Hatice Akyün, Einmal Hans mit scharfer Soße. Leben in zwei Welten © 2005 Wilhelm Goldmann Verlag, München, in der Verlagsgruppe Random House GmbH   S. 56: Schreiben © Thinkstock/Wavebreakmedia Ltd   S. 57: Josefine © Getty Images/iStock/repinanatoly; Fritz © Getty Images/gpointstudio   S. 64: C1© Bundesagentur für Arbeit, www.arbeitsagentur.de S. 65: D1: A: Florian Bachmeier, Schliersee; B © Thinkstock/iStock/michaeljung; C © Getty Images/Stockbyte/Alys Tomlinson   S. 68: Lied: oben © Thinkstock/iStock/monkeybusinessimages; unten © Thinkstock/iStock/shironosov   S. 69: Rätsel © Thinkstock/iStock/Anchiy; Film: Matthias Kraus, München   S. 71: © Thinkstock/iStock/Toltek   S. 72: A3 © Thinkstock/iStock/bluesky85   S. 73: Songül © Thinkstock/iStock/spfoto; Victor © Thinkstock/Hemera/Pavel Losevsky   S. 76: D1: A © Thinkstock/iStock/hoozone; B © Thinkstock/iStock/Highwaystarz-Photography; C © fotolia/YakobchukOlena   S. 77: E1: A © Thinkstock/iStock/antpkr; B © Thinkstock/iStock/slpu9945; C © Thinkstock/iStock/zothen   S. 80: Spiel © Thinkstock/iStock/Deagreez   S. 81: Gedicht © Thinkstock/iStock/JackF   S. 83: Grillen © Thinkstock/iStock/Kerkez; mähen © Thinkstock/iStock/RoberdsSFM   S.88: Foto Haus an der Mauer © ddp images/Photo-Designer S. 89: D4: 1 © Thinkstock/iStock/martiapunts; 2 © Thinkstock/iStock/SVPhilon; 3 © Thinkstock/iStock/SanneBerg; 4 © Thinkstock/iStock/AntonioGuillem; 5 © Thinkstock/iStock/Ridofranz   S. 92: Landeskunde © Thinkstock/iStock/ViewApart   S. 93: Lesen © Thinkstock/iStock/Sotiris_Filippou_Photographer; Film alle: Matthias Kraus, München

Arbeitsbuch

S. AB 10: Ü1 © Thinkstock/iStock/sjenner13   S. AB 11: Ü4: damals © Thinkstock/iStock/danijela77; heute © Thinkstock/iStock/NADOFOTOS   S. AB 12: Ü7 © Getty Images/Juanmonino   S. AB 13: Ü11: Yussuf © Getty Images/PacoRomero; Ahmad © Getty Images/Juanmonino; Pedro © Thinkstock/iStock/ajr_images; Leyla © Getty Images/franckreporter; Maria © Thinkstock/iStock/bowdenimages   S. AB 14: Ü14 © Thinkstock/iStock/EldadCarin   S. AB 15: Ü15 © Thinkstock/iStock/Erstudiostok   S. AB 17: Ü21 © Getty Images/kupicoo   S. AB 18: Ü22: 1 © Hueber Verlag; 2 © Hueber Verlag/Isabel Krämer-Kienle; 3 © Mohammad Kheirkhah/UPI/laif   S. AB 20: Ü2 © Thinkstock/iStock/FlairImages   S. AB 23: Ü10 © Thinkstock/iStock/RobertoDavid   S. AB 24: Ü12 © Thinkstock/Hemera/Rui Dias-aidos   S. AB 25: Ü14 © GettyImages/E+/4FR S. AB 27: Ü19 © fotolia/grafikwerk21; Ü20 © Getty Images/E+/rollover   S. AB 29: Ü25 © Getty Images/

Lernwortschatz